Nous remercions le Conseil des Arts du Canada,
le ministère du Patrimoine canadien et la SODEC
de l'aide accordée à notre programme de publication.

 Patrimoine **Canadian**
canadien Heritage

**Photo-montage de la couverture d'après une gravure
de la princesse Agnes zu Salm-Salm
(Bibliothèque nationale):**
Gérard Frischeteau

Édition électronique:
Infographie DN

Dépôt légal: 1er trimestre 2003
Bibliothèque nationale du Canada
Bibliothèque nationale du Québec

123456789 IML 09876543

Le ruban pourpre

**DE LA MÊME AUTEURE
AUX ÉDITIONS PIERRE TISSEYRE**

Collection Sésame/Série Gaspar

Mes parents sont des monstres, 1997.
Grand-père est un ogre, 1998.
Grand-mère est une sorcière, 2000.
Mes cousins sont des lutins, 2002.
Mon père est un vampire, 2003.

Collection Papillon

Le temple englouti, 1990.
Le moulin hanté, 1990.
Le fantôme du tatami, 1991.
Le retour du loup-garou, 1993.
Vent de panique, 1997.
Rude journée pour Robin, 2001.
Robin et la vallée Perdue, 2002.

Collection Conquêtes

Enfants de la Rébellion, 1989.
Gudrid, la voyageuse, 1991.
Meurtre à distance, 1993.
Une voix troublante, 1996.
«Le cobaye», dans le collectif de nouvelles de l'AEQJ
   Peurs sauvages, 1998.

Collection Safari

Le secret de Snorri, le Viking, 2001.

Collection Faubourg St-Rock

L'envers de la vie, 1991.
Le cœur à l'envers, 1992.
La vie au Max, 1993.
C'est permis de rêver, 1994.
Les rendez-vous manqués, 1995.
Des mots et des poussières, 1997.
Ma prison de chair, 1999.
La clef dans la porte, en collaboration, 2000.

Adultes

Mortellement vôtre, 1995.
Œil pour œil, 1997.
Le ruban pourpre, 2003.

SUSANNE JULIEN

Le ruban pourpre

roman

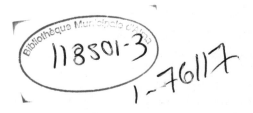

ÉDITIONS
PIERRE TISSEYRE

5757, rue Cypihot, Saint-Laurent (Québec) H4S 1R3
Téléphone: (514) 334-2690 – Télécopieur: (514) 334-8395
Courriel: ed.tisseyre@erpi.com

Données de catalogage avant publication (Canada)

Julien, Susanne

  Le ruban pourpre

  ISBN 2-89051-852-3

  1. Salm-Salm, Agnes Elizabeth Winona Leclercq Joy,
  1840-1912 – Romans, nouvelles, etc. I. Titre.

PS8569.U477R79 2003   C843'.54   C2003-940015-8
PS9569.U477R79 2003
PQ3919.2.J84R79 2003

ÅRHUS, DANEMARK

31 MAI 1849

Midi trente, sur une colline danoise

Soudain, les chevaux piaffèrent. Quelques-uns hennirent, apeurés. D'autres se cabrèrent, cherchant à ruer ou à s'élancer sous le coup de l'affolement. Les cavaliers, guère moins nerveux, ne leur laissèrent néanmoins aucune chance de s'emballer et serrèrent fortement les rênes. Contrairement aux bêtes qui paniquaient, l'odeur de la poudre exacerbait chez leurs maîtres le désir de passer à l'action. Pour l'instant, ils se devaient de retenir leurs montures et les forçaient à attendre le signal avant de plonger dans la mêlée.

La bataille venait tout juste de s'engager. Dans le val, à peine une dépression de terrain fermée de toutes parts par des buttes et des coteaux, les fantassins s'affrontaient déjà. De longues rangées sinueuses s'avançaient en formation de moins en moins serrée. Havresac au dos, les soldats marchaient en courbant l'échine. D'instinct, ils essayaient de minimiser les risques d'être happés par les balles qui sifflaient autour d'eux ; ils ne se redressaient que pour tirer à intervalles irréguliers. Il leur fallait cependant hâter le pas, surtout ne pas devenir une cible fixe pour les canons qui tonnaient. Le salut résidait dans le mouvement, dans l'attaque. À tout prix, ils tentaient donc de s'imposer en prédateurs. Alors, ils fonçaient en hurlant, têtes baissées, jetant à peine un regard sur ceux qui tombaient, mortellement atteints. Ils enjambaient des corps méconnaissables. Par moments, ils serraient les dents soit pour supporter l'odeur putride des entrailles qui s'échappaient des plaies béantes, soit pour ne pas vomir à la vue des cadavres trop mutilés.

Quand un obus éclatait à quelques mètres des soldats, la déflagration les projetait au sol. La gerbe de terre qui jaillissait au même instant éclaboussait leur visage de boue, d'humus et de petits cailloux. Les yeux et la bouche obstrués par une poussière âcre, les joues ensanglantées, des hommes restaient étendus, morts ou figés d'effroi. D'autres, poussés par cette même peur qui secouait leurs nerfs, bondissaient en avant, repartaient à l'assaut avec une seule pensée : tuer avant d'être fauchés à leur tour.

Bien calé sur sa selle, les rênes fermement enroulées autour de sa main gauche gantée, le major prince Felix zu Salm-Salm observa la marée humaine qui se déchaînait dans la vallée. Une sueur froide mouilla ses tempes sous son casque métallique. Malgré la chaleur du soleil à son zénith, il parvenait difficilement à contrôler ses frissons. Depuis le début du conflit opposant le Danemark à l'Allemagne, il n'en était pourtant pas à sa première bataille. Après celles de l'an dernier à Schleswig et à Flensburg, et, plus récemment, le long siège de Fredericia, le jeune officier se plaisait à se croire aguerri. À tout le moins, il espérait en donner l'illusion. Pour l'instant, avec son régiment de hussards prussiens, il se tenait sur les hauteurs, à l'ouest de la ville d'Århus, à l'abri du bombardement des Danois, juste assez loin des vapeurs putrides des corps éventrés pour ne pas en être incommodé.

Comme le prince Felix l'avait si bien appris au collège militaire des cadets de Berlin, il essayait de garder un visage impassible et de se montrer imperméable à la souffrance qui se déroulait sous ses yeux. Suivant le conseil qu'un vieux colonel à la retraite lui avait donné, un jour où il se sentait en mal d'épanchement, il chercha du regard un ennemi personnel, un inconnu à haïr suffisamment pour le tuer ou, plus bêtement, une cible à atteindre.

Son attention fut attirée par un officier danois, sabre au clair, qui se démenait et encourageait, à grands cris, ses hommes au combat. Tête nue, ses longs cheveux blonds s'agitaient en tous sens à chacun de ses mouvements brusques. Felix plissa en vain les paupières, il se trouvait beaucoup trop loin pour distinguer ses traits. Mais quelle importance ! Le résultat serait le même. Le jeune major prussien avait décidé de l'abattre. Vu de son perchoir, cela lui paraissait si simple, le pantin qui gesticulait plus bas n'ayant rien d'humain. Tout en surveillant la progression de sa proie sur le terrain, le prince n'avait qu'une seule inquiétude : qu'un autre soldat allemand ne l'atteignît avant lui.

Un lieutenant-colonel hurla un ordre et la cavalerie frémit. À coups de talon, Salm-Salm battit violemment les flancs de sa jument alezane qui s'élança, trop heureuse de pouvoir enfin donner libre cours à sa fébrilité. Penché sur l'encolure de sa bête lancée au galop de combat, Felix dévala la pente dans un nuage de poussière. Telle une meute de loups, les hussards devaient rabattre leur gibier. Sautant par-dessus les obstacles, pierres, troncs d'arbres, tranchées, débris humains, ils avaient pour mission de contourner leur armée par la droite pour prendre l'ennemi à revers et ainsi lui tendre une souricière.

Brandissant son fusil, le jeune major suivit son escadron. Ce qui ne l'empêcha pas de garder un œil sur la victime qu'il s'était désignée. D'ailleurs, le mouvement amorcé par sa troupe ne faisait que le rapprocher de son but, au bout de l'aile est de l'ennemi, près d'un bosquet épais. Toute son attention étant concentrée sur l'officier danois chevauchant un étalon gris pommelé, le prince Felix ne se préoccupait guère de ce qui se déroulait autour de lui. Il fila droit devant, réduisant rapidement la distance qui les séparait. L'arme était prête. Le doigt sur la détente. Le Danois dans la ligne de mire. Celui-ci, hurlant toujours des ordres à ses hommes, aperçut le cavalier, à peine à l'écart de son escadron, qui s'apprêtait à tirer. Salm-Salm, de plus en plus près, entrevit clairement son visage, sa bouche démesurément ouverte, ses dents jaunies, ses joues rougies par le soleil et ses yeux bleus emplis de rage. L'homme se coucha vivement sur son cheval; la balle lui érafla le bras, déchirant le tissu et la peau.

Felix ne comprit rien au cri lancé par le Danois. En revanche, il saisit parfaitement qu'il venait de rater son coup. Pour ne pas perdre l'avantage, il devait attaquer de nouveau. Au moment où il allait tirer sa deuxième balle, son adversaire le chargea à coups de sabre. La jument, griffée par la lame, se rebiffa, pivota, et le projectile se perdit. Pas le temps de recharger. Le prince coinça le fusil sous son genou et glissa fébrilement la main à sa ceinture. Le Danois ne remarqua pas le pistolet que le Prussien pointait par-dessous son bras gauche. Le regard surpris, la tête vide, incapable de retenir des pensées qui s'évanouissaient, il mourut, deux balles dans la poitrine.

Pendant un infime laps de temps, le major se réjouit de sa réussite, exulta d'être le survivant, avant de retomber durement dans la bataille. Son action l'avait isolé de son escadron qui avait poursuivi son large mouvement de rotation pour revenir par derrière. Pour le rejoindre, il devait se sortir du guêpier dans lequel il s'était stupidement jeté. Entouré de Danois, il tira à gauche, à droite, avant de lancer son pistolet, vide de munitions, à la tête d'un ennemi. Il rattrapa son fusil et s'en servit comme d'une massue pour créer un espace autour de lui. Avec la folie du désespoir, il frappa, força sa monture à se cabrer, se serra contre elle, parant ainsi les tirs et les coups. Pour éviter une baïonnette, il projeta son pied de côté. La lame glissa sur le cuir de sa botte et lui lacéra la cuisse.

Presque au même instant, une forte détonation tout près de lui manqua de le désarçonner. La stupeur lui fit échapper son fusil. Les fantassins danois avaient aussi sursauté; certains s'étaient plaqués au sol. Mais l'obus ne leur était pas destiné. Il avait éclaté au centre de l'escadron de Felix. Dans le geyser de terre qui s'éleva vers le ciel, il distingua des membres et des têtes arrachés aux troncs. Avant même que ce fouillis sanguinolent ne retombât, les montures indemnes s'emballèrent, coururent follement, seules ou traînant derrière elles un corps inanimé, le pied coincé dans l'étrier.

Le prince Felix ne s'attarda pas à chercher des yeux les rescapés de cette offensive. Il éperonna sa jument et fonça vers le bosquet, l'unique retraite qui s'offrait à ses yeux. Il utilisait son sabre pour se frayer un chemin, sourd aux gémissements et aux plaintes qu'il provoquait. Malheureusement pour lui, l'obusier se terrait à cet endroit. De toute évidence, les Danois avaient prévu la manœuvre des cavaliers prussiens. Ils n'avaient qu'à les attendre patiemment et à les canarder au bon moment. Et ils recommenceraient pour les escadrons suivants.

Le jeune major découvrit donc un massif plus grouillant d'activités qu'il n'y paraissait au premier abord. Des soldats s'affairaient à amorcer un engin de guerre. Sous les ordres du chef de pièce, deux artilleurs trimaient dur tandis que le pointeur ajustait l'angle de la trajectoire. Aucun d'entre eux ne s'inquiétait de l'arrivée d'un Prussien dans leur dos. Felix, ne pouvant reculer, profita de l'effet de surprise et s'élança vers eux. Les Danois cherchèrent une arme, épée ou fusil. Plus rapide, le prince, son sabre déjà taché de sang, leur tomba dessus. Il cingla les reins d'un militaire qui se penchait, dos à lui, pour ramasser une baïonnette, et, du même élan, plongea la lame dans le ventre du pointeur.

Une vive douleur dans la cuisse gauche arracha un cri au prince. Il demeura toutefois en selle. Son regard se porta sur le chef de l'équipe qui le tenait en joue avec un pistolet de poche qu'il gardait probablement caché sous sa veste en cas de besoin. Alors, le prince joua le tout pour le tout. Il précipita son cheval sur l'homme pendant qu'il rechargeait. Ce dernier, de peur de se faire piétiner, se rangea de côté, visa maladroitement, beaucoup plus haut que la tête du jeune Prussien qui, lui, ne le manqua pas. Le Danois fut à

demi décapité dans un fatal giclement de sang. Auda-
cieusement, le dernier artilleur encore en vie profita du
mouvement d'extension du cavalier et l'agrippa à bras-
le-corps. Les deux hommes roulèrent par terre.

Étourdi par le choc, son casque arraché rebondissant
sur le sol, Felix se retrouva sous un adversaire qui tentait
de l'étrangler. De larges mains calleuses cherchèrent mal-
habilement sa gorge ; un visage rustre et hâlé se colla
presque au sien. Felix perçut clairement le halètement de
l'homme qui ressemblait davantage à un fermier qu'à un
soldat expérimenté. Il put aussi lire la panique au fond des
yeux bleu-gris. Ayant lâché son sabre lors de sa chute, le
Prussien essaya d'abord de repousser l'homme, mais celui-
ci était beaucoup trop lourd. Alors, incapable de reprendre
son souffle, les mains du prince retombèrent sur le sol qu'il
racla des doigts. Sous sa paume, il sentit un objet froid,
dur et de forme arrondie. Il ne voulut pas abandonner, pas
tout de suite, pas comme ça. Dans un ultime soubresaut,
il empoigna l'objet, une simple pierre, et frappa le Danois.
Au bras, à l'épaule, au corps. À la fois pour esquiver les
coups et pour lui rendre la pareille, son adversaire relâcha
son étreinte. Les deux hommes luttèrent avec la rage de
celui qui refuse de mourir. Felix redoubla d'efforts et atteignit
finalement le cou, l'oreille, la tempe de l'artilleur. Lorsque
celui-ci s'écroula sur lui, le hussard cessa de cogner et laissa
rouler sur le sol la pierre poisseuse de sang.

Ce ne fut qu'à cet instant qu'il entendit une sourde
rumeur à l'orée du bois. Il se convainquit que l'ennemi
approchait, qu'on le cherchait. Vite. Partir. Fuir. Ses mains
tremblaient. Son instinct de chasseur l'avait abandonné ;
il avait revêtu la peau de la bête traquée.

Sa jambe gauche était engourdie, le dos lui élançait, il
était couvert de sang, le sien et celui des autres. Péniblement,
il repoussa le corps de l'artilleur affalé sur lui et se souleva
sur un coude. Il siffla doucement. Un hennissement lui
répondit. Sa jument n'était pas loin. Il siffla encore. Dans

un bruissement de feuilles, la bête se glissa entre les arbres et s'approcha timidement. Felix tendit une main qu'elle vint sentir. Il se hissa sur elle avec des gestes lents pour ne pas amplifier la douleur. Puis il tourna le dos à la bataille. Exténué, il posa sa tête sur la crinière de l'animal. Il fermait et ouvrait périodiquement les yeux, étonné, chaque fois, d'être encore vivant.

La dernière fois qu'il regarda autour de lui, la jument s'était arrêtée au bord d'un ruisseau pour y boire. Il se laissa glisser par terre, roula dans l'eau. Le corps à moitié immergé, il cessa toute résistance. Le tumulte de la bataille avait cédé la place à un silence angoissant.

Là-haut, tout là-haut, le soleil brillait, insouciant des horreurs de cette guerre. Quinze minutes à peine s'étaient écoulées depuis le début de la bataille et le conflit avait déjà trouvé son dénouement sinistre : un bain de sang totalement dénué de sagesse.

Avril 1911, chez la princesse

La vieille dame cessa d'écrire et déposa sa plume. Relevant la tête, elle coula un regard vers la lame minutieusement astiquée du sabre accroché au mur. Son œil s'attarda à l'inscription qu'elle ne pouvait déchiffrer de la place où elle se tenait, mais dont elle connaissait par cœur les traits déliés et les boucles arrondies pour l'avoir si souvent lue et relue : *Für Tapferkeit**. Elle affectionnait tout particulièrement cet inestimable cadeau que le roi de Prusse, Frédéric-Guillaume IV, avait offert au prince Felix zu Salm-Salm pour ses hauts faits d'armes pendant la guerre contre le Danemark. Cette guerre pour la possession des duchés de Holstein et de Schleswig s'était malheureusement avérée insensée pour les Prussiens qui l'avaient bel et bien perdue.

---

* Pour bravoure.

Oui, une guerre inutile, une de plus, celle qui aurait pu être à la fois la première et la dernière pour son cher Felix.

La princesse Agnes zu Salm-Salm tenta d'imaginer ce qu'aurait été sa vie si Felix avait succombé à ses blessures lors de cette bataille. Elle ne l'aurait pas rencontré, n'aurait jamais vécu un amour aussi intense, aussi harmonieux. Elle baissa la tête brusquement et exhala un profond soupir. Tout cela était si loin à présent. Pourquoi se torturait-elle autant à rédiger ces quelques lignes ? Quelques lignes !

— Ah ! quel toupet ! Ce petit journaliste ne manque pas de culot ! Vraiment, il…

— Pardonnez-moi, princesse, je ne suivais pas. Vous disiez ?

Agnes se retourna avec une vivacité étonnante pour une femme de son âge. Il est vrai qu'elle portait bien ses soixante-dix ans, beaucoup mieux en tout cas que sa compagne de longue date. La pauvre Louisa Runkel, percluse d'arthrite, se déplaçait avec difficulté et avait même dû abandonner ses travaux d'aiguille, se contentant d'activités nécessitant moins de dextérité. Pour l'instant, elle rêvassait, serrant entre ses doigts déformés une tasse de thé pour le simple plaisir de sentir la chaleur se répandre dans ses articulations douloureuses.

— Vous savez bien, Fräulein Runkel, ce jeune chroniqueur autrichien qui m'a écrit la semaine dernière ?

Louisa Runkel plissa les yeux, faisant un effort pour se souvenir. Son visage s'éclaira, et elle répondit avec un sourire malicieux :

— J'y suis. C'est ce gamin effronté qui vous a fait sortir de vos gonds dernièrement. Il désirait obtenir, si je ne m'abuse, deux ou trois mots sur le prince pour rédiger un court article sur sa participation à différentes guerres. Je croyais que vous aviez jeté sa lettre au feu.

— J'y avais songé, j'étais si outrée. Comment osait-il prétendre résumer en trois phrases une vie aussi riche d'aventures que celle de mon mari ! Il envisageait quoi ?

Boucher un trou de la rubrique des chiens écrasés ? Combler un espace vide entre une publicité de cire à moustache et l'éloge d'un sirop miracle susceptible de guérir une quelconque maladie imaginaire ? J'ignore pourquoi, mais l'enveloppe traîne encore sur le manteau de la cheminée.

La vieille dame de compagnie déposa sa tasse et esquissa un geste pour se lever.

— Voilà assurément un malotru qui manque totalement de discernement ! Je vous débarrasse de cette lettre importune.

— Non ! s'interposa trop vivement la princesse, avant de poursuivre sur un ton adouci : Non, laissez. Je vais lui répondre.

— Vous faites preuve d'un savoir-vivre digne de votre rang, et d'une grande tolérance envers quelqu'un qui n'en mérite pas autant.

La princesse demeura silencieuse quelques instants avant d'expliquer d'une voix lente, presque un murmure :

— Cela n'a rien à voir avec la simple politesse. J'ai fait un rêve cette nuit. Je me promenais à la brunante dans un pré couvert de brumes. Je ne voyais, dispersés sur cette vaste étendue, que des arbres aux branches tordues, dépouillées de leur feuillage, qui me faisaient penser aux griffes de la mort. Je frissonnais de froid. L'humidité me transperçait. J'avançais comme une somnambule, sans but précis. À chaque pas, je butais contre des corps de soldats blessés, horriblement blessés, tels que vous et moi n'en avons vu que trop souvent sur les champs de bataille. Chaque fois, l'homme tournait son visage vers moi, me souriait tristement et hochait la tête en signe d'assentiment. Bizarrement, aucune crainte ne m'habitait. Je ne ressentais que de la curiosité ou, plutôt, toutes mes pensées se concentraient dans la recherche de quelqu'un. Lorsque je l'ai découvert, étendu sur le sol, j'ai reconnu mon Felix. J'ai su qu'il était le but de ma quête. Il me semblait jeune, très jeune. Ses doux yeux bruns me fixaient avec espoir. Malgré mon désir intense de lui venir en aide, mes jambes refusaient de se plier pour que je puisse caresser son front, baiser sa bouche, m'étendre à ses côtés... Je demeurais immobile, figée sur place, impuissante. Il m'a dit : « Fais-le ! Toi seule en es capable. Achève ma mission ! »

Elle se tut, les yeux dans le vide. Louisa, qui avait vécu tant d'événements dramatiques aux côtés de cette grande dame, ne montra aucune surprise. Elle connaissait l'amour insondable qu'éprouvait encore la princesse, malgré son deuil remontant à une quarantaine d'années. Elle attendit quelques instants avant d'oser demander :

— Une mission ? Laquelle ? Que vous a-t-il dit ensuite ?

Agnes sortit de sa rêverie avec un léger haussement d'épaules.

— Rien, il n'a rien ajouté. Je me suis bêtement réveillée. Voilà pourquoi je réponds à ce petit écrivaillon.

— Je ne vois pas en quoi la mission du prince concerne ce journaliste.

— Je ne le voyais pas non plus à mon réveil. Mais lorsque j'ai aperçu l'enveloppe sur la cheminée, tout à l'heure, j'ai pressenti que je ne pouvais simplement pas m'en débarrasser. Mon rêve m'est revenu en mémoire. Felix est décédé trop vite, trop tôt. Il avait encore tant à vivre. Sa mission... je ne sais trop encore en quoi elle consiste. Mais la mienne est d'apporter au monde une meilleure connaissance de ses faits et gestes, non pas pour le disculper aux yeux de ceux qui rejettent les guerres, mais pour démontrer à quel point il a essayé de les traverser en conservant sa dignité et le respect de soi. À titre d'homme de guerre, mon mari a participé à bien des combats, beaucoup trop selon moi, mais que savait-il faire d'autre ? Et surtout, qu'y pouvait-il lorsque les rois, les empereurs ou les présidents décidaient de lever une armée et de partir en guerre ? Il a toujours tenté de servir fidèlement, d'agir en homme d'honneur et de devoir. Enfin, tout cela pour expliquer que je vais prouver à ce jeune blanc-bec que la vie d'un homme tel que mon mari ne se résume pas en deux phrases.

La princesse se leva, les feuillets à la main, et s'approcha du fauteuil où était assise sa dame de compagnie.

— Tenez, lisez et dites-moi ce que vous en pensez !

Fräulein Runkel prit les feuilles de papier vélin d'un geste respectueux. Cette marque de confiance l'honorait au plus haut point. Agnes s'approcha du feu autant pour y trouver un peu de chaleur que pour cacher sa gêne à observer sa dame de compagnie pendant sa lecture. Elle n'osa même pas la regarder de crainte d'apercevoir des signes de désapprobation ou d'une quelconque critique sur son visage. Elle qui se sentait si sûre d'elle ce matin, au moment où l'idée de ce texte avait jailli dans son esprit, craignait maintenant la moindre réaction négative face à son projet.

Pour raviver sa détermination, elle se força à relire, sans grande attention d'ailleurs, la lettre du journaliste qui se trouvait toujours sur la tablette de la cheminée. Comment ne pas ressentir une certaine antipathie pour l'auteur de ce texte laconique, exempt de la plus petite touche de politesse élémentaire, qui ne l'avait pas particulièrement emballé au premier abord ?

5 avril 1911

Princesse Agnes zu Salm-Salm
Karlstrasse 2
Karlsruhe Baden
Allemagne

Madame,

Étant présentement à la préparation d'un article sur les actions de feu votre époux lors des différentes guerres auxquelles il a participé, j'aurais besoin de vos commentaires sur ses agissements. Pourriez-vous me les faire parvenir dans les plus brefs délais? Faites court, trois paragraphes me suffiraient.

Bien à vous,
Frank Gerstheim

Agnes releva la tête, plus résolue que jamais. Non, vraiment, trois paragraphes ne suffisaient pas. Et quel ton horrible, prétentieux, presque… impératif! Pour qui se prenait-il, ce Gerstheim? De quel droit pensait-il l'obliger, elle, princesse Agnes, épouse de feu prince Felix Constantin Alexander Johann Nepomuk zu Salm-Salm dont la famille avait encore droit au titre de Sérénissime Altesse, à commenter naïvement les «agissements» de son mari? On ne s'adressait pas ainsi à une personnalité de son rang, dans les veines de qui coulait du sang bleu! Sa colère tomba aussi soudainement qu'elle était apparue. Un sourire espiègle se dessina sur ses lèvres. Elle se traita même silencieusement de «tête enflée». Le sang qui bouillait dans ses veines s'apparentait davantage à la couleur de la terre. Mais cela, elle n'était point obligée de le crier sur la place publique.

Elle tenta de se recomposer un visage calme, empreint de noblesse, avant de se tourner vers sa compagne. Toujours aussi combative, elle se sentait prête à affronter la critique que Louisa ne manquerait pas de lui faire. Cependant, celle-ci lui lança un regard admirateur, voire enchanté.

— Seigneur! Quelle bataille! Comment le prince a-t-il pu réchapper à cela?

— Il fut fait prisonnier tout comme vingt-quatre autres de ses compagnons de bataille, répondit Agnes, manifestement contente que son texte lui ait plu. Selon Felix, il s'est réveillé dans la grange d'une ferme, un peu au nord d'Århus. Des soldats danois surveillaient étroitement le bâtiment et un médecin était venu soigner les blessés. J'ignore exactement combien de temps il demeura prisonnier. Suffisamment en tout cas pour en sortir complètement rétabli lors de la signature d'une entente entre la

Prusse et le Danemark. Felix s'est toujours montré assez vague sur cet emprisonnement.

— Je comprends. Pour un officier de carrière, il est difficile d'admettre quelque défaite que ce soit. Et encore plus de la commenter. Néanmoins, il aurait dû retirer une grande fierté de son exploit pendant la bataille. Mettre à lui seul un obusier hors d'état de nuire en éliminant les canonniers, voilà qui mérite amplement le sabre d'honneur que lui a remis l'ancien roi de Prusse.

— Oui, pour Felix, ce sabre valait plus que n'importe quelle médaille. Il en prenait soin comme de la prunelle de ses yeux. Jamais il ne s'en serait séparé. Son plus magnifique souvenir...

Louisa approuva silencieusement d'un hochement de tête. Cette arme valait assurément plus qu'un joyau royal aux yeux du prince. Timidement, elle aborda ce qui lui semblait être le seul point faible du récit du combat :

— Cette description m'apparaît, ma foi, des plus précises. Elle reflète de toute évidence l'atroce réalité des champs de bataille que vous connaissez bien pour avoir suivi votre mari au cours des différents conflits auxquels il a participé. Sauf celui-ci, puisque vous ne le connaissiez pas encore. Pourtant, permettez-moi de douter de la véracité d'un fait, minime tout de même.

— Quel est-il ? demanda la princesse, aussitôt sur la défensive.

— Eh bien... vous laissez entendre que le prince s'est choisi une victime avant même de se lancer à l'assaut, que, du haut de la colline, il surveillait ses moindres gestes, tel un faucon à l'affût de sa proie.

— Et alors ? Cela ne vous semble-t-il pas plausible ? Un soldat peut repérer dans un bataillon ennemi une cible à atteindre. Je ne vois rien d'anormal là-dedans.

— Pour la plupart des soldats, je ne dis pas. Mais le prince... il était myope comme une taupe !

Un éclair amusé passa dans les yeux de la princesse. Sur le ton de la confidence, elle chuchota :

— Vous et moi, nous le savons. Mais quel besoin est-il de répandre ce petit défaut de la nature dont le prince était affligé ?

Elle posa un doigt sur ses lèvres, autant pour exiger la discrétion de la part de sa dame de compagnie que pour dissimuler à moitié son sourire mutin. Louisa baissa la tête pour cacher le sien. Depuis longtemps, elle s'était habituée à la nature espiègle de sa maîtresse et ne s'en offusquait plus. Tout comme elle savait qu'elle n'obtiendrait jamais l'entière vérité sur son passé, la princesse faisant norma-lement montre d'une grande circonspection dans ses épanchements. Néanmoins, elle se risqua à la questionner plus avant.

— Le roi fut bien généreux de lui remettre ce sabre en hommage à son courage. Je m'étonne cependant qu'il y ait attaché ce ruban d'un rouge pâle tirant sur le rose.

— Pourpre ! Il était pourpre au départ. Mais soixante-cinq ans d'exposition au soleil l'ont bien fait pâlir. Ce ruban m'appartenait, toute petite fille.

— Il doit représenter beaucoup pour vous, puisque vous l'avez noué au pommeau, tels un ornement d'apparat ou une oriflamme.

— Il s'agit en fait de mon plus ancien souvenir auquel se rattachent autant de bons que de mauvais événements, reconnut la princesse avec douceur. De la période précé-dant ce moment, je ne me rappelle pratiquement rien, sinon de vagues sensations tout au plus.

— Pourrait-on qualifier ce moment d'éminemment marquant ?

Agnes fixa Louisa dans les yeux :

— Assurément ! C'était l'achat de ma première paire de chaussures !

Sous le regard ébahi et légèrement déçu de sa dame de compagnie, la princesse éclata de rire. Sans plus d'explication, elle se leva, reprit son texte et retourna à son bonheur-du-jour pour y poursuivre la rédaction des hauts faits d'armes de son époux. En dépit de son application, elle ne parvenait pas à chasser de son esprit le ruban pourpre, et surtout le rappel du passé qui s'y rattachait.

Bas-Canada, 1845

Elle n'avait pas tout à fait cinq ans en cet inoubliable mois de septembre. À cette époque fort lointaine, le luxe et parfois même l'essentiel n'entraient pas dans le lot quotidien. La ferme isolée où elle grandissait, à l'écart du village de Saint-Armand-Ouest, dans le Bas-Canada, ne permettait pas de nourrir convenablement la petite famille du propriétaire. Seul le métier de sellier de son père apportait sur la table le surplus qui évitait à chacun de souffrir des morsures de la faim. Les vêtements, maintes fois raccommodés et rapiécés, se passaient d'aînée en benjamines.

Fillette, elle attendait avec une joie impatiente le début des classes. Ce désir fébrile se rapportait davantage à tous les petits détails qui entouraient ce grand saut des jupes de sa mère à celles d'une enseignante qu'au souhait sincère d'apprendre. Bien sûr, elle hériterait du vieux tablier gris en toile rugueuse de Sarah, sa sœur aînée, et du cartable au cuir usé de son grand frère Georges, mais elle aurait enfin droit à ses propres chaussures. Sa première paire, toute neuve, achetée spécialement pour convenir à la pointure de ses petits pieds! Des chaussures qui ne lui blesseraient pas les orteils parce que trop serrées ou qu'on ne bourrerait pas d'une touffe de laine non filée pour les ajuster. Elle rêvait depuis tellement longtemps de ces mignons escarpins rouges placés bien en évidence dans la vitrine du magasin général. Rouge cerise, au cuir luisant sous le soleil! Ils s'attachaient sur le dessus avec une courroie délicate plutôt qu'avec une rangée de boutons ou des lacets disgracieux. Un joli petit talon les surélevait légèrement. Grâce à eux, elle paraîtrait plus grande, on cesserait de la traiter en bébé. Elle pourrait aussi se déplacer en effleurant à peine le sol, tel un ange, ou, mieux encore, du talon, elle battrait le plancher en cadence, en s'accompagnant des castagnettes de sa mère sur un air de fandango.

Elle brûlait d'envie de pouvoir danser comme sa mère qui, malheureusement, ne s'exécutait qu'en cachette, pour le plus grand bonheur de ses enfants, lorsque son père travaillait dans le champ ou dans son atelier. Agnes qui aimait tant la voir tournoyer, le dos fortement cambré, les bras gracieusement courbés, les mains décrivant des cercles dans les airs tout en scandant la mesure avec ses pieds, n'avait jamais compris la répulsion de son père pour cet innocent amusement. La petite tapait des mains et chantonnait avec sa mère des paroles dont elle ne saisissait pas toujours le sens. Parler l'espagnol était strictement interdit à la maison. Seul l'anglais régnait dans les conversations de tous les jours. Pourtant, l'oncle Enrikes usait abondamment de l'espagnol, à l'insu de son beau-frère il est vrai, enseignant quelques mots de temps à autre aux enfants de ce dernier. Julia avait beau enjoindre à son frère de n'en rien faire en prétextant que cela mettait son mari en colère, Enrikes se contentait de hausser les épaules et continuait de plus belle.

Agnes adorait cet oncle aux cheveux aussi noirs que les corbeaux et aux yeux sombres qui vous fixaient toujours avec défi. Il était d'ailleurs le seul à l'appeler Agnes, son deuxième prénom qu'elle préférait de beaucoup, tous les autres membres de la famille n'utilisant que le premier, Elizabeth, plus commun et plus répandu parmi les fillettes du village. Enrikes ne lui avait-il pas affirmé que seules les grandes dames pouvaient se prénommer Agnes ; et elle l'avait cru, dans toute sa naïveté d'enfant en mal de se démarquer des autres. Car elle cherchait constamment à se distinguer, ne voulant en rien ressembler à ses semblables. D'où le désir de posséder ces escarpins qui sortaient de l'ordinaire, mais qui ne convenaient vraiment pas à la marche de deux kilomètres, depuis la demeure familiale jusqu'à l'école du village.

Ce jour-là, William Joy avait décidé que son beau-frère Enrikes irait au village avec la gamine pour l'achat de ses souliers ainsi que pour se faire régler le paiement de selles et de harnais qu'il avait fabriqués dernièrement. William ne pouvait exécuter la course lui-même, car il avait des commandes urgentes à remplir. Julia ne les accompagnait pas non plus puisqu'elle attendait un cinquième enfant qui devait naître incessamment.

La petite accomplit une grande partie du voyage juchée sur les épaules de son oncle. Les bras levés au ciel, elle tentait de décrocher les nuages, babillant sans cesse sur tout et rien. Enrikes, d'une patience exemplaire, bavardait avec sa nièce préférée, commentant et expliquant la nature qui les entourait. Depuis son arrivée en Amérique, cinq ans auparavant, il habitait avec sa sœur et son beau-frère. Il donnait un coup de main à la ferme où le travail ne manquait pas. Il n'aimait pas voir Julia s'esquinter à l'ouvrage sur cette terre qui ne produisait principalement que de la pomme de terre, de l'oignon et du foin pour les deux vaches laitières. N'eût été le petit jardin potager que la jeune femme avait planté près de la maison, l'ordinaire se serait révélé bien maigre.

Néanmoins, Enrikes appréciait cette vaste contrée où les plus fous espoirs étaient permis. Il songeait depuis un long moment déjà à quitter la demeure de sa sœur pour s'établir à son compte. Il espérait ouvrir son propre commerce et mettre à profit ses talents de négociant. Il était convaincu de faire fortune en vendant non pas tout le bric-à-brac habituel d'un magasin général, mais en se spécialisant dans un domaine plus particulier. Il ignorait encore lequel mais économisait déjà pour son premier investissement. Agnes refusait de le croire quand il prétendait partir un jour pour la grande aventure. En réalité, elle craignait trop de le perdre pour accepter cette éventualité. Elle chérissait follement et candidement son oncle. Il personnifiait la force, la beauté, l'imaginaire, la témérité.

Elle lui dit que s'il partait, elle irait avec lui. Il rit et répondit que c'était impossible, qu'elle était bien trop petite.

— Non! Je suis grande. Je peux te suivre n'importe où. Je me débrouille toute seule, maintenant. Je vais même entrer à l'école la semaine prochaine.

— Justement, si tu vas à l'école comment pourrais-tu venir avec moi?

— Eh bien… je… j'irai dans une autre école, près de toi.

— Maman Julia en mourra de chagrin, de te voir partir.

— C'est moi qui mourrai de chagrin si tu me quittes! Je ne veux pas que tu partes, je t'en supplie!

— Agnes, une grande dame ne supplie jamais! Cela n'est pas convenable, c'est indigne de son rang.

— Pourquoi? Que fait une grande dame qui veut quelque chose de tout son cœur?

— Premièrement, elle ne s'abaisse pas à implorer. Non, elle demande avec noblesse comme si cela n'avait pas grande importance. Si on lui refuse son désir, elle affecte de ne pas être troublée par ce refus. Elle dit : «Ce n'est pas grave, merci tout de même.» Et elle agite doucement son éventail pour chasser la rougeur qui lui monte aux joues. Car elle est frustrée et chagrinée, mais évite impérativement de le montrer. Voilà ce qui est digne d'une grande dame.

Agnes allait répliquer qu'elle ne serait jamais capable d'agir ainsi, qu'elle aurait trop de tristesse, trop de colère, lorsque son attention fut attirée par une immense tente multicolore plantée aux abords du village. Du sommet de ce chapiteau improvisé, des fanions et des drapeaux flottaient au vent.

— Regarde, oncle Enrikes, le cirque est arrivé. Est-ce que nous pouvons aller voir les acrobates?

— Je crains que ce ne soit impossible pour aujourd'hui. Les gens du cirque n'ont pas encore fini de s'installer.

Et après nos courses, il sera trop tard. J'ai promis à ton père de rentrer au plus vite pour l'aider.

Son oncle l'entraîna dans le village sans lui laisser le temps de répondre. De toute manière, il n'y avait jamais moyen de faire changer d'idée Enrikes. La fillette n'avait qu'à s'incliner devant cette autorité suprême. Les différentes visites aux clients de son père prirent presque tout l'avant-midi. Il ne leur restait plus qu'à acheter les chaussures lorsqu'ils revinrent dans la rue principale.

Bloquant délibérément le passage, les acrobates, les clowns, les animaux et autres attractions du cirque paradaient sur la grande avenue où accouraient les badauds. Agnes, de nouveau grimpée sur les épaules de son oncle, ne manquait rien du spectacle. Enrikes acceptait de bonne grâce de perdre quelques minutes pour satisfaire la curiosité de l'enfant. Pendant que la musique de la fanfare emplissait ses oreilles, la petite ouvrait grands les yeux de ravissement. Des singes miniatures à l'énorme éléphant, de l'homme fort à la femme à barbe, tout l'attirait. Cependant, quand elle aperçut la jolie écuyère qui saluait la foule debout sur sa monture, son cœur battit plus fort. Elle la trouvait si belle dans sa robe courte à large crinoline, si courageuse de monter ce cheval fougueux et si habile à garder son équilibre malgré les sauts de la bête, qu'elle se mit à rêver de prendre sa place.

Le défilé fit une halte juste au moment où l'écuyère fut rendue à sa hauteur. La musique se tut. La jeune femme salua plus bas tandis que le maître de cérémonie déclamait son boniment propre à attirer le public dans son chapiteau. Il parla longtemps sans que la fillette ne lui prêtât attention. Son regard demeurait rivé sur l'amazone toute de rouge vêtue qui agitait la main à gauche et à droite.

La musique reprit et l'écuyère entonna une chanson répétée par tous les gens du cirque. Agnes battit des mains, fredonna et remua au rythme de cet air entraînant. L'oncle en eut soudain assez. Il déposa un peu rudement l'enfant par terre, la prit par la main et se dirigea vers le magasin général en se frayant un chemin parmi la foule. Agnes protesta, mais il ne l'écouta pas. Il avait suffisamment perdu de temps.

La porte vitrée du magasin se referma derrière eux. La musique, les chants et les cris semblèrent s'éloigner à des lieues de là et ne parvenaient qu'étouffés aux oreilles d'Agnes. Elle tournait la tête en direction de la fenêtre dans l'espoir d'entrevoir encore un peu le cirque entre les gens agglutinés le long de la rue. Elle n'écoutait pas ce que son oncle commandait, cherchant plutôt à capter des bribes du chant de la cavalière. Elle sursauta en entendant son oncle l'appeler :

— Agnes ! Viens essayer tes nouveaux souliers !

Elle se retourna, souriante à la pensée des chaussures rouges. Son sourire se mua rapidement en un air chagrin à la vue des bottines marron qu'on lui présentait.

— Mais, oncle Enrikes, je veux ceux-là, dit-elle en pointant un doigt tremblant vers la vitrine. Ils sont beaucoup plus jolis.

Si sa remarque amusa le vendeur, son oncle, par contre, garda le plus grand sérieux tout en secouant la tête.

— Désolé, petite, j'ai reçu des directives précises sur ce qui te convient. De plus, je connais un papa qui ne sera pas très content si tu arrives à la maison avec autre chose dans les pieds.

Terriblement déçue, Agnes sentit ses yeux s'emplir de larmes, mais elle ne voulait pas le montrer au vendeur qui semblait trouver la situation de plus en plus risible. Non, elle ne lui donnerait pas l'occasion de se moquer d'elle en cédant à son chagrin. Se souvenant alors de l'attitude des grandes dames, elle s'éventa le visage d'un délicat mouvement de la main et déclara d'une voix éteinte :

— Ce n'est pas grave, merci tout de même.

Le vendeur demeura bouche bée devant cette attitude si peu fréquente chez les enfants désappointés. L'oncle

Enrikes comprit sa réaction et lui décocha un regard ému et admirateur. Elle s'assit sur un tabouret pour essayer les bottines. Enrikes se pencha vers elle et murmura à son oreille :

— Bravo ! Tu es une parfaite grande dame.

Elle lui sourit tristement.

— Si seulement les lacets n'étaient pas aussi laids.

Lorsqu'ils sortirent du magasin, quelques minutes plus tard, de jolis rubans pourpres attachaient les bottines toutes neuves qu'étrennait Agnes. Les affreux lacets noirs reposaient dans la poche de la veste d'Enrikes. Il les avait conservés juste au cas où les rubans ne résisteraient pas assez longtemps.

Du reste de la journée, Agnes ne dit mot sur ses bottines. Elle passa l'après-midi à tenter de se tenir en équilibre debout sur le dos de leur pauvre vache qui ne comprenait rien à ce nouveau jeu. Ses parents ne soupçonnèrent jamais la cruelle déception qu'elle avait vécue ce jour-là. La fillette attendit le soir, dans le lit qu'elle partageait avec sa sœur aînée, le moment où celle-ci s'endormit pour donner libre cours à sa tristesse. Elle pleura amèrement les mignons escarpins qu'elle ne posséderait jamais. Elle n'avait eu droit qu'à des rubans semblables à ceux que portait l'amazone du cirque à ses chaussons de ballerine. Dans sa tête d'enfant, il n'en fallait pas plus à Agnes pour s'identifier à la belle écuyère. Lorsque le sommeil la gagna enfin, elle s'imaginait paradant dans toutes les villes du monde.

Quelques jours plus tard, l'oncle Enrikes partit. Il se dirigea vers le sud dans l'espoir d'y faire fortune. Ce fut le premier chagrin d'amour d'Agnes qui était convaincue de ne plus le revoir. En souvenir de cet oncle adoré, elle enleva les rubans de ses bottines et les conserva cachés au fond de son tiroir en se jurant de ne les utiliser que lorsqu'elle serait une véritable écuyère de cirque. Aujourd'hui, soixante-cinq ans plus tard, il ne lui en restait qu'un seul pour lui rappeler qu'elle n'avait pas toujours été une princesse.

BULL RUN, ÉTATS-UNIS

21 JUILLET 1861

À l'ouest de Washington

Les troupes nordistes du général McDowell avaient marché plusieurs jours avant de prendre position aux abords de la rivière Bull Run. Près de trente-six mille Américains s'apprêtaient à attaquer vingt mille de leurs compatriotes qui avaient choisi de se battre sous l'étendard sudiste. Le plus gros des troupes occupait les postes les plus avancés aux alentours de Stone Bridge. Pour se conformer à un certain chauvinisme, qui avait court dans le pays, la division constituée d'un fort pourcentage d'immigrants, en majorité des Allemands, avait reçu l'ordre de garder les arrières, le plus loin possible de l'action. Il eût paru inadmissible à n'importe quel nationaliste de céder les meilleures places à des étrangers, leur permettant ainsi de se mettre en valeur et de voler la vedette.

Tous étaient convaincus, autant les sudistes que les nordistes, que les hostilités ne dureraient que trois mois, tout au plus, et que cette première bataille dans le voisinage de Washington déciderait du sort de la guerre. Chacun désirait montrer sa bravoure et obtenir une médaille qu'il pourrait un jour exhiber devant ses petits-enfants en racontant comment il avait fait mordre la poussière à l'ennemi. Car chaque soldat voulait en découdre, obliger l'adversaire à demander grâce, le forcer à reconnaître ses torts et à retourner, l'air piteux, d'où il venait.

Le colonel Felix zu Salm-Salm songeait à cela en considérant au loin les soldats qui traversaient à gué le Bull

Run pour aller s'installer au pied de la colline Henry. Il se disait aussi que la journée serait longue ; il n'était que neuf heures du matin et déjà le soleil de la Virginie était cuisant. Il se demandait surtout si les soldats du Sud étaient aussi inexpérimentés que ceux du Nord. De toute sa carrière de militaire, il n'avait jamais rencontré une troupe aussi peu ordonnée et mal préparée que celle-ci. Pour réussir à enrôler des volontaires, le gouvernement avait promis des avantages de toutes sortes : de l'amnistie pour les criminels aux privilèges économiques pour les simples citoyens. Par ailleurs, se faire dispenser de l'enrôlement était devenu un jeu d'enfant, la liste des exemptions possibles s'allongeant au gré des privilèges. On pouvait même éviter d'aller au front en trouvant un remplaçant qui irait se battre à sa place ! Une armée de gibiers de potence et d'inadaptés de tout genre, ne cherchant qu'à lâcher leur surplus d'agressivité sans vraiment tenir compte des ordres de leur supérieur, paradaient sous les drapeaux depuis l'annonce des hostilités.

À titre de chef d'état-major du général Louis Blenker qui commandait la division allemande, le prince Salm-Salm servait depuis peu de temps dans l'armée unioniste. Âgé de trente-deux ans, il avait déjà accumulé une grande expérience autant dans l'armée prussienne qu'autrichienne, ce qui lui avait valu son titre de colonel et son poste sous les ordres de Blenker, un compatriote allemand. Il jugeait sans grande indulgence la faiblesse des soldats nordistes qui, à cause de leur longue marche, montraient déjà des signes d'épuisement, avant même que le combat ne débutât. Où trouveraient-ils l'énergie de tenir tête à l'ennemi, de manier leurs armes sans trembler, de se battre corps à corps s'il le fallait ? Il espérait que ces hommes puiseraient au fond d'eux-mêmes les ressources nécessaires pour se lancer dans l'action et que le général McDowell n'enverrait pas ces pauvres bougres à l'abattoir par simple méconnaissance des capacités de son armée.

Lorsque les canons se mirent à tonner, le prince ne pouvait apercevoir le champ de bataille caché par les bosquets et les dénivellations du terrain. Il ne voyait que la fumée de la poudre brûlée s'élever dans le ciel. Pendant tout l'avant-midi, il entendit les cris des soldats, les crépitements des coups de feu, le bruit sourd des bombardements qui faisaient trembler le sol. Dans sa fougue guerrière, il aurait bien voulu se joindre à ses compagnons d'armes, mais ni lui ni aucun des soldats de la division allemande ne reçurent l'ordre de bouger. Ils devaient surveiller les arrières, ne pas laisser l'ennemi les surprendre dans leur dos et attendre encore et encore. Les heures passèrent ainsi à écouter le tumulte enragé de la mêlée et l'écho des déflagrations meurtrières qui lui parvenaient ; à regarder les ambulanciers transporter des blessés de plus en plus nombreux au fur et à mesure que la journée avançait ; et, surtout, à s'étonner de voir des civils s'approcher autant du théâtre des opérations.

Plusieurs citoyens de Washington, désireux de profiter à la fois de ce beau dimanche après-midi pour effectuer une promenade à la campagne et de l'occasion d'assister au spectacle rare et inespéré d'une escarmouche, s'installaient, comme à un pique-nique, dans les plaines environnantes. Hommes, femmes et enfants vêtus de leurs plus beaux atours riaient, discutaient et commentaient les événements sans songer au danger qu'ils couraient à assister d'aussi près à ce combat. Un bal masqué n'aurait pas attiré autant de curieux. Le prince ne pouvait s'empêcher de s'interroger sur leur comportement. Fallait-il que ces gens soient blasés de la vie pour la risquer aussi frivolement, ou étaient-ils tous des inconscients ?

De son côté, le général Blenker, ignorant cette foule de badauds, se rendait bien compte que la bataille s'enlisait. Les deux armées en présence maintenaient leurs positions autour de la colline et les pertes s'accumulaient de chaque côté. L'épuisement se ferait bientôt sentir. Restait à savoir lequel des belligérants céderait avant l'autre. Blenker enrageait de ne pas recevoir l'ordre lui enjoignant de se jeter dans la mêlée. Il sentait qu'à ce moment précis, il aurait pu faire la différence. Il avait beau envoyer des messagers quérir cet ordre, le haut commandement ne lui répondait pas. Blenker devait se contenter des renseignements glanés par ses estafettes. Selon eux, les nordistes en arrivant au sommet de la colline Henry s'étaient heurtés à la masse compacte des sudistes conduits par le général Jackson. Par trois fois, malgré les tirs d'artillerie qui la précédaient, la ligne offensive avait vu son élan se briser contre ce mur humain. La bataille se dispersait en petits combats qui se terminaient souvent à coups de baïonnette ou de couteau.

Soudain, vers le milieu de l'après-midi, des hurlements furieux s'élevèrent dans les rangs ennemis. Soutenus par des renforts inespérés qui arrivaient par la vallée Shenandoah, les sudistes se ruèrent sur l'armée de l'Union en lançant tous ensemble leur cri de ralliement. Une pagaille sans nom s'ensuivit dans les rangs nordistes. Des soldats abandonnaient leurs armes pour courir plus rapidement. Des brancardiers fuyaient sans penser à porter secours à qui que ce soit. Des officiers tentaient de rassembler leurs hommes, mais personne ne les écoutait, car la cavalerie sudiste leur fonçait dessus au triple galop, supportée par ses canons qui grondaient de plus belle.

Les citoyens, qui s'amusaient encore, furent surpris par la panique générale de leur armée. Lorsqu'ils cherchèrent à leur tour à s'enfuir, ils étaient déjà submergés par le flot des soldats nordistes qui les piétinaient au passage. Pourtant, dans tout ce tumulte, Blenker et ses hommes gardèrent leur sang-froid. La crosse de leur fusil bien calée à l'épaule, ils attendirent l'ennemi. Jusque-là privés d'action, ils n'allaient pas manquer l'unique occasion de se mêler au combat. Ils restèrent sur place, patients, attentifs au mouvement de l'adversaire, sourds aux plaintes affolées des civils, insensibles à la déroute des autres divisions, indifférents au brouhaha qui les entourait. Ils firent feu lorsque l'ennemi traversa le Bull Run, puis s'élancèrent, hurlant à leur tour, bien décidés à accorder aux sudistes un accueil sanglant.

L'engagement fut cependant de courte durée. Leurs opposants ayant déjà subi de lourdes pertes et dépensé beaucoup d'énergie depuis le début de l'affrontement, ils se replièrent stratégiquement de l'autre côté du Bull Run, au pied de la colline Henry. Les hommes de Blenker réussirent tout de même à capturer huit prisonniers qu'ils ramenèrent à Washington.

La première véritable bataille de cette guerre civile se termina à l'avantage des sudistes et fit des pertes à peu près équivalentes dans les deux camps, environ cinq cents morts et un millier de blessés de chaque côté. Seul le nombre des prisonniers différait notablement. Les sudistes purent se réjouir d'avoir capturé plus de mille cinq cents soldats unionistes, qu'ils traitèrent d'ailleurs fort aimablement en les enfermant dans un vieux saloon de Richmond, tandis que les nordistes durent se contenter des prisonniers ramenés par leur division allemande.

Ce début des hostilités, s'il apporta une cuisante défaite au Nord, permit néanmoins de remettre les pendules à l'heure. De toute évidence, la guerre s'annonçait beaucoup plus longue que prévue et les soldats nécessitaient un entraînement plus adéquat si l'on voulait remporter une victoire. Parallèlement à cela, les divisions allemandes si raillées auparavant venaient de monter en estime dans l'esprit de plusieurs Américains. Eux, ils n'avaient pas reculé, ce qui avait permis de sauver Washington. Partout dans la ville, on n'osait imaginer à quelles atrocités les sudistes auraient pu se livrer si les troupes du général Blenker ne s'étaient interposées entre eux et la cité. La peur s'installa dans le cœur des citoyens. Dès le lendemain matin, on creusa des tranchées dans les rues et on dressa des barricades, juste au cas où l'ennemi reviendrait. Plus personne ne doutait maintenant de la force destructrice des soldats sudistes.

Dans le boudoir de la princesse

— Mais que fricotaient donc tous ces Allemands aux États-Unis ?

Telle fut la remarque de Fräulein Louisa Runkel en terminant la lecture de ce passage. Elle déposa les feuilles sur ses genoux et, notant l'étonnement de la princesse qui s'attendait à des commentaires d'ordre plus littéraire, elle formula autrement sa pensée :

— Pour réussir à former une division entière de soldats d'origine allemande, il fallait que les immigrants de cette nationalité soient très nombreux. Je m'explique mal la raison de ce grand nombre de mes compatriotes en Amérique.

Agnes zu Salm-Salm répliqua vivement, comme si la réponse lui semblait évidente :

— La cause en revient à l'insurrection de 1848-49 qui a agité toutes les provinces de l'Allemagne. Les révoltes des socialistes qui avaient secoué le Danemark et surtout ses duchés du sud, Schleswig et Holstein, avaient eu des répercussions jusqu'ici, à Karlsruhe, à Berlin, à Bonn, à Munich ! Je ne vivais pas en Allemagne à ce moment-là, mais Felix m'en a beaucoup parlé.

— Oui, je me rappelle. J'étais toute petite fille et ma mère me défendait formellement de sortir. Nous assistions, presque impuissants, à l'opposition farouche et brutale d'un empire et d'une démocratisation sociale. Les combats de rues avaient lieu à nos portes. Les émeutiers arrachaient les pavés du sol pour les lancer aux cavaliers qui avaient ordre de foncer sur eux. Comment pourrais-je l'oublier ! J'étais morte de peur. Ce n'est que lorsque les princes ont décidé de se rallier sous l'autorité d'un roi unique, Frédéric-Guillaume IV, et qu'ils ont adopté une nouvelle constitution allemande, que le calme est revenu peu à peu.

— J'imagine qu'il y eut beaucoup d'arrestations, ce qui força plusieurs révolutionnaires à fuir le pays et à trouver refuge en Amérique.

— Mais le prince ne faisait tout de même pas partie de ces rebelles ! s'indigna la dame de compagnie.

— Non, bien sûr ! Il les a combattus puisqu'il servait dans l'armée prussienne à l'époque.

— Et douze années plus tard, le voilà luttant aux côtés de ses ennemis d'antan pour une tout autre cause ! Les hasards de la vie me surprendront toujours.

— Le plus agréablement surpris de tous a dû être le général Blenker, dit Agnes en souriant. De simple marchand de vin dans son pays natal, il est devenu général dans le Nouveau Monde. Comme si la traversée de la mer lavait les hommes des inégalités sociales ou du souvenir de leur ancienne vie, pour leur permettre de commencer une nouvelle existence, entièrement différente.

— Le prince aussi a parcouru une longue route, de Berlin à Washington, suffisamment longue pour y semer sur son parcours une foule de pénibles souvenirs. En douze ans, il a dû en voir des armées et des conflits ?

La princesse lui lança un regard en coin. Elle devinait bien ce qui intriguait sa dame de compagnie. Cette dernière n'osait s'informer directement des motifs de la fuite du prince vers l'Amérique. Car il s'agissait bien d'une fuite. Nul prince ne songerait un instant à s'installer hors de son pays s'il n'y était obligé.

— Le prince s'est toujours vaillamment battu dans l'armée prussienne. Il a obtenu bien des honneurs. Lorsque, quelques années plus tard, il a choisi de servir dans l'armée autrichienne, ce fut dans le but de se conformer à une tradition bien établie dans sa famille. En effet, les Salm-Salm sont catholiques et liés par leurs ancêtres autant au roi de Prusse qu'au roi d'Autriche. Il lui semblait juste et correct de servir sous ces deux rois. Il n'aurait jamais mis les pieds aux États-Unis si ce n'avait été de ses dettes.

Fräulein Runkel baissa les yeux. Ce sujet, trop délicat, lui interdisait, ne serait-ce que par un regard indiscret, à chercher des explications plus approfondies. Elle se força à relire ostensiblement des passages du texte pour bien démontrer qu'elle comprenait que cela ne la regardait pas. Agnes sourit devant cette pudeur, puis, d'elle-même, poursuivit d'une voix douce et mélancolique :

— À l'époque, en Prusse, il n'était guère aisé de naître le plus jeune des fils d'un prince. L'héritage n'allait qu'à l'aîné. Les filles se trouvaient un bon parti ou entraient au couvent (même les princesses portent le voile, et plus souvent qu'on ne le dit). Les autres fils devaient trouver une tâche digne de leur rang, qui leur permettrait de vivre sans quémander, car ils n'avaient droit à aucune part du legs ou si peu, selon le bon vouloir de leur père. Autrement dit, les princes benjamins entraient dans l'armée pour y gagner leur vie. Le système les forçait à devenir des officiers. Ils passaient d'abord par l'école militaire, et grimpaient ensuite les échelons de cette hiérarchie du pouvoir soldatesque dans le but d'accéder aux plus hauts grades, les seuls dignes de la noblesse.

— La compétition devait être forte ?

— Oui, elle entraînait une tension de tous les instants sur les jeunes officiers qui, je dois bien l'avouer à contre-cœur, cherchaient à se distraire comme ils le pouvaient. Pour se détendre, la plupart d'entre eux s'adonnaient au jeu et parfois à quelques excès de boisson ou même à des frivolités... bien libertines. Ils y engloutissaient d'énormes sommes, dans le jeu, j'entends. Souvent toute leur solde y passait. Alors, ils pigeaient dans leurs revenus familiaux. Le père de Felix était incontestablement un homme très bon et d'une générosité frisant l'inconscience quand il s'agissait de ses fils. Il se montrait beaucoup trop indulgent envers Felix, toujours prêt à lui pardonner ses écarts de conduite. Étant riche, il pouvait se permettre de suppléer à tous ses besoins, même les plus extravagants. Dans sa jeunesse, mon époux affectionnait des manières, comment dirais-je ? de dandy ! Un dandy prussien ! Essayez un instant d'imaginer à quoi cela peut ressembler.

— J'ai peine à le croire ! Je ne l'ai pas connu ainsi. Il s'habillait sobrement, sans la coquetterie affectée que se donnent certains jeunes gens.

— Pourtant, je vous l'affirme. Dans la vingtaine, Felix se piquait d'une souveraine élégance dans sa mise et dans ses manières, tout en gardant néanmoins des allures de militaire. Il portait le monocle avec une grâce altière et brandissait le sabre comme un dragon de cavalerie, avec panache. Mais ses vêtements civils, coupés à la toute dernière mode française, lui coûtaient horriblement cher, sans parler de ses dettes de jeu. Tant que son père fut vivant, il ne manqua de rien. Il lui suffisait de demander pour l'obtenir. Après la mort du vieux prince, Alfred prit les rênes de la famille et l'argent commença à se raréfier dans le gousset de Felix. Les frères aînés se montrent souvent moins indulgents que les pères, surtout s'ils doivent entretenir une nombreuse progéniture. Alfred coupa les vivres à Felix en lui expliquant sa situation et ses devoirs de père de famille. Felix devait se débrouiller seul. De ma vie, je n'ai jamais rencontré un homme aussi peu capable de gérer son avoir !

— Sans doute n'avait-il jamais appris la valeur de l'argent ? La gêne économique est la mère de la prudence pécuniaire et de la débrouillardise.

— Peut-être était-il trop tard pour qu'il apprenne ! Il vivait à Vienne d'une manière extravagante, dépensant sans calculer. Accoutumé à satisfaire ses moindres désirs, il parafait des traites et des lettres de change à des bailleurs de fonds, souvent sans même en vérifier le montant. Il devint ainsi une proie facile pour les escrocs et les usuriers qui l'abusèrent en exigeant des paiements pour des billets qu'il n'avait même pas signés, mais qu'il n'osait rejeter de peur d'entacher le nom de sa famille. Pour l'enfant prodigue qu'il était, la vie devint insupportable à Vienne qu'il quitta pour Paris où, malheureusement, il recommença le même manège. S'il avait vraiment eu le désir de cesser de dépenser avec aussi peu de retenue, il n'aurait pas choisi Paris, mais un désert quelconque ! Paris ! Après Vienne, existe-t-il pire endroit pour donner libre cours à tous ses…

Elle se tut subitement. Les seuls termes qui lui venaient à l'esprit auraient pu choquer la pauvre Louisa. Ce silence permit à cette dernière, rougissante, d'évoquer effectivement le pire devant cette phrase laissée en suspens. Ce qu'on lui avait raconté sur Paris, lieu de luxure et de stupre entre tous, lui permettait de se recréer une image assez précise et peu flatteuse de ce que le prince Felix avait pu y côtoyer.

— Seigneur ! Le prince était-il tombé si bas dans… la déchéance ?

Agnes retint un geste impatient. Elle se rendait compte qu'elle avait trop parlé ou pas assez. Qu'allait donc maintenant s'imaginer la vieille fille ? Que le prince vivait dans la débauche ? Il avait bien entretenu quelques aventures avec des représentantes du sexe faible, surtout des actrices, mais de là à le dépeindre comme un adepte de bacchanales, il y avait un fossé à ne pas franchir.

— Mais non, voyons ! Je faisais allusion aux dépenses exagérées du prince pour son habillement, ses sorties et ses dettes de jeu. Il a toujours aimé bien paraître et la renommée des couturiers français n'est plus à faire. Sous le Second Empire, les hommes autant que les femmes rivalisaient d'élégance. De l'habit noir agrémenté d'un col de velours pour la tenue de soirée à la redingote longue et ajustée, sans oublier la jaquette aux pans arrondis et le veston croisé ou droit, la garde-robe des hommes débordait, tout autant que celle des femmes, de colifichets superflus. Aller régulièrement au théâtre et dîner tous les soirs dans les meilleurs restaurants exigeaient des moyens bien au-dessus de ceux dont bénéficiait mon époux à l'époque. Alors, comme tous les adeptes du jeu, il croyait pouvoir se refaire une fortune grâce aux cartes ou aux dés.

— Je devine la suite, émit Louisa en hochant la tête d'un air désolé. Pour un coup de chance, combien de fois a-t-il manqué d'y laisser sa chemise ! Mais je comprends mal comment il a pu continuer à vivre ainsi sans tomber dans l'indigence.

— À un prince, on pardonne tout et, surtout, on prête beaucoup. Il se trouve toujours un parent plus ou moins éloigné pour le secourir. La pauvreté avouée d'un noble pourrait déteindre fâcheusement sur tous les autres membres de ce cercle de privilégiés. Et puis, il ne faut pas négliger le pouvoir de séduction du prince sur son entourage. Il savait s'y prendre pour obtenir ce qu'il désirait. Tenez, par exemple, il a réussi à enrouler autour de son petit doigt son cousin, le prince Charles Salm-Horstmar, vous savez, celui qui s'était entiché de religion au point de déclarer demeurer célibataire toute sa vie et de renoncer à ses droits d'aînesse.

— Le prince Charles, célibataire pour la vie ! N'a-t-il pas épousé la princesse Elise Hohenlohe ?

— Bien sûr, mais c'était après avoir fait ce vœu d'abstinence. Le pieux cousin a été dans l'impossibilité de résister aux charmes de la magnifique Elise et aux flèches que Cupidon lui a lancées. Eh bien, ce cher cousin se trouvait à Paris en même temps que Felix, vers 1859-1860. En voyant son parent aux prises avec des prêteurs sur gages, il s'imagina que le moment était bien choisi pour travailler à sauver son âme. Il s'attacha d'abord à gagner la confiance de son cousin en payant une partie de ses dettes et en tentant de mettre en échec le démon du jeu qui l'aveuglait. Si mon mari avait été plus dévot, peut-être Charles aurait-il réussi. Malheureusement, même si Felix accepta de vivre sous le toit de son cousin, il n'essaya pas réellement de suivre son exemple. Oh ! il se joignait à lui pendant ses prières et assistait fidèlement aux assemblées religieuses, mais cela n'aurait jamais suffi à le transformer. Il dupait son cousin de la manière la plus éhontée. Chaque soir, lorsque l'apôtre princier lui donnait son congé après les

prières et les bénédictions précédant le coucher, mon vau-
rien d'époux quittait la maison sur la pointe des pieds en
s'enfuyant par la fenêtre de sa chambre. Il pouvait ainsi se
rendre dans des endroits que son cousin n'aurait pas appréciés, que ce soit pour taquiner la chance au baccara dans
les maisons de jeux ou pour aller danser et faire d'intéressantes rencontres sous les palmiers en zinc du Bal
Mabille. Pendant ce temps, le pauvre Charles, qui ne se
doutait de rien, enfin presque de rien, surveillait la porte
d'entrée pour s'assurer que l'oiseau rebelle resterait au nid.
J'ignore combien de fois il fit ce petit manège avant que
Charles ne le découvrît. Plus tard, lorsque l'insistance de
ses créditeurs persuada mon mari de quitter l'Europe pour
l'Amérique, ce fut ce même cousin qui accepta de payer
son passage, à une condition : celle d'aller porter la bonne
parole aux Américains. Trop heureux de s'en tirer à si bon
compte, Felix n'hésita pas un instant à remplir ses bagages
de bibles, de livres pieux et de brochures à saveur apos-
tolique.

— Autrement dit, il l'envoyait en missionnaire chez les
rustres américains et les sauvages du Nouveau Monde !
Voilà un rôle qui ne convenait guère au prince. Je le vois
balançant à la mer toutes ces publications inutiles à ses yeux.

— Détrompez-vous ! Il conserva la totalité de ces documents jusqu'à ce que je les découvrisse un jour en mettant
de l'ordre dans ses affaires. J'ai offert le tout à une église
méthodiste où l'on me considéra par la suite avec le plus
grand respect, ayant acquis par ce don une odeur de sain-
teté. Felix n'aurait jamais accepté de s'en débarrasser
autrement, par respect pour son cousin qu'il aimait bien,
au fond. Évidemment, avec la guerre qui venait d'être
déclarée aux États-Unis, il avait d'autres chats à fouetter
que de prêcher la parole du Christ ! En mettant les pieds
à Washington, il s'est empressé d'aller saluer le délégué
prussien aux Affaires extérieures, le baron von Gerolt, pour
lui présenter ses lettres de recommandations du roi de

Prusse et du roi d'Autriche. Le baron, qui était un ami du secrétaire d'État des États-Unis, M. William Seward, lui a aussitôt permis de le rencontrer. Étrangement, les Américains, tout en étant républicains, ont un faible pour les princes qu'ils ne connaissent que par les contes de fées et les romans. Un prince en chair et en os représentait une attraction que nul ne voulait manquer. Les dames et les gentlemen lui prodiguèrent un accueil chaleureux et fortement teinté de curiosité.

— Ce devait être horriblement gênant pour le prince. Je me souviens de lui comme d'un homme timide et réservé.

— Je suis portée à croire que le goût immodéré pour les vêtements luxueux qu'il avait développé en Europe lui servait à cacher l'embarras naturel qu'il éprouvait en société. Embarras qui ne se manifestait nullement dans sa carrière militaire. Dans l'armée, parmi les soldats et les officiers, il s'y sentait à sa place, tout à fait à l'aise. Pourtant, quand Seward lui offrit le commandement d'une brigade de cavalerie, il fut pris de panique. Il ne comprenait pas un traître mot d'anglais et ne voyait pas comment il pourrait donner ses ordres à des Américains. Il a décliné l'offre en exprimant le souhait de servir avec ses compatriotes allemands. Le général Blenker a été honoré de l'accueillir dans ses rangs et de lui donner le titre de chef de son état-major. C'est ainsi qu'il a fait ses débuts dans cette guerre.

— Et c'est là, entre deux batailles, que vous l'avez rencontré. Demeuriez-vous à Washington depuis longtemps?

Agnes marqua une légère pause. La question la prenait au dépourvu. Elle se reprit rapidement et expliqua avec un sourire un peu trop étudié :

— Au début de la guerre, j'habitais chez ma sœur Della, à New York. Elle s'était mariée peu de temps auparavant avec un jeune officier américain, Edmund Johnson. Visiter les camps militaires constituait la grande distraction, à peu de frais, en cette époque mouvementée. Alors, avec ma sœur et mon beau-frère, nous avions décidé de nous rendre à Washington où était établie la majorité des troupes. Le camp de Felix se situait sur la rive sud du fleuve Potomac. Il était disposé selon la mode allemande. Les tentes se dressaient en lignes bien droites et chaque régiment était séparé des autres par des rangées de jeunes cèdres ou de sapins récemment plantés. Le tout donnait une apparence de propreté et d'ordre qui faisait grande impression sur les visiteurs. Le général Blenker nous a reçus très cordialement et très poliment, entouré du personnel de son état-major. Je me souviens que Felix ne s'y trouvait pas lors de notre arrivée. Il fit irruption un peu plus tard. Nous avons entendu les sentinelles présenter les armes, et le rideau, qui servait de porte à la tente, fut rejeté en arrière pour laisser passer le prince. Il revenait d'une inspection des avant-postes et s'apprêtait à livrer son rapport au général. Celui-ci nous a présenté le prince et j'avoue que je l'ai trouvé extrêmement charmant. Il m'a plu tout de suite. Ce fut un véritable coup de foudre.

Louisa s'agita un peu dans son fauteuil. Son unique prétendant étant mort de tuberculose avant qu'il n'eût pu l'épouser, elle connaissait néanmoins l'emballement du cœur lorsque celui-ci reçoit la grâce d'être touché par un amoureux. Elle comprenait mieux que quiconque ce qu'avait pu ressentir sa maîtresse lors de cette rencontre puisqu'elle-même gardait un souvenir impérissable de ses balbutiements sentimentaux. Pour dissimuler le malaise qui l'envahissait à ce doux et triste souvenir, elle approuva maladroitement, avec trop d'empressement :

— Cela ne m'étonne pas. Le prince exerçait un tel attrait sur ceux qui l'approchaient que nul ne pouvait lui résister.

Agnes haussa un sourcil étonné. Elle ne s'attendait pas à un commentaire aussi fervent. Elle saisit pourtant l'embarras qui s'emparait de sa dame de compagnie et choisit de porter cela sur le compte de l'état de célibat forcé de celle-ci. Les vieilles filles rêvent aux amours qu'elles n'ont pas pu ou su garder. Bref, à cette situation gênante autant pour elle que pour Louisa, elle préféra mettre fin à la conversation :

— En effet, il a su capturer mon cœur. Mais tout cela est loin aujourd'hui, il vaut mieux ne pas trop remuer le passé. Je suis fatiguée, je vais aller m'étendre dans ma chambre pour la sieste. Vous devriez en faire autant.

Du Bas-Canada à la Louisiane

Habituellement, la princesse Agnes détestait redonner vie aux fantômes de son existence, mais cette fois, une envie irrésistible de retourner en arrière guida sa main. Elle glissa une petite clé ciselée dans la serrure du tiroir de sa coiffeuse en acajou. Beaucoup de temps s'était écoulé depuis la dernière fois qu'elle l'avait ouvert. Elle en retira de vieux cahiers semblables à ceux qu'utilisent les écoliers pour noter leurs devoirs. Songeuse, elle fixa longuement ces dépositaires de ses secrets inavouables. Toute sa jeunesse se trouvait enfermée dans cette petite écriture ronde, serrée pour mieux économiser l'espace sur le papier jauni.

Lentement, elle fit les quelques pas qui la séparaient de l'ottomane placée sous la fenêtre. Elle s'y allongea, le dos confortablement calé contre d'épais coussins. Puis, se décidant enfin, elle tourna les pages des cahiers, une à une, s'attardant davantage à certains passages. Des images enfouies au fond de son cœur et de son âme s'éveillèrent sous ses yeux. Tristes ou heureuses, elles avaient été décrites par une main d'enfant, puis d'adolescente et enfin de jeune femme. Le tracé des lettres s'était modifié, affermi au fil des ans. Elle était passée d'Elizabeth à Agnes, d'une obscure gamine à une femme adulée, d'une paysanne à une grande dame. Le chemin parcouru lui avait semblé interminable et semé d'embûches. Ce pénible trajet de l'enfance à l'âge adulte qu'elle tentait de renier, d'oublier depuis près de cinquante ans, se dessinait néanmoins aussi vivace aujourd'hui qu'à l'époque. Si elle pouvait le balayer du revers de la main devant les curieux, elle ne réussissait pas à l'effacer de sa mémoire. Elle referma brusquement le dernier cahier et l'appuya contre sa poitrine. Qu'avait-elle besoin de ce griffonnage lorsque ses souvenirs se révélaient aussi tenaces?

Les yeux perdus dans le vague, elle revoyait clairement la petite fille qu'elle avait été autrefois. Dans sa robe en lin beige, délavée, trop grande pour elle, et ses affreuses bottines brunes qui l'empêchaient de courir aussi vite qu'elle l'aurait souhaité, Elizabeth traversait le champ en toute hâte à son retour de l'école. Elle avait cessé depuis quelque temps de harceler la pauvre vache qui n'appréciait pas du tout qu'on lui grimpe sur le dos. Cependant, elle n'avait pas mis de côté l'idée saugrenue de devenir membre d'un cirque. Elle avait seulement modifié de façon très légère son but. Elle ne serait plus écuyère, étant donné qu'elle n'avait aucun cheval à portée de la main pour s'exercer, mais elle deviendrait plutôt équilibriste. Consciente que ce travail exigeait de longues heures de pratique, elle passait le plus clair de son temps libre à marcher sur les clôtures entourant la propriété de son père, au risque de se rompre le cou.

Cette idée fixe l'obligeait à ne jamais flâner après la classe et à terminer le plus rapidement possible les tâches ménagères que sa mère lui confiait. Malgré la célérité et le bon vouloir d'Elizabeth, William Joy trouvait toujours à redire sur le comportement de sa fille. Il ridiculisait sa manière de marcher, droite comme un I, le menton relevé, les épaules rejetées en arrière. Il lui interdisait de chanter le flamenco sous prétexte que cela constituait une faute grave aux yeux de Dieu. Il critiquait ses résultats scolaires qui se situaient pourtant un peu au-dessus de la moyenne. Il rouspétait à qui mieux mieux en calculant la somme de travail accompli par l'enfant dans la maison et au jardin. Son éternel mécontentement était tel que, même aujourd'hui, Agnes en conservait l'image d'un homme grincheux et incapable d'affection.

Elle avait toujours plaint sa mère d'avoir eu à endurer un tel époux. Elle ne saurait jamais ce qui avait poussé cette femme espagnole, belle, cultivée et à l'imagination fertile, à convoler avec ce sellier têtu, terre à terre, puritain et peu instruit, de beaucoup plus âgé qu'elle. Ils formaient un couple si peu assorti que la fillette avait un moment soupçonné sa mère de s'être mariée par obligation sans qu'on lui en laissât le choix. Elizabeth s'était alors promis que jamais elle ne céderait à une contrainte autre que l'amour pour se rendre aux pieds de l'autel.

Elle grandit ainsi, refusant de ployer sous le joug paternel, mais gardant pour elle ses remarques et ses rêves si peu compatibles avec les idées préconçues de son entourage. Un jour, alors qu'elle n'avait que onze ans, son père lui annonça qu'il l'avait placée chez les Eaton. Georges Eaton, le nouveau propriétaire du magasin général du village, tenait boutique avec sa femme Mary Hannah, à qui revenait l'illustre honneur d'être la mère des seuls jumeaux des environs.

— Placée? s'étonna-t-elle en tournant son regard vers sa mère.

Julia Joy baissa vivement les yeux sur le ragoût qu'elle servait à ses enfants. Elle remplit les assiettes d'un mélange de patates, d'oignons et de quelques morceaux de viande tout en expliquant d'un ton qu'elle désirait détaché mais où transperçait son chagrin:

— Mme Eaton attend un autre enfant et elle a besoin d'aide. Tu sais, des jumeaux, ça exige beaucoup de soins. Et avec le commerce, le travail ne manque pas. Elle nous a demandé si l'un de nos enfants pouvait l'aider à s'occuper de ses petits garçons. Ton père a proposé que ce soit toi. Ta sœur aînée m'est trop utile pour que je puisse m'en séparer. Ton frère ne peut évidemment pas y aller. Et tes autres sœurs sont toutes trop jeunes.

— Alors, conclut rudement William Joy, dès que tu auras terminé ton repas, prépare tes affaires. Je te conduirai chez eux avant la brunante.

— Pourquoi dois-je y aller ce soir? demanda Eliza. Ils n'ont pas besoin de moi durant la nuit. Très tôt demain matin, avant de me rendre à l'école, je passerai chez eux pour prendre soin des petits et, après la classe, je…

— Non! Tu n'as pas compris? s'impatienta son père. Ils ont besoin de toi toute la journée. Du matin jusqu'au soir! Il n'est plus question que tu ailles à l'école. De toute façon à quoi cela te servirait d'étudier davantage. Du moment que tu sais écrire ton nom et compter correctement, c'est bien suffisant pour tenir maison. D'ailleurs, tu n'es pas douée pour apprendre, ça ne te rapporte rien.

Elizabeth garda le silence et chipota dans son assiette. L'idée de quitter l'école lui coupait l'appétit. Contrairement à ce que son père semblait croire, elle tirait de grandes satisfactions de ses cours. Elle rêvait de pays fabuleux en examinant la carte du monde accrochée au mur de la classe. Elle s'identifiait aux personnages historiques dont on lui racontait les hauts faits. Et, surtout, elle perdait complètement la notion du temps lorsqu'elle se penchait sur les livres de lecture que l'institutrice lui glissait entre les mains. Pendant un instant, elle voulut crier qu'elle refusait, qu'elle n'irait pas chez les Eaton, que c'était trop injuste de la retirer de l'école pour travailler chez des étrangers. Mais, en apercevant le regard déterminé que son père dardait sur elle, elle se rendit bien compte que toute résistance serait futile. Elle demanda néanmoins:

— Est-ce… est-ce que je serai partie longtemps?

— Très longtemps. Aussi emporte toutes tes affaires! Sinon tu devras te passer de ce que tu auras oublié.

— Il est toutefois possible, intervint timidement sa mère, que l'on te donne la permission de venir nous voir à l'occasion. Ne t'inquiète pas, je suis certaine que ce sont de braves gens. Tu t'entendras bien avec eux.

— Ce sera tout à ton avantage de te montrer polie et respectueuse avec eux. Je n'ai pas envie qu'ils disent que ma fille ne sait pas vivre et qu'elle est une paresseuse. Tu m'entends ?

La fillette hocha la tête, mais elle n'écoutait plus vraiment son père. Elle songeait plutôt à l'horreur de quitter sa famille et de se retrouver seule dans une maison qui n'était pas la sienne, avec des gens qui n'éprouveraient aucune affection pour elle. Elle avait l'horrible impression qu'on l'arrachait aux caresses de sa mère, à la tendre complicité de ses sœurs et aux taquineries de ses frères. Elle se sentait cruellement rejetée par son père qui lui signifiait clairement qu'il ne la désirait plus sous son toit.

Elle refoula ses larmes au plus profond de son cœur et décida qu'elle aussi rejetait son père. Elle ne lui parlerait plus jamais. Elle partirait puisqu'il ne lui laissait pas d'autre choix, mais elle reviendrait en cachette pour garder le contact avec ses frères et sœurs. Elle se força à terminer son repas, ne sachant pas ce qui l'attendrait chez les Eaton.

Avec le recul, Agnes comprenait aujourd'hui à quel point ses parents avaient manqué d'argent pour prendre la décision de placer leur fille chez le marchand en échange de quelques sous par semaine. Durant cette même année, ils durent aussi trouver du travail à leur fille aînée auprès du pasteur de Philipsburg et au plus âgé de leurs fils sur la ferme d'un riche propriétaire terrien. Ils ne gardèrent avec eux que les plus jeunes de leurs enfants, ceux qui leur coûtaient le moins cher à nourrir et qui, de toute manière, n'auraient pas pu vraiment servir ailleurs.

Tout bien considéré, Agnes ne fut pas si malheureuse chez les Eaton. Les jumeaux se prirent rapidement d'affection pour leur nouvelle bonne à tout faire, qui le leur rendait bien. Mary Hannah Eaton apprécia très vite l'efficacité de la fillette et se déchargea de plus en plus sur elle de diverses tâches, démontrant ainsi sa confiance en Elizabeth. Elle aidait autant à la cuisine, au raccommodage, à la lessive et à la tenue de l'inventaire du magasin qu'à raconter des histoires aux gamins pour les endormir le soir ou à changer de couche le bébé. Son travail ne différait pas tellement de celui qu'elle effectuait chez elle avec sa mère, sauf qu'il était continuel et l'empêchait de fréquenter l'école. Si cela la dérangea beaucoup au début, elle comprit très vite qu'elle avait peut-être découvert mieux que les cours prodigués par la vieille enseignante du village. En effet, Georges Eaton, désireux de plaire à une clientèle un peu plus huppée, se targuait de vendre les meilleures nouveautés littéraires autant que les classiques les plus indispensables. Lorsque la fillette lui fit part de son désir de lire une de ces œuvres, il exprima d'abord une légère surprise, mais accepta de lui confier *Les Aventures de M. Pickwick*, de Dickens, en lui faisant promettre de ne pas abîmer le livre pour qu'il puisse le vendre par la suite. Débordée de travail durant le jour, Elizabeth attendait avec impatience que la nuit fût venue pour s'installer dans son lit où, à la lueur d'une chandelle vacillante, elle se perdait corps et âme dans sa lecture. Cette chandelle était le seul luxe que Mme Eaton lui permettait, à condition bien sûr qu'elle recueille la cire fondue pour en fabriquer une autre.

Durant les quatre années où Elizabeth demeura chez les Eaton, elle passa ses nuits en compagnie d'Oliver Twist, de Jane Eyre, de la mystérieuse Dame en blanc, de Roméo et Juliette, et de combien d'autres personnages qui envoûtèrent son sommeil et charmèrent ses journées. Elle vivait des aventures extraordinaires, des amours sublimes et des chagrins éternels par personnes interposées. La petite et, somme toute, bien ordinaire Elizabeth disparaissait au profit de héros fabuleux.

Dans la réalité, elle travaillait sans relâche et ne remarquait pas le jeune voisin, Jacob Leclerc, qui tentait timidement de la courtiser. D'origine française, il parlait un anglais approximatif, avec un accent qui amusait Elizabeth quand il venait acheter quelque chose au magasin. Lorsqu'il la croisait dans la rue, il la dévorait du regard, il n'avait d'yeux que pour elle. Perdue dans son monde imaginaire, elle continuait sa route, indifférente à ceux qui l'entouraient, examinant les nuages en rêvassant à des cieux meilleurs. Un jour, pourtant, il parvint à attirer son attention grâce à une revue illustrée que sa mère avait reçue d'une de ses sœurs habitant en France. Le magasin général servant aussi de bureau de poste, Elizabeth devait parfois trier les lettres. Quand Jacob vint chercher le courrier de ses parents, la jeune fille s'excusa en lui tendant un long paquet de forme cylindrique, dont une des extrémités était à demi déchirée :

— Nous sommes désolé, mais le carton était déjà abîmé en arrivant au bureau de poste. Ce colis vient de très loin et a pu être endommagé à peu près n'importe où, entre son lieu de départ et ici. La revue me semble intacte, je l'ai vérifiée sans toutefois la sortir de son emballage. Vous pouvez vous en assurer par vous-même, ouvrez-le.

Jacob n'avait nulle envie d'examiner la revue pour constater son bon état, cela ne le préoccupant nullement. Néanmoins, il obtempéra pour demeurer plus longtemps avec elle. D'un geste maladroit, il se mit à défaire le paquet. Elizabeth s'interposa aussitôt :

— Attention à la page couverture. Attendez, je vais vous aider.

Elle reprit le paquet et coupa minutieusement le carton avec une paire de ciseaux. Lorsqu'elle retira la revue de son emballage, elle ne put retenir une exclamation d'extase devant l'illustration en couleurs qui agrémentait la couverture :

— Quelle jolie robe !

Elizabeth ouvrait des yeux ébahis sur une magnifique tenue de soirée en lourde soie rayée jaune et vert, amplement évasée grâce à une crinoline circulaire et dont le généreux décolleté dénudait les épaules. Les garnitures cousues aux manches et au bas de la jupe ainsi que la boucle nouée librement dans le dos reprenaient les tons de vert de la robe. La jeune fille glissa un doigt admiratif sur les contours de la jupe et du corsage qui s'étalaient en gros plan sur toute la première page.

— Ma mère est couturière, expliqua Jacob avec une certaine gêne. Ce doivent être les derniers modèles à la mode en France, en ce moment. Elle se tient au courant de ce qui se fait là-bas pour le reproduire ici et l'offrir aux gens de la région.

— Elle ne doit pas avoir beaucoup de clients! Personne ici n'aurait les moyens ni l'occasion de porter une telle robe de soirée. On ne danse pas le cotillon au champ.

— Les gens viennent d'un peu partout pour lui commander de belles tenues, même des États-Unis. Elle est très habile de ses mains.

Jacob se sentait ridicule de parler chiffons avec une fille. Pour cacher son malaise, il ajouta très vite :

— Cette robe vous irait bien. Vous avez la classe et le port de tête qui conviennent à cette toilette.

Elizabeth leva sur le jeune homme un regard à la fois étonné et ravi par le compliment. Elle s'aperçut alors qu'il la dévisageait en rougissant. Il n'était pas vilain garçon, avec ses cheveux châtains et ses yeux bleus. Elle remarqua aussi qu'il manquait d'assurance et paraissait embêter par ce qu'il venait tout juste de dire. Instinctivement, elle décida de lui tendre une perche pour le tirer de son embarras.

— Merci. Vous direz à votre mère qu'elle doit avoir des doigts de fée pour coudre d'aussi magnifiques robes. Je la recommanderai à nos clientes quand elles chercheront des tenues qui sortent de l'ordinaire. Voilà votre revue! Et encore toutes nos excuses pour l'emballage endommagé.

En prenant son courrier, il lui attrapa la main et y déposa un baiser furtif et maladroit. Il s'éclipsa à la hâte, presque en regrettant son geste impulsif. Ébahie, elle contempla sa main avant de pouffer de rire. C'était son premier baise-main. Elle trouvait Jacob, gentil et sympathique, mais ce fut bien là tout ce qu'elle éprouva pour lui. Elle lui était pourtant reconnaissante du compliment et du geste galant dont il l'avait honorée. Elle en recevait si peu. Personne ne porte attention aux petites servantes, sauf pour exiger d'elles un meilleur rendement. Elle ressentit soudain une grande fierté en songeant qu'elle possédait la grâce naturelle nécessaire pour porter un vêtement aussi chic que celui de la revue française. Mais, en même temps, le poids de sa situation de bonne à tout faire se mit à lui peser lourdement sur les épaules.

Depuis quatre ans déjà, elle entretenait une maison qui ne lui appartenait pas, prenant soin d'enfants qui n'étaient pas les siens, s'occupait d'un commerce dans lequel elle n'avait aucune part. Elle se trouvait à des lieues de ses ambitions et de ses rêves. Son avenir s'annonçait désespérément ennuyant et triste. Elle s'aperçut alors à quel point elle en avait assez de sa petite vie morne et sans possibilité d'avancement. Mis à part un hypothétique et illusoire mariage avec un homme fortuné, quelles chances s'offraient à elle de changer son existence? Aucune, elle devait bien se l'avouer.

Son oncle Enrikes lui revint en mémoire. À sa connaissance, il n'avait écrit qu'une seule fois à sa mère pour lui apprendre qu'il s'était installé à son compte dans la ville de Washington. Il y avait ouvert une sellerie et embauchait des employés pour réussir à fournir toutes les demandes qui remplissaient son carnet de commandes. De simple artisan sellier, il était devenu propriétaire d'un commerce florissant. Faudrait-il donc qu'elle parte comme lui, qu'elle abandonne une partie de sa vie derrière elle, pour améliorer son sort? Mais où pourrait-elle aller sans argent? Contrairement à son oncle qui, lors de son départ, avait déjà amassé un petit pécule, elle n'avait pas d'économies. La totalité de son salaire était versée à son père. Lorsqu'elle avait besoin de certains articles indispensables, comme de la lingerie ou du fil à raccommoder, ses employeurs les lui fournissaient et en déduisaient directement le montant sur sa paye. Ainsi, elle ne touchait jamais à l'argent de son travail. Elle ne possédait rien, sauf ses vêtements dépourvus de tout luxe.

Alors, avec quoi vivrait-elle si l'envie lui venait de partir ? Quitter son emploi de servante pour un poste similaire chez des étrangers ne lui procurerait aucun avantage. Même en supposant qu'elle déniche une place assez loin pour que son père ne la retrouve pas, l'argent gagné représenterait des gages ridicules. Pas assez pour lui permettre de vivre la grande vie ! Le salaire de crève-la-faim des bonnes à tout faire liait celles-ci à leur patron dans une dépendance humiliante.

Cette servitude lui devenait difficile à supporter. Elle se posait de plus en plus de questions sur son avenir. Ce qu'elle en entrevoyait ne lui plaisait guère. À moins de demeurer une éternelle vieille fille, elle épouserait un gentil, mais rustaud, fermier des environs à qui elle donnerait une progéniture qui la garderait prisonnière de cette terre. Depuis quelque temps déjà, elle tentait de fermer les yeux sur cette sombre réalité. Et voilà que, ce jour-là, un simple compliment prononcé par un garçon qui ne représentait rien pour elle la chamboula totalement. Son amertume remonta à la surface. Elle vit les barreaux de sa cage se resserrer autour d'elle, l'étouffer, réduire son espace vital. Elle ressentit cruellement le besoin de s'évader du quotidien, de la routine dans laquelle elle s'enlisait de jour en jour.

Dans les mois qui suivirent, elle dut se faire violence pour dissimuler l'angoisse qui l'étreignait.

Lorsque le cirque revint au village, cet été-là, Elizabeth avait depuis longtemps oublié son désir de devenir une équilibriste. Néanmoins, une visite sous le chapiteau constituait un agréable divertissement apte à égayer sa petite vie tranquille et à mettre un peu de baume sur son ennui. L'excitation qui s'emparait des villageois, chaque fois que les forains dressaient leur tente dans le pré voisin, gagna la jeune fille. Une longue banderole, annonçant le cirque Lorenzo & Gregory, traversait la rue principale en partant du haut de la façade du magasin général jusqu'au toit de la maison lui faisant face. De grandes affiches, posées sur les poteaux du télégraphe et les murs de la gare, invitaient pompeusement les gens à venir rencontrer les plus fabuleux artistes au monde.

Les gens du cirque effectuèrent leur traditionnelle parade dans le village, cherchant ainsi à encourager les citadins à venir admirer leurs exploits en leur donnant un infime aperçu de leur savoir-faire. En reluquant par la vitrine du magasin général où son travail la consignait, Elizabeth pouvait admirer la souplesse des acrobates, l'habileté des jongleurs, la témérité de l'écuyère et les pitreries des clowns. Jusqu'à ce jour, elle n'avait jamais eu la chance d'en observer davantage, ses parents ayant toujours refusé de lui payer son billet d'entrée. Elizabeth connaissait suffisamment son père pour savoir à l'avance qu'il en irait de même cette année. Cependant, elle était déterminée à assister à une représentation. Ne serait-ce qu'une fois dans sa vie, elle mettrait les pieds sous la tente et se contenterait enfin !

Elle n'osait demander à sa patronne de lui avancer l'argent nécessaire en prélevant la somme sur son salaire, car elle se doutait que cela attiserait la colère de son père. Elle passa la journée à se creuser la cervelle pour trouver le moyen qui lui permettrait de satisfaire son désir en restant dans les limites de l'honnêteté, et sans que ses parents en aient vent. Tout en vaquant à ses activités habituelles, elle retournait le problème dans sa tête. L'après-midi s'écoulait et l'heure du souper approchait, réduisant ses espoirs à zéro. Jamais elle ne trouverait les huit sous nécessaires à l'achat de son billet.

Mettant de côté son idée folle, elle s'appliqua à préparer le repas. Pour faire patienter l'appétit insatiable des enfants, elle leur servit des galettes au miel encore toutes chaudes qu'ils s'empressèrent de grignoter. Elle coupait des légumes en surveillant les petits du coin de l'œil, quand elle se rendit compte qu'elle tenait peut-être la solution à son casse-tête. Lorsque toute la famille fut réunie autour de la table, que le repas fut béni par M. Eaton et que chacun eut devant soi un bol de soupe fumant, elle tâta le terrain :

— Je crois que le cirque attirera beaucoup de monde, ce soir.

— Moi, les cirques, ça me laisse froid, décréta son patron d'un ton qui interdisait toute réplique. Et les petits sont beaucoup trop jeunes pour les exposer à de telles exhibitions. On ne sait jamais si leurs animaux sauvages ne vont pas s'enfuir et s'attaquer aux spectateurs, ou si les équilibristes ne vont pas chuter et se rompre les os.

— Tu as raison, approuva sa femme. C'est définitivement trop énervant pour les enfants. Et quel mauvais exemple ! Les vois-tu en train de grimper partout, au risque de se tuer en imitant les acrobates ?

Elizabeth réprima un sourire en songeant à ses propres exploits d'enfant casse-cou sur la vache réticente. Elle s'empressa toutefois d'opiner du bonnet :

— Vous avez entièrement raison, madame. Leurs voltiges et leurs sauts périlleux me donnent le frisson, juste à les imaginer.

— Je suis heureux que tu voies les choses comme nous, reprit le commerçant. Alors, évite le sujet devant mes enfants ! Ça me déplairait que tu leur donnes le goût d'assister à de telles sottises.

— Oh ! Loin de moi cette pensée, monsieur ! Si j'ai abordé le sujet, c'est que j'aurais une suggestion à vous proposer, une suggestion qui concerne le magasin.

Georges Eaton la dévisagea en fronçant les sourcils.

— Quel genre de suggestion ?

Elizabeth a avalé une cuillerée de soupe pour se donner le temps de se composer un ton naturel, comme si l'idée qu'elle désirait soumettre allait de soi.

— Je me suis dit que, comme il y aura beaucoup de gens qui assisteront à l'unique représentation du cirque et que la soirée risque d'être longue, certains d'entre eux sentiront peut-être une petite fringale avant la fin du spectacle.

— Et alors? s'étonna Mme Eaton. En quoi cela nous concerne-t-il? Ils n'ont qu'à apporter des provisions ou à attendre de rentrer chez eux.

— Justement, ils n'amèneront pas tous un goûter avec eux. Ceux qui n'auront rien apporté, regarderont les plus prévoyants avec envie. Alors, si je remplissais une boîte de diverses confiseries que nous offrons déjà au magasin et que j'allais les vendre à l'entrée du chapiteau, nous pourrions peut-être réaliser une bonne affaire.

Songeur, M. Eaton mâchonna un croûton de pain. Il calculait et évaluait mentalement le rendement d'une telle opération. Le déplacement exigé et le travail supplémentaire en valaient-ils la peine? Mme Eaton, plus prompte, répondit sans prendre le temps de réfléchir :

— Je ne vois pas pourquoi les gens achèteraient davantage de sucreries juste pour assister au spectacle. Il n'y a pas de raison. Nous travaillons suffisamment dur toute la journée pour mériter de passer la soirée en toute tranquillité.

— Si nous n'essayons pas, nous ne saurons jamais si l'effort nous aurait rapporté des bénéfices. De plus, je ne pensais pas vous imposer ce travail supplémentaire. Je peux très bien me débrouiller seule. Je serai prudente. Comme tout le monde me connaît dans le village, je ne risque rien, même si je rentre tard. Je ne serai pas la seule, d'ailleurs.

Sa patronne secoua la tête en signe de dénégation et s'apprêtait à refuser catégoriquement, quand son mari l'interrompit :

— Ce n'est peut-être pas une si mauvaise idée après tout. L'excitation du cirque et la joie d'effectuer une belle sortie délieront mieux les bourses que lorsque les clients viennent au magasin pour des achats bien précis. On dépense plus quand on se sent heureux. Bien, tu as ma permission. Mais ne rentre pas trop tard !

Elizabeth en eut le souffle coupé pour un instant. Elle ne croyait pas que son patron accepterait aussi facilement. Elle n'avait pas eu besoin de déballer tous les arguments qu'elle avait préparés pour le convaincre. Finalement, l'appât du gain avait suffi. Même si Mme Eaton ne semblait pas d'accord, seule l'opinion de son mari comptait. Il lui imposerait son point de vue et l'obligerait à obtempérer. La jeune fille remercia le commerçant pour cette marque de confiance et ajouta :

— Si tout se déroule comme je le suppose, je reviendrai en ayant tout vendu.

À dix-neuf heures ce soir-là, Elizabeth plaça sa marchandise sur une caisse de bois recouverte d'une petite nappe rouge, choisie pour sa couleur attirante. Elle agença le plus artistiquement possible les sucres d'orge, les caramels, les bâtons forts, et même des galettes au miel et des petits fours dans le but de susciter l'intérêt des acheteurs potentiels. Les forains qui passaient par là examinaient son barda du coin de l'œil. Aucun d'eux ne lui parla ni ne tenta de la déloger. Peut-être avaient-ils l'habitude de ce genre de commerce parasite ?

À l'arrivée des premiers spectateurs, elle remisa sa timidité aux oubliettes et cria le petit baratin qu'elle avait préparé pour l'occasion. Rougissante, elle sentait que sa voix manquait d'assurance. Cependant, elle tenait tellement à assister à la représentation qu'elle avait décidé de ne pas quitter les lieux sans avoir réussi à écouler sa marchandise. Lorsqu'elle fit une première vente à un fermier accompagné de ses jeunes enfants, son cœur battait à tout rompre dans sa poitrine. Elle s'imaginait déjà assise à l'intérieur de la tente en train de s'extasier devant le spectacle. Elle reprit son boniment de plus belle, y mettant plus d'ardeur et moins de timidité. Les ventes se succédèrent lentement d'abord, puis, à l'approche du début de la représentation, le nombre de spectateurs qui arrivaient s'accrut rapidement, amenant plus de clients pour la jeune marchande. Si les gens s'étonnaient d'obtenir moins de bonbons pour un sou qu'ils n'en achetaient habituellement au magasin, elle répliquait :

— C'est à cause du déplacement et du travail supplémentaire que cela exige pour s'installer ici. Alors, nous avons décidé d'augmenter légèrement le prix régulier.

Elle se gardait bien de dire qu'en réalité l'idée venait d'elle. M. Eaton n'avait jamais pensé à majorer ses tarifs. Pris de court par l'initiative de sa jeune employée, il n'avait pas eu le temps d'y songer. Pour Elizabeth, ce supplément lui permettrait d'entrer au cirque. Quand le spectacle débuta, quelques rares curieux déambulaient encore autour de la tente, sans s'intéresser à elle. Elle en profita pour calculer ses gains. Il ne lui restait ni galettes ni biscuits, seulement une poignée de caramels, deux bâtons forts et un sucre d'orge. En soustrayant l'argent qu'elle devrait remettre à son patron, il lui restait vingt-deux cents. En plus de pouvoir largement payer son entrée, elle avait les moyens de se permettre de manger le sucre d'orge. Elle emballa les autres friandises dans la nappe qu'elle noua à sa ceinture, emporta la caisse de bois pour qu'elle lui servît de banc.

Comme elle l'avait prévu, il n'y avait plus une place libre sous le chapiteau. Certains spectateurs étaient même obligés de demeurer debout. Ayant son siège avec elle, Eliza se faufila jusqu'aux abords de la piste et s'installa sur sa caisse de bois derrière un groupe de jeunes enfants, près de l'allée par où entraient et sortaient les artistes du cirque. Elle avait manqué les pirouettes des clowns, qui saluaient maintenant bien bas au son des applaudissements. Avant même qu'ils quittent la piste, un gros éléphant y prenait place avec son entraîneur. Bien rodée, la représentation se déroulait à un rythme rapide qui laissait peu de place à l'inattention. Les bêtes sauvages succédaient aux virtuoses de sauts périlleux en tout genre.

Elizabeth s'émerveillait devant ces exploits hors de la portée du commun des mortels. Émue jusqu'au plus profond d'elle-même, elle se sentait à la fois impressionnée et attirée par les gens du cirque. Tout en observant leurs mouvements et en détaillant chacun de leurs gestes, elle rêvait de les imiter.

Après chaque numéro, elle donnait libre cours à sa joie exubérante et applaudissait à tout rompre. Plus le spectacle avançait, plus elle enviait ces artistes. Son admiration émerveillée se mua subitement en convoitise lorsque l'écuyère entra en piste. La femme, habillée d'un tutu de gaze court et évasé, montait en amazone un magnifique cheval de couleur isabelle, dont la crinière et la queue frisottaient.

La jeune fille crut reconnaître la cavalière qu'elle avait aperçue, enfant, avec son oncle Enrikes. Avec une grande adresse, elle faisait accomplir à la bête différentes cabrioles, gambades complexes, courbettes audacieuses et virevoltes rapides. Pour terminer son exhibition, elle se leva debout sur le dos du cheval et lui fit exécuter plusieurs tours de piste en accélérant la cadence à chaque tour. Elizabeth pensa aussitôt à sa vache qui avait toujours refusé obstinément de marcher plus de trois pas dans la même direction quand elle s'y installait de la même manière que l'écuyère. Cette dernière dirigea le cheval au centre de la piste et l'obligea à mettre un genou à terre pour saluer la foule qui l'applaudit chaleureusement.

En sortant de piste, l'écuyère et son cheval croisèrent le jongleur qui allait les remplacer. Il tenait à la main plusieurs bâtons dont une extrémité était enflammée et qu'il faisait tournoyer au-dessus de sa tête en s'approchant de l'arène. L'animal jugea-t-il que le feu passait trop près de lui ? Il se cabra soudainement, échappant un instant au contrôle de sa cavalière qui se tenait encore debout sur son dos, et fit un écart en direction de la foule. L'écuyère perdit l'équilibre et chuta lourdement dans l'allée. Le cheval, paniqué, prit le mors aux dents et s'approcha dangereusement du groupe d'enfants assis devant Elizabeth. Il se cabra de nouveau, risquant de broyer sous ses sabots une des petites têtes fragiles des gamins qui, effarés, fixaient la bête sans bouger. Comme mue par un ressort, Elizabeth bondit en avant, attrapa la bride qu'elle tira de côté, forçant l'animal à s'écarter des enfants. Le cheval hennit, s'ébroua, se secoua brutalement, trépigna, mais Elizabeth tint bon. Elle n'en était pas à sa première bête emballée. À l'atelier de son père, elle avait souvent vu des étalons qui refusaient de se laisser harnacher et que son père réussissait toujours à mater. D'une voix forte et posée, elle tenta de le tranquilliser :

— Du calme, du calme, mon joli ! Tout doux…

Le cheval reculait, tirait sur la bride, refusant d'obéir à une étrangère, mais il ne se cabrait plus ni ne ruait. Il se contentait de hennir de toutes ses forces. Le jongleur, constatant que l'écuyère ne se relevait toujours pas pour reprendre le contrôle de la situation, fit un mouvement pour s'approcher de la bête. Malheureusement, le feu de ses bâtons attisa la crainte de l'animal qui se remit à se débattre avec plus d'ardeur.

Dans la foule, des spectateurs réagissaient en lançant des cris et en se levant. Les enfants hurlaient d'effroi. Le jongleur jeta ses bâtons enflammés par terre et attrapa lui aussi la bride. À deux, ils parvinrent enfin à maîtriser les mouvements désordonnés de l'animal. En se déplaçant pour éviter les coups de tête du cheval, Elizabeth ne se rendit pas compte tout de suite que le bas de sa robe frôlait de trop près les flammes. L'ourlet de sa jupe de toile prit feu. Lorsqu'elle sentit la chaleur monter le long de ses mollets, elle lâcha aussitôt la bride et s'accroupit pour tapoter le bas de son vêtement qui refusait de s'éteindre. Puis tout se déroula à une vitesse folle. Quelqu'un versa sur elle le contenu d'un seau d'eau. Des bras se tendirent pour transporter la cavalière encore inconsciente. Des mains poussèrent le cheval hors de la vue du public. Des clowns entrèrent en scène en mimant de manière comique ce qui venait tout juste d'arriver.

Elizabeth demeura éberluée, à genoux au milieu de l'allée, le bas de sa jupe mouillé, tremblante et incapable de se relever immédiatement. Une voix chuchota à son oreille :

— Vous sentez-vous bien ? Avez-vous besoin d'aide ?

Elle tourna son regard vers l'homme au teint basané qui se penchait vers elle. Ensuite, elle examina ses mains échauffées et sa robe noircie. Elle soupira avec une moue déconfite :

— Ça va, je n'ai presque rien.

S'apercevant qu'elle avait usé d'un ton pitoyable, elle se reprit, cherchant à cacher son émoi :

— C'est très aimable à vous de vous inquiéter, mais je vais très bien.

Elle secoua sa jupe du revers de la main et se leva d'un mouvement souple. Elle le remercia encore d'un hochement de tête et se rassit sur sa caisse. L'homme la détailla un bref instant avec un sourire en coin avant de se diriger rapidement vers les coulisses. Elizabeth essaya de reporter son attention vers le spectacle des clowns qui se déroulait sur la piste, mais elle ne parvenait plus à y prendre plaisir. D'un long regard circulaire, elle constata que, contrairement à elle, l'assistance se concentrait sur le numéro et riait à gorge déployée des bouffonneries qu'on leur présentait. Tous ces gens n'avaient probablement pas compris l'ampleur du drame qui s'était produit si près d'eux. Même les enfants, qui avaient échappé de justesse aux ruades de l'étalon, semblaient avoir oublié leur crainte momentanée. Pour un peu, on aurait cru que cet événement faisait partie du spectacle et qu'il se répétait de soir en soir. Pendant une fraction de seconde, Elizabeth se plut à rêver qu'elle avait effectivement pris part à la représentation, qu'elle appartenait à ce monde de saltimbanques. L'instant suivant, elle revint brutalement sur terre en songeant aux dégâts.

Comment allait-elle réussir à réparer sa robe ? Elle n'avait pas les moyens de s'en acheter une autre et se voyait dans l'obligation de poser une pièce qui lui donnerait définitivement l'allure d'une pauvresse. À moins qu'elle n'ajoutât un volant d'une couleur différente qui dissimulerait le trou et le noircissement. Cela exigerait une longue bande de tissu qui coûterait cher. Il y avait aussi son jupon que les flammes n'avaient pas épargné. Elle pourrait toujours tenter de le raccommoder en y cousant un morceau de toile blanche. Tout ce qui lui restait de l'argent récolté ce soir-là y passerait. De plus, elle devrait avouer comment elle avait gagné cet argent.

Elle soupira, le cœur barbouillé de tristesse et de déception. Elle payait chèrement les quelques minutes de bonheur qu'elle s'était offertes. Elle souleva légèrement sa jupe et son jupon pour découvrir la brûlure qui marquait le côté extérieur de son mollet, juste au-dessus de sa bottine. Même si la blessure était minime, elle lui procurait une douleur irradiante qui lui enlevait définitivement toute envie de s'amuser.

À regret, le cœur lourd, traînant sa caisse derrière elle, Elizabeth quitta le chapiteau. Dehors, malgré la température clémente de ce soir de juillet, un frisson lui parcourut le dos. En même temps, elle sentait ses joues en feu, une bouffée de chaleur lui montant au visage. Elle n'eut soudain qu'une seule envie, retourner chez elle pour se soigner. Pour rentrer plus rapidement, elle prit un raccourci en se faufilant entre les roulottes des forains. En passant près de l'une d'elles, elle reconnut la voix forte du médecin du village qui provenait de l'intérieur de la voiture. Il annonçait d'un ton grave que le sort de la malheureuse écuyère était plutôt incertain. Elle souffrait d'une sérieuse commotion cérébrale, le cou et la colonne ayant pris tout le choc.

Elizabeth cessa de marcher et retint un instant sa respiration. La jolie cavalière risquait de mourir à cause d'un accident stupide, de l'énervement d'une bête devant le feu ! Elle sursauta au rugissement de colère qui suivit cette révélation :

— Je l'avais bien dit qu'on ne pouvait pas se fier à cet étalon ! Il est trop nerveux pour le spectacle. Mais elle ne voulait rien entendre. Elle le trouvait beau ! Comme si cela suffisait à en faire un cheval de cirque !

Un homme jaillit brusquement de la roulotte. Il dévala les marches et passa près d'elle en coup de vent, sans même lui jeter un regard. Un autre homme, plus jeune, en qui elle reconnut le jongleur, sortit de la roulotte en appelant :

— Fernando !

Il se tut en apercevant la jeune fille. Il hésita, puis, tout en restant debout sur la plus haute marche, il lui demanda :

— Êtes-vous blessée ? Si vous cherchez le médecin, il est ici.

Elle refusa vivement en secouant la tête. Sa brûlure n'était pas si grave, et jamais elle n'aurait pu payer les honoraires du médecin. Elle avait appris depuis longtemps qu'on ne le visitait seulement qu'en cas d'extrême urgence.

— Je vais très bien, merci. Je suis vraiment désolée pour votre compagne de travail. J'ai beaucoup aimé son numéro. J'espère qu'elle se rétablira.

Il hocha tristement la tête. Elizabeth eut l'impression qu'il devait se sentir coupable d'avoir causé involontairement la chute de la cavalière. Malheureusement, ce genre d'accident n'était pas inhabituel dans le monde du cirque. Chacun devait vivre avec l'idée qu'un jour ou l'autre ce serait peut-être son tour. Néanmoins, pour que le spectacle ne perde pas son charme, le jeune homme se garda d'avouer à une spectatrice que la blessure de l'écuyère risquait de lui être fatale.

— Je lui transmettrai vos souhaits, mademoiselle…?

— Agnes!

La réponse avait fusé sans qu'elle réfléchisse. Le cirque lui rappelait le prénom que son oncle Enrikes lui donnait, toute petite.

— Mademoiselle Agnes, bonne fin de soirée!

Il rentra aussitôt dans la roulotte. De nouveau seule, elle fixa le ciel étoilé et éprouva une profonde mélancolie. Tout en s'éloignant, elle songeait à la pauvre écuyère qui agonisait, à cette femme qui avait donné sa vie au cirque. Elle, qui avait fait la joie de tant de spectateurs, suscitant les exclamations extasiées et les applaudissements nourris, disparaissait dans l'indifférence de ce même public, loin des bravos de la foule.

Un coup de feu la fit soudainement tressaillir. Elle perçut aussi un hennissement strident qui surgissait de derrière les roulottes, à l'endroit le plus éloigné du chapiteau. Elizabeth laissa tomber sa caisse de bois et partit au pas de course. En contournant la dernière voiture, elle vit deux hommes qui luttaient pour la possession d'un fusil et aperçut l'étalon de couleur isabelle qui se débattait, tentant de se libérer de la bride qui le retenait à un arbre.

— Fernando! Arrête!

— Laisse-moi tuer cette sale bête! Elle ne causera plus la mort de personne. Il faut qu'elle crève.

— Ce n'est pas à toi de décider. La peur du feu n'en fait pas pour autant un animal agressif. Il va finir par s'habituer. Il nous a coûté assez cher, nous n'allons pas nous en débarrasser ainsi.

— Personne n'arrivera jamais à le dresser. Laisse-moi l'abattre! Gregory, lâche-moi ou je ne réponds plus de moi!

Elizabeth ne demeura pas longtemps à observer les deux hommes. Elle se tourna plutôt vers l'animal qui paniquait de plus en plus, s'agitant violemment au bout de sa bride. Elle sentit l'urgence de le calmer. Tout en se méfiant des sabots de l'étalon, elle s'approcha de lui en susurrant des paroles apaisantes. Le cheval la regarda d'abord avec des yeux fous, s'ébrouant et hennissant, se dérobant aux caresses de la jeune fille. Elle continua de lui parler avec douceur, plaçant sa main assez près des naseaux pour qu'il puisse la sentir. Elle réussit finalement à glisser sa paume sur l'encolure du cheval en chuchotant d'un ton qui se voulait rassurant. Ses trépignements diminuèrent d'intensité ; il cessa de s'écarter d'elle. Elle put lisser le poil de son poitrail et de son épaule. Elle se tenait tout près de l'étalon qui montra enfin des marques d'épuisement. Ce n'est qu'à cet instant qu'elle constata que les deux hommes ne se tiraillaient plus.

Fernando posait sur elle un regard désespéré qui lui fit craindre le pire. Pourtant, il ne lui dit rien. Il haussa les épaules avec désenchantement, lâcha l'arme et quitta les lieux de façon précipitée. Le second homme déposa le fusil contre la roue de la roulotte, et vint lentement vers Elizabeth. Elle reconnut alors celui qui s'était préoccupé de son état de santé sous le chapiteau, après l'embrasement de sa robe. D'une main prudente, il flatta le chanfrein de l'étalon qui n'offrit aucune résistance.

— Je savais bien qu'il existait un moyen de dompter cet ombrageux palefroi. Félicitations, mademoiselle ! Par deux fois, vous avez réussi à apaiser cette brute. Prenez garde, ce cheval va finir par s'amouracher de vous !

Elle ouvrit de grands yeux étonnés. Elle crut qu'il se moquait d'elle, mais répondit avec sagesse :

— Les chevaux sont des bêtes très sensibles. Il ne faut jamais leur laisser la chance de s'emballer.

— Oh, je vois ! Vous optez pour la main de fer dans le gant de velours, dit-il en lui offrant son sourire le plus charmeur.

Impressionnée malgré elle, elle le considéra en silence. Elle le trouva d'une grande beauté. À vrai dire, il lui rappelait son oncle Enrikes ou, à tout le moins, le souvenir qu'elle s'était forgé de lui. Ses joues étroites rasées de près étaient surmontées de pommettes saillantes. Sa bouche moqueuse, sa fine moustache noire et ses yeux sombres donnaient à son visage une allure cynique qui ne manquait cependant pas de charme. La moitié gauche de son front disparaissait sous la frange de ses cheveux noirs. Il avait peut-être le menton un peu trop prononcé pour arborer un visage parfait.

— Non, je parle tout simplement de gros bon sens. Si on provoque et excite inutilement un animal, il finit toujours par prendre le mors aux dents.

— Vous avez raison. Nous avons commis une erreur dans le déroulement du programme, en faisant se croiser le jongleur de feu et la cavalière. Erreur que nous ne sommes pas prêts de répéter.

— Et pour cause! répliqua Eliza sans réfléchir. Cette gaffe va causer la perte de votre écuyère.

En le voyant prendre un air dépité et contrarié, elle comprit qu'elle aurait dû garder ce commentaire pour elle. Elle s'excusa aussitôt. Il lui fit un sourire chagrin qui émut profondément la jeune fille.

— Non, ne vous excusez pas. Vous avez raison, nous n'avions pas droit à l'erreur, car elle se révèle toujours fatale dans notre métier. Rosa est non seulement une excellente cavalière, mais une amie de longue date. Elle fait partie de l'équipe depuis plus de quinze ans. Même si elle survit, elle ne pourra pas reprendre son travail. Enfin, pas avant qu'elle ne soit tout à fait rétablie. Ce qui, malheureusement, semble peu probable. Si elle ne meurt pas, je crains fort qu'elle ne reste paralysée.

— Je lui souhaite de guérir, murmura Elizabeth. Que pourrait-elle faire, si elle ne bougeait plus?

— Entraîner et conseiller la nouvelle écuyère!

Il la fixait avec insistance. Lui lançait-il un message? Elizabeth refusa de comprendre. Elle se méprenait sûrement sur le sens de son regard. Comme elle gardait le silence, il émit clairement le fond de sa pensée :

— Pourquoi ne viendriez-vous pas prendre sa place ?

— Moi ! Mais, voyons, je ne connais rien aux chevaux. Je ne pourrais jamais monter cet étalon et lui faire exécuter tous les tours que j'ai vus ce soir.

— Pourquoi pas ? Il vous aime déjà et vous obéit presque docilement. Ce sont les deux principales qualités exigées d'un dresseur. Le reste, ce n'est que de la pratique. Ne trouvez-vous pas cela plus passionnant que de vendre des friandises à deux sous ?

Elizabeth ouvrit la bouche mais ne dit mot. À l'âge de cinq ans, elle aurait tout donné pour entrer dans un cirque, susciter l'émerveillement des spectateurs, réussir ce qui semblait impossible au commun des mortels. Maintenant que l'occasion se présentait, elle voyait la folie que cette chimère dissimulait : côtoyer le danger à chacun des numéros, risquer chaque soir d'hypothéquer sa santé et son avenir, vivre sans attaches, se balader d'une ville à une autre, en continuelle étrangère. Pourtant, son rêve teinté de fantaisie et de merveilles subsistait toujours aussi vivace dans son cœur. Que ne ferait-elle pour partir, quitter ce village peuplé de gens ordinaires, où ne l'attendait qu'une vie banale et exempte de charme ! Elle y pensait tous les jours, cherchant en vain le moyen de sortir de sa servitude et de sa médiocrité. On lui offrait sur un plateau d'argent la possibilité de pénétrer dans un monde fantastique, de visiter des contrées lointaines, de vivre la bohème et l'aventure.

Finalement, elle répondit avec une certaine défiance, de crainte d'être vivement déçue :

— Cela demande réflexion.

Il détacha le cheval et s'éloigna avec la bête qui le suivit sans rechigner. Au bout de quelques pas, il se retourna et la prévint :

— Ne réfléchissez pas trop longtemps. Nous partons demain, avant le lever du soleil.

Puis il disparut dans l'obscurité, entre les roulottes. Elizabeth ne bougea pas pendant un long moment. Elle n'entendait que son cœur qui battait à tout rompre. L'avait-il réellement invitée à se joindre à la troupe ? Qui était-il pour prendre cette initiative ? Devait-elle vraiment croire qu'elle possédait les qualités requises pour devenir une cavalière ? Calmer un cheval ne prouvait pas que l'on savait monter. Et même en sachant monter, on ne devenait pas automatiquement une experte en cabrioles.

Le cerveau en ébullition, elle rentra chez elle après avoir récupéré sa caisse de bois. Elle se faufila sans bruit dans la maison silencieuse. Ses patrons dormaient déjà. Elle plaça l'argent de ses ventes et ce qui restait des bonbons bien en évidence sur le comptoir du magasin, et monta au grenier. Trop agitée pour s'endormir, elle essaya d'abord, à la lueur d'une chandelle, de se plonger dans la lecture de l'enfance pénible du pauvre David Copperfield, le dernier roman qu'elle avait emprunté à son patron, mais ses pensées la ramenaient sans cesse aux gens du cirque. Le fil des événements de la soirée tournait continuellement dans sa tête. Elle revoyait encore et encore le visage de l'écuyère passant de la surprise à l'effroi lors de sa chute. Elle se souvenait clairement des traits du jeune jongleur. Il n'avait pas vingt ans. Des cheveux bruns bouclés et mi-longs encadraient ses joues imberbes. Ses sourcils épais accentuaient l'éclat sombre de ses grands yeux. L'image de Gregory se superposa à celle du jongleur. Le teint basané, le regard assuré et le sourire moqueur de l'homme d'une trentaine d'années se fixaient dans la mémoire d'Agnes. Était-il le propriétaire du cirque comme son attitude le laissait sous-entendre ?

Lorsque l'horizon commença à pâlir et à blondir, elle sortit de la maison, tenant à la main ses maigres bagages enveloppés dans un châle en coton épais. Sur la table de la cuisine, elle avait laissé une note, à peine quelques mots :

«Adieu, je pars de mon plein gré. Ne me cherchez pas, je ne reviendrai jamais. Elizabeth Agnes Joy.»

Elle courut vers le pré humide de rosée. Le chapiteau était déjà démonté et rangé dans un chariot, les animaux étaient enfermés dans leur cage roulante et les forains s'apprêtaient à quitter les lieux. De loin, elle aperçut Gregory qui prenait place dans la première voiture. Essoufflée, elle franchit les derniers mètres d'un pas plus lent. Il l'accueillit avec un sourire.

— Montez avec Ramon, le jongleur. Il s'occupera de vous.

Il fit claquer les rênes et son attelage s'ébranla. La jeune fille se hâta vers la voiture du jongleur qui ne montra aucun étonnement quand elle s'installa sur le banc, à ses côtés. Il se contenta de la saluer :

— Bienvenue dans la famille, mademoiselle Agnes !

Ces simples mots lui ouvrirent la porte sur une vie nouvelle. Détournant la tête, elle jeta un dernier regard sur le village. Dans la pénombre dorée de l'aurore, les maisons se cachaient derrière un brouillard de lassitude et d'ennui. Pour la jeune fille, elles ne suscitaient plus que des souvenirs mornes, d'une fadeur désespérante. La mémoire d'Elizabeth pouvait y résider à jamais, Agnes ne la regretterait pas. Un avenir brillant, mouvementé et hors de l'ordinaire, s'offrait maintenant à elle. Dans le firmament du cirque Lorenzo & Gregory, une nouvelle étoile allait bientôt scintiller. Elle ne ménagerait ni ses efforts ni son temps pour parvenir à la réussite. Elle se promettait de suivre à la lettre tous les conseils qu'on daignerait lui prodiguer. S'il le fallait, elle répéterait ses exercices jusqu'à l'épuisement. Elle innoverait en créant de nouvelles figures. Elle oserait ce que personne avant elle ne s'était même pas permis d'imaginer. Par sa hardiesse, son adresse et son esprit audacieux, elle forgerait sa place au sein de sa nouvelle famille. Une place de choix ! Elizabeth s'était éteinte pour toujours, longue vie à Agnes! Pour braver le sort, elle murmura son nouveau nom dans le vent:

«Agnes... Agnes Le Clercq!»

Elle sourit en pensant à Jacob. Il ne saurait jamais à quel point il l'avait aidée à réaliser son idéal en réveillant ses rêves d'enfant. Pour lui et pour l'oncle Enrikes, elle se montrerait à la hauteur de ce qu'ils pensaient d'elle, elle afficherait dorénavant la classe d'une grande dame. Le monde n'avait qu'à bien se tenir, elle partait à sa conquête. À quinze ans, elle ne doutait de rien, surtout pas de ses possibilités.

À compter de ce jour, elle vécut et voyagea avec la famille de Ramon. Dans la petite roulotte en bois dont la peinture jaune s'écalait, Agnes cohabitait avec le jeune jongleur, sa sœur jumelle Joselita, ainsi que leur vieille grand-mère Angelica, la diseuse de bonne aventure. Lorsqu'il l'avait présentée à sa famille, Ramon n'avait passé qu'une seule remarque sur ses parents:

— Ils étaient trapézistes. Il y a deux ans, ils ont fait une chute. Mortelle. Maintenant, Fernando s'est trouvé d'autres partenaires pour ses voltiges, les deux frères Joyce et ma sœur. À quatre, ils font un excellent numéro.

La grand-mère s'était approchée d'Agnes, lui avait pris la main gauche et en avait scruté la paume de son index noueux. Elle avait murmuré d'une voix rauque:

— Bien, très bien. J'y vois des signes d'adresse et de détermination. J'aime les mains fermes et chaudes. Elles ne craignent pas l'ouvrage et, dans le cirque, le travail ne manque pas. Petite, si tu es résolue, tu réussiras à te caser dans notre monde.

L'avenir lui donna raison, en partie. Sous la férule de Rosa, vivante mais paralysée pour le reste de ses jours, et avec l'aide de Joselita, Agnes entreprit son éducation d'écuyère. Docile, elle se soumit à l'entraînement qu'on lui imposait. Il s'agissait pour elle non seulement d'apprivoiser Honey, l'étalon isabelle, mais aussi de procurer à son corps la force et la souplesse nécessaires aux acrobaties exigées d'une cavalière de cirque. Elle passait des heures à chevaucher, à pratiquer le grand écart, à marcher en équilibre sur une corde tendue à deux pieds du sol, à exécuter diverses pirouettes et même à soulever des poids. Elle trimait dur et y consacrait toutes ses énergies.

Vêtue d'un collant, d'une culotte courte bouffante et d'un justaucorps, Agnes suait et haletait, indifférente aux regards curieux que suscitait sa petite personne. Car on la regardait. On lui accorda d'abord une attention dubitative. Plusieurs doutaient que le propriétaire du cirque, Gregory, eût fait un bon choix. Comment une paysanne sans expérience pourrait-elle s'adonner aux cabrioles ? Peu à peu, certains en vinrent à admettre que la jeune fille démontrait beaucoup d'endurance et surtout d'habileté à apprendre. Elle ne se révélait pas aussi gauche qu'ils l'avaient cru au début. Elle dépassait même largement leurs attentes. Après plusieurs semaines d'entraînement intensif, ils en vinrent à penser que, finalement, ils avaient déniché la perle rare pour remplacer Rosa.

Le résultat de toutes les longues heures de répétition sous l'autorité de l'ancienne écuyère en valut la peine. Honey obéissait au doigt et à l'œil à Agnes. Elle le faisait marcher au pas, trotter, ambler. Elle le montait indifféremment en amazone ou à califourchon, avec ou sans selle. Gregory avait raison, l'animal était tombé amoureux de sa nouvelle maîtresse et se soumettait à ses ordres. Grâce à elle, l'étalon maudit devint un magnifique cheval de cirque.

Dans les villes et les villages où les roulottes s'arrêtaient, le chapiteau rouge et blanc était dressé et le spectacle se répétait, semblable presque en tous points à celui de la veille ou du lendemain. Chaque soir, avant la représentation, sous l'effet du trac, l'esprit d'Agnes s'engourdissait et l'empêchait de réfléchir, ses genoux claquaient et ne la supportaient presque plus, ses mains devenaient moites et son cœur battait la chamade. Mais dès qu'elle grimpait sur le dos de Honey et qu'elle s'approchait de la piste, souriante, un bras élégamment levé dans les airs, les reins cambrés, elle oubliait toutes ses craintes. La chaleur des flancs de l'étalon et l'énergie de l'animal se répandaient en elle comme une source de vie et lui redonnaient confiance en ses aptitudes. Elle empruntait alors la peau d'une souveraine majestueuse et légère faisant son apparition devant un peuple enthousiaste qui l'adulait, ou encore celle d'une audacieuse aventurière en quête d'action et d'intrigues. Elle jouait un rôle qu'elle modifiait de soir en soir pour chasser sa timidité naturelle.

Dès que sa prestation se terminait, elle redevenait la petite Agnes, la jeune foraine adoptive de cette étrange et fascinante famille où les fonctions se lèguent de père en fils ou de mère en fille. Rarement y intègre-t-on un nouvel arrivant. Agnes faisait lieu d'exception à la règle. Mais, malgré qu'on l'eût recueillie avec gentillesse, elle ne parvenait pas à refouler ce sentiment de n'être qu'une étrangère dans ce monde.

Agnès appréciait à sa juste valeur la patience de Joselita et la gentillesse de Ramon, néanmoins elle ressentait un grand tourment. Sa relation avec Rosa lui laissait un goût amer. L'ancienne cavalière la traitait avec froideur, lui enviant probablement sa santé, son excellente forme physique et peut-être les applaudissements qu'elle récoltait sur la piste. Rosa avait accepté, par défaut plus que par choix, de lui enseigner son savoir. Plus Agnes prenait de l'assurance et de l'expérience, moins elle avait besoin des conseils de Rosa et plus cette dernière devenait distante et réticente devant sa remplaçante.

Il y avait aussi Gregory qui tournait autour d'Agnes, l'air de rien. Au début, elle se sentit flattée par les marques d'attention de son patron. Il la complimentait régulièrement en susurrant avec beaucoup d'éloquence. Il lui lançait des sourires et des œillades à tous moments. Il glissait parfois un bras sous sa taille pour l'aider à monter sur Honey, même si elle n'avait pas du tout besoin de son aide. Elle ne savait trop si elle devait encourager les avances de Gregory ou les repousser en prétextant qu'une employée ne saurait entretenir de telles relations avec son patron.

Un soir, après la représentation, alors qu'elle venait de s'assurer que son étalon était bien bichonné et installé pour la nuit, elle traversait le chapiteau pour se rendre à sa roulotte quand elle entendit un bruit qui lui parut suspect. Elle eut d'abord l'idée d'aller chercher de l'aide, de prévenir Ramon ou Gregory, car il arrivait parfois que des jeunes trop curieux visitent le cirque à la faveur de l'obscurité. La dernière fois que cela s'était produit, les intrus avaient endommagé les mâts servant à soutenir la corde de l'équilibriste. Il avait fallu une journée entière de travail pour les réparer.

Malgré le danger potentiel, Agnes décida pourtant de vérifier de quoi il retournait avant d'appeler du secours. À pas de loup, elle contourna la piste et s'approcha du rideau qui cachait les coulisses où s'entassaient dans des malles les divers accessoires utilisés pendant les spectacles. Lorsqu'elle fut rendue à quelques pas du rideau, elle reconnut avec surprise la voix de Joselita qui chuchotait sur un ton qui démentait ses paroles :

— Oh non ! Nous ne devrions pas… Si cela se savait, je risquerais gros. Non, arrêtez…

Agnes comprit aussitôt que la sœur de Ramon s'apprêtait à folâtrer avec un ami de cœur. Comme elle ne lui connaissait aucun prétendant officiel, Agnes fut intriguée. Elle demeura sur place, immobile, retenant son souffle pour mieux entendre la voix de l'homme. Mais il ne se montra guère bavard, tout occupé qu'il devait être à s'exécuter auprès de sa victime consentante. Les débats amoureux semblant s'accélérer, Agnes, gênée, remit à plus tard la découverte du mystérieux soupirant. Elle s'organiserait pour interroger innocemment Joselita et lui tirer les vers du nez, sans en avoir l'air.

Elle s'éloigna en prenant garde de faire le moindre bruit. Au moment où elle s'apprêtait à se glisser hors du chapiteau, les deux amants éclatèrent d'un rire manquant totalement de discrétion et l'homme prit enfin la parole. Même si Agnes ne put saisir clairement ce qu'il disait, elle reconnut le ton moqueur de son patron. Un frisson glacé lui parcourut le dos. Un voile humide lui embua les yeux. Elle qui croyait être la seule courtisée par Gregory découvrait avec amertume qu'il offrait ses galanteries et sa flamme à une autre femme. Elle fut déçue de lui, mais surtout d'elle-même. Elle se sentait ridicule d'avoir espéré, ne serait-ce qu'un instant, plaire à cet homme. Elle n'osait s'avouer qu'il avait troublé ses rêves d'adolescente, qu'elle l'avait embelli à travers le prisme de son cœur de jeune fille inex-périmentée, qu'elle avait ébauché de lui une image de pureté et de perfection à laquelle il ne correspondait pas. Elle lui en voulut cruellement d'égratigner ses illusions. Cependant, elle parvint à refouler ses larmes et releva la tête. Elle esquissa un mouvement pour sortir lorsque Ramon entra.

— Sauriez-vous où se trouve ma sœur? Grand-mère a besoin d'elle.

L'espace d'une seconde, Agnes eut envie de lui indiquer les coulisses, juste pour voir la tête de Gregory réfléchissant à une bonne excuse afin de justifier son comportement. Mais elle pensa à Joselita et elle opta pour une certaine générosité.

— Elle se trouvait avec moi, tout à l'heure. Elle m'a aidée à prendre soin de Honey. Après, elle devait se rendre à la roulotte. Elle ne devrait plus tarder.

— Je l'espère pour elle. Grand-mère n'apprécie pas qu'elle traîne après les représentations. Et ça vaut pour vous aussi. Allez vous reposer, il est tard.

Le conseil sonnait comme un ordre paternel, malgré qu'ils fussent pratiquement du même âge. Agnes acquiesça néanmoins d'un hochement de tête. Ramon la quitta sans plus se préoccuper d'elle. Dans son dos, Agnes entendit le chuchotement fébrile des amants. Lentement, très lentement, elle sortit du chapiteau. Elle ne parvenait pas à comprendre pourquoi elle avait menti au profit de Joselita. Cela ne lui apportait aucun avantage, mais lui procurerait plutôt des embêtements si Ramon ou Angelica venaient à l'apprendre. Néanmoins, elle s'était tout bonnement sentie incapable de dénoncer Joselita, ayant eu pitié d'elle.

Elle avançait toujours à son rythme traînant quand elle perçut derrière elle le pas pesant et décidé de Gregory. Elle n'avait nul besoin de se retourner pour le reconnaître. Il vint se placer sur sa route, l'empêchant ainsi de marcher. Elle releva un peu plus le menton et, le fixant d'un air serein, elle attendit qu'il parle le premier. Il cherchait ses mots, mais elle se garda bien de l'aider. Il finit par dire d'un ton rageur qui ressemblait presque à une morsure :

— Joselita ne vous a pas aidée à soigner Honey, alors pourquoi ce mensonge ?

— Pourquoi pas ? fit-elle d'une voix douce, teintée d'une naïveté feinte.

Il exhala un long soupir, puis un sourire cynique se dessina lentement sur son visage.

— Alors, on espère faire du chantage, jeune demoiselle ?

Elle haussa les épaules de déception. Qu'allait-il imaginer là ? La croyait-il aussi perverse pour monter un tel plan et vouloir profiter de la situation ?

— Vous possédez un esprit bien tortueux pour présumer que je puisse agir aussi bassement. Vous m'insultez ! D'ailleurs, je ne pensais même pas à vous en répondant à Ramon. Je craignais le pire pour Joselita. J'avais tort. Le pire, elle l'avait déjà dans les bras.

Elle faillit se mordre les lèvres, consciente qu'on ne parle pas ainsi à son patron. Elle venait de lui donner une bonne raison de la mettre à la porte. Cependant, elle fut surprise de l'entendre rire.

— Vous me jugez vous-même très sévèrement. Il faudrait peut-être que nous discutions de nos différences de caractère, plus en profondeur et de manière… privée. Cela permettrait de mieux nous connaître. Vos charmantes qualités apparentes rivalisent-elles avec celles que vous cachez ?

Elle faillit s'étouffer de rage. Il venait à peine de se soustraire aux caresses de Joselita qu'il lui contait déjà fleurette et lui faisait des propositions ! Elle se contrôla de son mieux et répondit en pesant chacun de ses mots :

— Étant donné que je vous ai découvert enlacé dans une position plus qu'explicite avec la sœur de Ramon, je suis persuadée qu'il serait préférable pour nous deux d'en rester là. Je suis sincèrement désolée de vous avoir surpris dans un tel moment. Et si vous me permettez ce conseil : la discrétion est le meilleur ami des amants. Maintenant, il est temps pour moi de rentrer. Ramon ou sa grand-mère pourraient se questionner sur mon retard.

Elle laissait volontairement planer un doute dans l'esprit de Gregory. Il ne saurait jamais qu'elle n'avait rien vu mais seulement entendu quelques mots au hasard. De plus, elle lui rappelait que, vivant sous le toit de Ramon, elle avait peut-être des comptes à lui rendre sur ses allées et venues. Il soupesa un instant les sous-entendus contenus dans ses paroles et admit enfin :

— En effet, je ne voudrais pas que Ramon et Angelica s'inquiètent à votre sujet. Passez une bonne nuit !

En la saluant obséquieusement, il s'écarta pour lui permettre de passer. Elle ne savait trop si elle avait marqué un point ou perdu un avantage. Toutefois, elle regagna la roulotte, en marchant la tête haute. En poussant le rideau qui servait de porte, elle reluqua par-dessus son épaule et constata avec un soulagement ambigu qu'il n'était plus là. La crainte de perdre son emploi et la déception d'avoir été bernée par les belles manières de cet homme au charme ravageur se mêlaient dans son cœur. Mais comme chaque fois qu'elle vivait une cuisante déconvenue, une petite phrase remontait en elle : « Ce n'est pas grave. Merci tout de même ! » Elle remerciait Gregory pour la leçon de vie qu'elle venait d'apprendre. À l'avenir, elle se montrerait plus méfiante envers les beaux parleurs qui démontraient une propension trop marquée à courir les jupons.

Quelques jours plus tard, alors que la troupe quittait au petit matin la ville de Chillicothe en Ohio, Agnes remarqua une animation et une fébrilité inhabituelles parmi ses compagnons de voyage. Joselita lui annonça joyeusement qu'ils prenaient quelques jours de congé pour effectuer un pèlerinage à Serpent Mound. Agnes ne put cacher sa surprise :

— Un pèlerinage ? Je ne savais pas Gregory aussi pieux. Quel saint vénère-t-on à cet endroit ?

— Aucun. De plus, c'est grand-mère qui en a décidé ainsi. J'aime mieux vous prévenir tout de suite, il ne faut pas la déranger durant le voyage. Elle médite. Si quelqu'un la distrait pendant son recueillement, elle se met hors d'elle-même. Vous feriez mieux de prendre place sur le banc du conducteur, aux côtés de Ramon. Profitez-en pour admirer le paysage !

Ainsi chassée de la roulotte, Agnes n'avait plus qu'à suivre la suggestion de Joselita. Le long de la route, la nature affichait ses flamboyantes couleurs d'automne. Enroulée dans son châle, la jeune fille tendait son visage à la douce caresse du soleil. Depuis plusieurs mois déjà, elle partageait la vie de ces bohémiens, et malgré cela, elle ne connaissait encore que peu de choses de leur vécu, de leurs espoirs, de leurs rêves. Ramon ne se montrait guère bavard ; Joselita limitait ses échanges à des conseils pour améliorer ses performances ; et grand-mère Angelica, avec ses fétiches et ses dons de voyante, l'impressionnait trop pour qu'Agnes osât lui tenir conversation. Ses relations avec les autres forains étaient encore plus restreintes.

— Ce Serpent Mound, est-ce loin d'ici ? se risqua-t-elle à demander à Ramon après un long laps de temps passé en silence.

— Environ à une trentaine de kilomètres.

Il redevint aussitôt muet. Si Agnes désirait en savoir davantage, elle devrait lui soutirer un à un les mots de la bouche. Elle s'arma de patience et entreprit de l'interroger en règle :

— Pourquoi allons-nous à cet endroit ?

— Parce que grand-mère en a décidé ainsi.

— Gregory la laisse souvent décider de nos destinations ?

— Tout le temps.

— Pourquoi Gregory permet-il à votre grand-mère de mener la troupe où elle le désire ? Elle a beau être la doyenne du cirque, cela ne constitue pas une raison suffisante pour lui en laisser les rênes. Il est le patron, non ? Il n'a pas à se plier aux caprices d'une de ses employés.

Un sourire amusé éclaira le visage de Ramon. Il la considéra un instant avant de répondre :

— Lorenzo, le deuxième propriétaire du cirque, était mon grand-père. Depuis sa mort, c'est grand-mère qui gère les déplacements.

Agnes comprit subitement les craintes de Gregory, l'autre soir, après sa petite frasque avec Joselita. Il ne pouvait se permettre de mécontenter sa partenaire d'affaires. Très stricte dans l'éducation de sa petite-fille, Angelica exigerait sûrement le mariage si elle apprenait les écarts de conduite de Joselita et de Gregory. Ce qui ne plairait pas à Gregory ; Agnes doutait qu'il pût songer sérieusement au mariage avec qui que ce soit.

— Mais... la moitié du cirque vous revient ! s'exclamat-elle en posant sur Ramon un regard nouveau. Vous êtes mon patron !

— Pas tout à fait. Tant que grand-mère est vivante, je ne possède rien.

Son ton ne trahissait aucune émotion, comme si cela le laissait indifférent. Agnes ne savait comment interpréter son attitude calme et silencieuse. Il ne paraissait jamais rien ressentir, ni joie ni chagrin. D'humeur égale, il ne s'emportait pas, ne démontrait aucune colère, riait rarement. Une question traversa subitement l'esprit d'Agnes :

— Pourquoi n'êtes-vous pas trapéziste comme vos parents et votre sœur ?

— Je préfère garder les pieds sur terre.

À elle seule, cette phrase le résumait tout entier. Il ne serait jamais l'homme des grands éclats d'humeur, des épanchements débordants et des gestes inconsidérés. Partout, il irait de son pas tranquille, changeant rarement d'idée, jusqu'au bout de ses décisions.

Ils demeurèrent longtemps silencieux, assis côte à côte, loin et proche à la fois. Leurs épaules se frôlaient selon les cahotements de la voiture sur la route inégale. Ils respiraient le même air vif où flottaient des odeurs de terre humide et de feuilles mortes. Perdus chacun dans leurs pensées, ils ne ressentaient nul besoin de partager leur émerveillement devant les riches coloris d'automne des forêts qu'ils traversaient et où croissaient pêle-mêle des érables, des chênes, des bouleaux et des cerisiers sauvages.

Lorsqu'ils quittèrent finalement la route de terre battue pour emprunter un sentier en plein bois, les secousses se firent plus fortes. Agnes se tenait à deux mains sur son banc pour éviter de chuter. Le chemin lui parut alors interminable.

— Votre grand-mère doit vraiment y tenir beaucoup, à son pèlerinage pour endurer un tel voyage.

— Oui, beaucoup.

— Qu'est-ce qu'elle espère y faire ?

— Voir le serpent.

— Êtes-vous sérieux ? Cette promenade n'a-t-elle d'autre but que d'aller à la recherche d'un serpent ? Espérez-vous monter un nouveau numéro, du genre dompteuse de serpent ?

Ramon sourit de plus belle.

— Vu la taille considérable de notre serpent, ce serait un numéro grandiose. Mais je crois qu'il serait de meilleur goût de le laisser vivre où il dort présentement.

— Il est si grand que cela ! souffla Agnes, impressionnée et un peu inquiète. Ce n'est pas dangereux de l'approcher ?

Il fixa sur elle ses yeux sombres, un doux sourire modelait ses lèvres fines. Il la détailla un long moment de son regard pénétrant, avant de répondre sur un ton bienveillant :

— Non, vous n'avez rien à craindre. Je vous montrerai comment l'apprivoiser.

Il se tut et Agnes, malgré son désir d'en apprendre un peu plus sur le reptile, n'osa pas le questionner davantage. Elle ressentait une réelle gêne chaque fois que Ramon l'examinait ainsi. Il la dévisageait sans chercher à s'en cacher, mais sans non plus lui faire la conversation. Coincée sur ce banc inconfortable, elle ne pouvait échapper à son regard et ne trouvait rien à ajouter. Aussi reporta-t-elle, en apparence du moins, son attention sur la nature environnante.

Les derniers kilomètres du trajet s'effectuèrent lentement sous le craquement des roulottes ballottées de gauche à droite selon les dénivellations du sentier. Après un dernier détour, la forêt s'ouvrit subitement, laissant le soleil projeter sa chaleur veloutée sur une vaste clairière au fond de laquelle s'élevait une large butte. Les roulottes s'arrêtèrent en bordure des arbres, à proximité d'un ruisseau qui bruissait doucement. Chacun put enfin se dégourdir les jambes.

En galant homme, Gregory vint aider Angelica à descendre de sa voiture. Elle était parée de ses plus beaux atours. Revêtue d'une magnifique robe en soie blanche, elle avait noué autour de sa taille un châle en dentelle noire. Sa chevelure grise était élégamment retenue en chignon par une broche en jais. De longues pendeloques argentées ornaient ses oreilles. Plusieurs rangées de perles noires entouraient son cou et pesaient lourdement sur sa maigre poitrine. Angelica paraissait plus mince et plus élancée qu'à l'ordinaire.

Lorsque tout son monde fut rassemblé autour d'elle, elle traça dans les airs des signes étranges à l'aide d'une statuette. Celle-ci, en jade vert sombre, représentait un homme vêtu d'un pagne, au corps et aux membres courts, dont la tête était affublée d'un couvre-chef sophistiqué.

Joselita chuchota à l'oreille d'Agnes :

— Grand-mère l'a trouvée ici quand elle était toute jeune. Elle ne s'en sépare jamais.

— Depuis quand trouve-t-on des statues au beau milieu de la forêt ! répliqua Agnes, à voix un peu trop haute.

Sa remarque en fit sourire plusieurs. Angelica, qui, elle aussi, l'avait entendue, répondit au nom de tous :

— Depuis qu'il existe un serpent aussi extraordinaire que celui qui se love en cet endroit sacré ! Ramon, va montrer le serpent à cette jeune enfant. Nous, nous allons nous installer pour le pique-nique. J'ai rudement faim. Dépêchons, les jeunes !

Pendant que leurs compagnons allèrent quérir de l'eau potable et sortir les vivres, Ramon fit signe à Agnes de le suivre. Il l'entraîna au pied de la butte et lui indiqua le sommet à quelque huit mètres de hauteur. Elle empoigna sa longue jupe à deux mains et escalada la pente en regardant attentivement où elle posait les pieds. Elle ne craignait pas tant de tomber en s'accrochant dans les pierres et les racines que de voir apparaître à tout moment le serpent. Elle parvint sans encombre au sommet d'où elle put constater que l'autre versant ressemblait beaucoup plus à un précipice. En fait, elle se trouvait sur un large promontoire surplombant une rivière qui coulait à près de quarante-cinq mètres plus bas.

— Et alors ? Où est-il, ce fameux serpent ?

— Vous avez les deux pieds dessus.

— Où? Où? s'écria-t-elle.

Effrayée, elle recula vivement, secouant sa jupe et scrutant le sol autour d'elle. Il sourit de sa réaction, mais se hâta néanmoins de la rassurer :

— Ne paniquez pas ainsi, il ne va pas vous mordre. Par là, vous le verrez mieux.

Il lui prit tout naturellement la main et la conduisit sur un monticule, à l'une des extrémités de la butte. Là, il se retourna et, d'un large geste, il désigna le sol qui s'étalait à leurs pieds.

— Voilà notre serpent! Regardez bien, il s'étire sous nos yeux.

Fronçant les sourcils, Agnes commença par chercher l'animal rampant entre les herbes, puis elle comprit. Subitement, son champ de vision s'agrandit, englobant toute la butte. Devant ses yeux ébahis se déroulait un immense serpent de terre recouvert d'une herbe grasse d'un vert si brillant que le faux reptile semblait serti d'émeraudes chatoyant au soleil. Le corps ondulé du serpent donnait l'impression de sortir du sol. De la queue se terminant en spirale jusqu'à la gueule grande ouverte de cet étrange modelage, Agnes évalua que le serpent devait mesurer plus de trois cents mètres de long.

— C'est votre œuvre? s'informa-t-elle avec une pointe d'admiration dans la voix.

— Non, nous n'y sommes pour rien. Les parents de ma grand-mère ont découvert cet endroit quand elle était petite fille. On croit que ce sont des Indiens qui enterraient leurs morts dans ce tumulus. Ça date probablement de plusieurs centaines d'années.

— Des morts! Vous venez pique-niquer dans un cimetière d'Indiens! rétorqua-t-elle, horrifiée à l'idée de manger dans ce lieu qui lui paraissait subitement morbide.

— Oui, mais on ne fait pas que ça. Allons rejoindre les autres.

La tenant toujours par la main, il l'emmena vers la gueule du serpent qui s'ouvrait sur un deuxième tumulus en forme d'œuf, où la troupe entière s'était installée pour déjeuner. Le chaud contact de la paume de Ramon contre la sienne éveillait en elle des sensations agréables. Il exerçait sur elle un pouvoir d'attraction qu'elle s'expliquait mal. Elle n'osait appeler cela de l'amour, mais plutôt un penchant affectueux. Se rappelant sa déconvenue avec Gregory, elle demeurait méfiante envers les élans de son cœur, aussi dégagea-t-elle doucement sa main de celle de Ramon, brisant ainsi la magie qui s'était établie entre eux. Il ne fit aucun commentaire et n'eut aucune réaction, comme s'il était conscient d'avoir ambitionné en gardant sa main dans la sienne aussi longtemps.

Peu à peu, tout en mangeant, Agnes céda au charme envoûtant qui se dégageait de ce lieu unique. Elle eut même le sentiment de communier avec une des merveilles sacrées qui se cachent de par le monde. À la fin du repas, Angelica frappa dans ses mains pour obtenir l'attention de tous. Une chandelle noire était allumée devant elle ; une pile de feuilles de papier, un bol de bois contenant de minuscules plumes blanches et noires, une fiole remplie d'une poudre jaune et un morceau de cire à cacheter rouge vif étaient disposés en cercle autour de la bougie. De plus, une lourde pelle était déposée par terre à ses côtés.

— Le moment tant attendu est enfin arrivé ! clama la vieille dame en levant au bout de son bras sa statuette de jade. Nous allons enterrer nos vieilles peurs, nos chagrins inutiles et nous libérer de ces entraves pesantes qui briment notre pensée et gênent nos actions. Le serpent, procréateur de toutes les métamorphoses et de la sagesse éternelle, est en éveil, prêt à nous aider à devenir meilleur. En déposant dans son œuf les images de notre souffrance, nous lui permettrons de les avaler afin de nous en débarrasser à jamais. Fernando, à toi l'honneur de débuter.

Obéissant, Fernando prit la pelle et alla creuser un trou de moins d'un demi-mètre de profondeur, à l'extrémité du tumulus la plus proche de la gueule du serpent. Il revint alors s'agenouiller devant Angelica qui lui tendit un des papiers.

— Retrouve la paix au fond de ton cœur ! murmura-t-elle en posant la main sur l'épaule de Fernando.

Puis elle parla encore plus bas pour n'être entendue que de lui seul, ce qui obligea Fernando à se pencher pour saisir ses paroles. Quand elle se tut, il baissa la tête et resta longtemps silencieux. Il jeta enfin un rapide coup d'œil au dessin déjà tracé sur la feuille par les soins d'Angelica, avant de la replier. Angelica fit fondre la cire à cacheter et la scella. En guise de sceau, elle utilisa le visage de sa statuette. Elle piqua ensuite dans la cire encore chaude deux plumes, une blanche et une noire, qu'elle saupoudra d'une fine poussière jaune prélevée dans la fiole. Fernando se releva et alla déposer son message dans le trou. Pendant ce temps, Angelica appela un des frères Joyce. Il reçut lui aussi des conseils chuchotés à son oreille et une lettre cachetée, emplumée et poudrée, à enterrer.

L'étrange manège, s'apparentant à un rituel vaudou ou à une superstition de bohémien, se répéta, et chacun, successivement, dut venir s'agenouiller devant la doyenne de la troupe, dans un ordre déterminé selon son bon vouloir. Les réactions allaient d'une indifférence apparente à une profonde reconnaissance, en passant par une gêne difficile à dissimuler. Rosa, que Fernando portait à chacun de ses déplacements, ne parvint pas à retenir ses larmes et resta un long moment blottie contre le corps anguleux d'Angelica qui lui tapotait affectueusement le dos. Joselita rougit jusqu'à la racine des cheveux et se mordilla les lèvres en évitant le regard de sa grand-mère. Gregory cacha ses véritables sentiments derrière son éternel sourire narquois et se débarrassa rapidement du papier que la vieille dame lui remit. Même les trois seuls enfants de la troupe eurent droit à leur message qu'ils reçurent avec le plus grand respect.

Quand arriva le tour d'Agnes, il ne restait plus aucun papier. Angelica moucha la chandelle entre ses doigts et fit signe à la jeune fille de s'approcher.

— Petite, je ne t'ai rien préparé, car je ne parviens pas encore à te cerner. Tu partages notre vie depuis trop peu de temps pour que j'aie pu pressentir tes craintes et tes espoirs. Aussi, tu ne peux prendre part à ce cérémonial. Par contre, j'aimerais remédier dans la mesure du possible à l'injustice de cette exclusion. Aide-moi d'abord à me relever !

Elle prit appui sur le bras d'Agnes et se mit debout avec une lenteur et une prudence qui trahissaient l'âge avancé de ses articulations. Elle porta un long regard circulaire, empreint d'une fierté affectueuse, à tous ces hommes, ces femmes et ces enfants qu'unissaient des liens puissants. Chacun put sentir dans les yeux de leur doyenne l'amour qu'elle leur portait et sa joie de vivre au sein d'une telle famille. Elle les considérait tous comme ses propres enfants, s'attristant de leurs peines, se réjouissant de leur bonheur, s'inquiétant avec eux de leur avenir.

— Nous pouvons maintenant recouvrir de terre les maux de notre âme et porter notre regard et nos forces vers le futur. Nous avons tous encore un long chemin à parcourir, celui de la vie, celui des éternels gitans. Décharger de notre fardeau, c'est d'un pas léger que nous pouvons repartir la tête haute et le cœur émancipé des chaînes de nos soucis. Je souhaite succès et félicité à chacun d'entre vous.

— Belle et longue vie à notre *graciosa madre* ! répliqua Gregory.

Son cri fut repris par plusieurs, certains vinrent embrasser Angelica, et tous allèrent jeter une poignée de terre sur les messages. Fernando finit le travail de deux ou trois coups de pelle.

— Allez, petite, murmura Angelica à l'adresse d'Agnes, retournons à la roulotte.

Se tenant bras dessus, bras dessous, les deux femmes descendirent la butte en prenant garde aux racines mouillées et aux cailloux glissant sous leurs pieds. Agnes se demandait bien ce que la vieille dame avait préparé à son intention. Quoiqu'elle ne se sentît nullement lésée de n'avoir reçu aucun message, puisqu'elle ignorait tout de cet étrange rituel avant ce jour, elle éprouvait toutefois une grande curiosité quant à la suite des événements.

— Ne prends pas cet air intrigué, la sermonna doucement Angelica.

— Il y a pourtant de quoi l'être. J'ai droit à un traitement... dois-je dire de faveur ?

— Il s'agit plutôt d'un juste retour des choses, rectifia Angelica. Depuis ton arrivée au sein de la troupe, tu as montré beaucoup de persévérance pour parvenir à accomplir ton numéro et à te montrer digne du cirque. À moi, en échange, de t'offrir ce que mes modestes talents me permettent d'entrevoir.

— Vous allez me dire la bonne aventure grâce à votre boule de cristal !

— Pas tout à fait ! La boule de cristal ne sert que pour mon numéro. Elle en impose aux clients et leur donne l'impression que je distingue plus loin et plus clair dans leur existence. Ça leur en met plein la vue et ils me croient sur parole. Pour toi, j'utiliserai une autre méthode, qui vise à atteindre une meilleure connaissance de soi et ainsi à clarifier nos rapports avec nous-mêmes et autrui. Cela t'aidera dans tes prises de décision sur ton avenir.

— Mais mon avenir est parmi vous.

— L'est-il vraiment ?

— Oui, puisque je réalise déjà ma plus grande ambition. Je suis une écuyère de cirque. J'en ai tellement rêvé dans mon enfance. Je ne vois pas ce que je pourrais espérer de mieux.

Angelica examina longuement la jeune fille avant de répondre. La nature avait doté l'adolescente d'un corps robuste et souple, d'un port noble et d'une taille élancée, le tout surmonté d'une jolie tête : grands yeux, nez droit, belles dents, teint éclatant. La petite lui plaisait et elle lui sourit en hochant la tête d'un air satisfait.

— Le cœur a horreur du vide, dit-elle enfin en se retournant pour monter les marches de la roulotte. Les rêves concrétisés doivent être remplacés par d'autres. Nous allons ensemble tenter de voir par lesquels.

Elle tira sur le rideau et pénétra à l'intérieur. Agnes la suivit dans la pénombre de la voiture, s'interrogeant sur le bien-fondé d'en apprendre davantage sur ses projets futurs. Elle désirait surtout éviter qu'on lui dicte ses rêves et sa vie. Elle ne pouvait cependant pas refuser la proposition d'Angelica sans la blesser. Alors, elle la suivit en se promettant de ne pas se laisser intimider par ses divinations. Personne ne déciderait pour elle de son avenir.

Angelica s'assit sur la paillasse qui lui servait de lit. Elle tapota la couverture près d'elle pour inviter Agnes à y prendre place. Lorsque la jeune fille fut à ses côtés, la voyante lui empoigna les deux mains et les serra fortement dans les siennes. Elle ferma les yeux et fut saisie d'un long frisson. Agnes dut tendre l'oreille pour comprendre ce qu'elle marmonnait :

— Que de sang ! Et ces hommes qui crient, qui gémissent. Toutes ces douleurs insupportables ! Et cette odeur pestilentielle, fétide. Que de blessés qui t'entourent ! Tu marches entre les morts et les mutilés. Prends garde à toi, la guerre te rejoindra où que tu ailles.

— C'est ridicule ! se récria Agnes en retirant vivement ses mains. Je n'aime pas les bagarres ni les conflits. Je ne vais pas me mettre à courir les champs de bataille.

Angelica rouvrit les yeux et demeura pensive. Elle s'excusa finalement :

— Je ne contrôle pas mes visions, mais je devrais peut-
être apprendre à les taire. Elles ne sont pas toutes bonnes
à révéler, quoiqu'elles puissent parfois nous aider, nous
prévenir d'un danger potentiel. Ne rejette pas complètement ce que je viens de te dévoiler. Mets-le de côté, dans
le coffre-fort de ta mémoire ; un jour, cela pourra te servir.
Mais oublions cette prédiction pour le moment et regardons
plutôt ce que ton proche avenir te réserve.

Elle délia les cordons d'une pochette en soie mauve et
la secoua légèrement. Agnes, sur ses gardes, toisa les cartes
qui s'en échappaient. Quelles fausses vérités allaient-elles
lui annoncer ?

— Je te sens fermée, sceptique, déplora Angelica. Il
est vrai que l'on préfère les beaux présages plutôt que celui
dont je t'ai maladroitement fait part. J'en suis désolée. Je
ne crée pas les augures, je ne fais que les lire. À toi de les
interpréter ! Mais calme tes craintes, ces cartes n'ont pas
le dessein de te blesser ni de te mettre martel en tête. Elles
sont empreintes de sagesse et visent à étendre ta vision de
toi-même. Tu modèleras ta vie selon ce que tu es réellement, d'où l'importance de bien te connaître. Chacune de
ses cartes est le miroir d'une facette de ton être. As-tu peur
de contempler la véritable Agnes ?

— Je ne pense pas. Enfin... je crois que je peux me
juger sans détour.

— Voilà qui est bien répondu, car toi seule as le droit
de te critiquer. Sache que je ne porterai aucun jugement
sur ce que les cartes divulgueront. Mon rôle consiste uniquement à les déchiffrer. Brasse-les tout en pensant à ta vie
passée, présente et future !

Lentement, comme si elle craignait de se brûler, Agnes
prit les cartes. Elle n'était pas certaine d'apprécier le jeu
qu'Angelica lui proposait. Son passé, elle ne le connaissait
que trop bien et ne désirait plus en entendre parler. Son
présent lui paraissait acceptable, vivable quoique impar-
fait. Mais elle se sentait prête à consentir tous les sacrifices

requis pour ne pas retourner en arrière. Car, à part le cirque et la ferme familiale, où pourrait-elle aller, sinon ? À ses yeux, son avenir ne s'ébauchait que vaguement, hors de sa portée et de ses rêves. Elle ne parvenait à imaginer ni le grand amour ni une famille bien à elle. Au fond, elle se sentait seule, si seule que le simple contact de la main de Ramon contre la sienne lui avait paru le remède miracle à sa solitude intérieure.

Après les avoir mêlées, elle remit les cartes à Angelica qui les étala en éventail la face contre le sol et lui demanda de choisir sept d'entre elles. D'un geste rapide, sans se donner le temps de réfléchir, Agnes les tendit une à une à la vieille dame qui les disposa en pointe de flèche sur son lit.

Angelica prit une grande inspiration et se pencha sur les cartes. Pensive, elle dodelinait de la tête, en quête de présages et surtout de paroles adéquates pour les exprimer. Agnes examinait les dessins énigmatiques en songeant qu'ils représentaient un excellent moyen de jeter de la poudre aux yeux de la personne qui consultait, désireuse d'obtenir une vision chimérique de son avenir.

— Tu as fait un des choix les plus importants de ta vie, dit enfin Angelica. Mais sache que ton départ est irréversible, rien ne freinera ta course vers une nouvelle vie. Ce grand changement t'a permis de te débarrasser de la routine du quotidien. Ton champ d'action va encore s'élargir et toutes les activités que tu entreprendras seront couronnées de succès. Pourtant, tu ressens un certain désappointement. Tes attentes étaient-elles trop grandes ? Qu'espérais-tu en quittant ton ancienne vie ? Je ne sais ce que tu cherches, peut-être l'ignores-tu toi-même, mais tu ne l'as pas encore trouvé. Sois bien attentive à ton idéal ; tout confus qu'il puisse te paraître, il te guidera où tu dois aller. Dans un ailleurs merveilleux et terrible à la fois. Mais pour y parvenir, il te faudra accepter les désirs enfouis au plus profond de ton cœur et dépasser tes peurs. Bientôt, une lumière brillera pour toi et te montrera ta nouvelle voie. Tu as encore plusieurs talents cachés à développer. Ne crains rien, tu sauras t'imposer et maîtriser la situation. Quand le moment sera venu, tu concentreras tes énergies sur le nouveau but que tu te seras fixé. Tu pourras ainsi vivre en harmonie avec toi-même.

La vieille dame se tut et prit la cinquième carte représentant d'horribles épées tachées de sang. Les yeux mi-clos, elle se mit à en lisser la surface du bout des doigts, comme si elle voulait en faire disparaître l'image. Son visage était marqué d'une grande tristesse. Elle soupira pour chasser ses larmes naissantes.

— Tu n'es pas la seule à tirer cette carte, petite. Je suis inquiète pour l'avenir, notre avenir à tous. Que de sang! Que de cruautés! Que de misères! Nul n'y échappera... mais tu passeras au travers, poursuivit-elle en reprenant la maîtrise d'elle-même.

Elle déposa la carte d'un geste vif et se pencha sur les suivantes. Un doux sourire revint éclairer ses yeux sombres.

— Plus tu donneras, plus tu recevras en retour. Ton dévouement fera de toi un rayon de soleil dans la tourmente. Tu agiras pour le bien-être des autres. Ce but deviendra la mission ultime de ta vie dans laquelle tu te réaliseras entièrement. Ce sera ta façon de t'enrichir. Ne crains pas et partage avec ceux qui en auront besoin. Les plus beaux trésors ne seront rien en comparaison de ce que tu pourras offrir. Tu as l'âme d'une pionnière. Loin des sentiers battus, tu avanceras dans la vie en effectuant régulièrement de nombreux changements de parcours. Des changements de grande importance. Tu iras de départ en départ. Mais toujours tu ressentiras une profonde compassion qui te rendra capable de te sacrifier pour autrui. Ne t'inquiète pas, ces sacrifices te grandiront. Je vois aussi un homme, le seul qui ne comptera jamais pour toi. Il éprouvera toujours une éternelle passion pour l'aventure ;

et tu en feras autant. Il t'emmènera loin, très loin d'ici. Ton destin ne réside pas avec nous. Un jour, tu quitteras le cirque. Nous ne représentons qu'une étape dans ta vie. Une toute petite étape. Je te souhaite tout le bonheur que tu mérites, petite.

Agnes ne sut quoi dire. Des rêves, des ambitions non avoués venaient de défiler sous ses yeux. Cette carence qu'elle percevait depuis ses débuts de saltimbanque et qu'elle tentait de museler en travaillant de plus en plus fort existait bel et bien. Elle ne se sentait pas vraiment chez elle avec les forains. Mais sa place, où pourrait-elle la trouver ? Angelica devança sa muette interrogation.

— Quand le moment sera venu de nous quitter, tu le sauras. Tu ne partiras pas sans connaître exactement ta nouvelle destination. Laisse les événements venir à toi, ils te montreront le chemin à emprunter. Voici un cadeau qu'une vieille amie cherokee m'a donné autrefois. Il représente Winona, c'est-à-dire la flamme. Que ce surnom te porte chance !

Elle lui glissa à la main un étrange pendentif sculpté dans une corne de bison. Ce fut l'unique fois que la voyante la fit descendre au fond de son âme en quête des diverses facettes de sa vie future. Le soir même, dans le sous-bois entourant Serpent Mound, par esprit de rébellion contre les prédictions d'Angelica ou par simple besoin de chaleur humaine, Agnes devint la maîtresse de Ramon. Elle voulait se prouver que les cartes mentaient, que son destin était lié au cirque, qu'elle ne le quitterait pas, qu'elle avait trouvé sa véritable famille. Cette première expérience charnelle la déçut profondément par son manque d'ardeur et de passion. Les suivantes ne réveillèrent ni désir brûlant ni exaltation amoureuse. Leur relation mourut d'elle-même, à petit feu, au bout de quelques semaines. Ramon, fidèle à sa façon d'être, cacha ses sentiments, s'il en éprouva jamais. De cette aventure ratée, Agnes ne conserva que le souvenir de la gentillesse et de la compréhension de Ramon.

La troupe avait repris ses pérégrinations, de petits villages en villes de plus grande importance, gagnant son pain à embellir, l'espace d'une étoile filante, le quotidien des spectateurs d'un soir. Avec ses compagnons de voyage, Agnes parcourut les États-Unis, du Maine à la Floride et du Minnesota à la Louisiane.

Chaque ville ressemblant à la suivante, elle ne retenait que peu de choses de ses haltes. Petit à petit, son engouement initial pour le métier d'écuyère se tarit presque entièrement. Même la présence de l'étalon ne parvenait plus à chasser le désenchantement grandissant qui l'envahissait. De plus, elle se mit à éviter les contacts trop approfondis avec les autres forains ; elle fuyait même la présence de Ramon pour ne pas lui laisser croire qu'il pouvait renouer avec elle. Elle se mit à craindre de s'attacher à ce monde de saltimbanques. Elle redoutait le piège du mariage de convenance dans lequel sa mère était tombée dans sa jeunesse et qui lui avait ravi ses illusions et ses joies. Elle ne rêvait que de conserver intacte sa liberté, au risque de vivre solitaire et sans amour pour le reste de ses jours. Pour se distraire, elle s'achetait des livres, surtout des pièces de théâtre dont elle apprit par cœur certaines tirades pour le simple plaisir de s'identifier aux héroïnes de ces œuvres. L'emballement d'Agnes pour le cirque s'éteignait irrémédiablement, sans qu'elle n'y pût rien.

Alors qu'ils campaient pour quelques jours à La Nouvelle-Orléans, Agnes profita d'un après-midi de relâche pour visiter les rues animées du Vieux Carré français où les magasins et les cafés affichaient autant en espagnol qu'en français. Les colonnades blanches des grandes maisons de style créole et, surtout, leurs parures en fer forgé, semblables à de la dentelle, attiraient son attention. Les fleurs de lys, les vignes et les monogrammes en fer moulé se faisaient concurrence à l'entrée et au balcon de ces somptueuses résidences.

Elle s'égara dans le dédale des rues et se retrouva devant
la grille d'un cimetière. Attirée par les arbres fleuris, elle y
pénétra et cassa quelques tiges de magnolias et d'azalées.
Elle n'avait encore jamais vu un endroit pareil. Aucune
sépulture n'était creusée. Les caveaux surélevés et les mau-
solées côtoyaient des tombes superposées et même des
voûtes aux styles baroques ou gréco-latins. Agnes s'attarda
à déchiffrer des épitaphes. L'une d'elles la laissa perplexe :

Ci-gît l'ombre des premières.
Grandes ou petites, princesses ou roturières,
je les ai toutes doublées
sans pour autant, d'honneurs, en retirer!
Priez pour l'inconnue
Celle que vous n'avez jamais reconnue!

Marguerite de Lafite
10 mai 1809 - 20 juin 1857

Le décès de cette femme ne remontait qu'à quelques
jours et, pourtant, aucune gerbe de fleurs ne décorait la stèle.
Agnes eut le cœur serré à la pensée de la solitude de cette
morte. Qu'avait donc été sa vie pour que personne ne
songe à elle ? Celle d'une ombre qui n'avait fait que passer,
ne cueillant au passage ni sympathie ni amitié ? Elle déposa
son maigre bouquet sur la pierre tombale, par pur atten-
drissement pour une inconnue esseulée.

— Une admiratrice de notre imprudente Margot ? fit
une voix railleuse derrière elle.

Elle se retourna et fixa l'homme qu'elle n'avait pas
entendu approcher. Ses petits yeux fouineurs le lui rendirent
antipathique. D'instinct, elle n'aima pas ce personnage à
l'allure sournoise.

— Imprudente ? Comment cela ? demanda-t-elle néanmoins.

— Eh! Qu'avait-elle à se balader près du bayou? Les morsures de mocassin ne pardonnent pas. Quelques jours de fièvre et de douleurs horribles et, pfft! c'en est fini.

Le ton désinvolte de ce singulier individu horripila Agnes. Son manque flagrant de sensibilité démontrait une nature bien sèche et une froideur affichant le mépris d'autrui. Elle lui tourna le dos et s'éloigna. Il la suivit, n'ayant pas terminé de déverser son fiel.

— Peu de gens la regretteront, surtout pas ses compagnons de scène. Enfin, si on peut parler de compagnons dans son cas! Éternelle figurante, doublure minable, elle n'a jamais pu atteindre une véritable reconnaissance dans le milieu. Et voilà qu'elle joue un tour pendable aux autres comédiens de la troupe: mourir à quelques jours du début des représentations! Ils ne trouveront jamais personne pour la remplacer. De toute manière, quelle idée folle de vouloir monter cette pièce maudite, ici! À défier ainsi toutes les superstitions, ils ont attiré le malheur. Au cœur du royaume vaudou, il faut choisir ce que l'on joue avec plus de circonspection.

— Et que jouent-ils? s'informa-t-elle, soudain intriguée.

— Mais... vous savez bien! «La» pièce!

— Non, je ne sais pas. Quelle pièce?

Ils étaient arrivés à la sortie du cimetière. Droite et immobile, elle ne le quittait pas des yeux, attendant une réponse. Lui, il se dandinait sur place, mal à l'aise, vérifiant de tous côtés que personne ne les épiait. Il souffla, tout bas, de crainte d'attirer le mauvais sort:

— Mais... *Macbeth*, voyons! D'où sortez-vous pour ne pas connaître les malheurs qui accompagnent cette pièce chaque fois qu'on la joue quelque part? Il ne faut jamais prononcer son nom, ou gare à soi.

— Alors, dans ce cas, vous devriez cesser de m'en parler et me quitter. Sinon le diable seul sait ce qui pourrait en résulter. Adieu, monsieur.

Elle partit rapidement, d'un pas décidé, soulagée de constater qu'il ne la suivait plus. Elle ne désirait qu'une chose, fuir la compagnie de ce petit homme bizarre, à la conversation déplaisante.

Elle marcha longtemps, cherchant à retrouver son chemin, avant de s'arrêter devant la salle de bal d'Orléans, dans la rue du même nom. Sur la façade de cette imposante demeure, une affiche avait attiré son attention. On y annonçait la fameuse pièce de Shakespeare, celle dans laquelle la malheureuse Marguerite de Lafite ne jouerait pas. Animée par la curiosité, Agnes poussa la porte et laissa errer son regard dans la vaste salle de réception. De lourdes draperies en velours cramoisi, brodées de fil doré et retenues par d'épaisses cordelières couleur or, encadraient les hautes fenêtres. Des tableaux illustrant des personnages princiers dans des poses altières paraient les murs et donnaient l'impression de pénétrer dans un château d'Espagne. Une galerie protégée par une balustrade chargée de volutes, de rosettes et de frises sculptées entourait le haut de la salle de bal. Dans cet endroit fréquenté par une clientèle affichant un faste et une opulence de bon goût, nul n'entrait sans qu'un majordome ne vînt s'informer de la raison de sa présence. Ce dernier détailla Agnes de haut en bas et, la jugeant d'après son habillement simple et son manque de bijoux, lui indiqua l'étage supérieur :

— Pour le théâtre, c'est là-haut. Mais la prochaine fois, passez par la porte de derrière, vous arriverez directement dans les coulisses.

Trop heureuse de ne pas être jetée à la rue, elle n'osa pas le contredire et monta, puisqu'on le lui permettait, les marches du large escalier de marbre qui menait au théâtre. Sur la scène, devant une salle vide et plongée dans une demi-obscurité, des comédiens répétaient. Debout au fond du parterre, Agnes combla ses sens de fantaisie, comme on se gorge les poumons d'air. Elle s'imbibait des voix, des accents et des répliques que les acteurs lui déclamaient sans se douter de sa présence. Une singulière ivresse s'empara d'elle, l'ivresse du théâtre, de cet univers qu'elle souhaitait sans le connaître et qu'elle goûtait enfin. Elle s'enflamma à la révélation de l'ardeur et de la passion qui animaient les comédiens. Elle observa les attitudes, les révérences, les gestes mesurés et harmonieux maintes fois répétés pour approcher la perfection. Elle admira le jeu noble, la déclamation aisée, la voix sonore, la dignité et l'âme des acteurs. Elle était conquise et ne le savait que trop. Dans un chuchotement, elle répéta des tirades entières que l'on déversait à ses oreilles attentives, dont on nourrissait son cœur gonflé d'émerveillement et d'envie.

Lorsque ce fut le tour des sorcières d'apparaître sur scène, elle se remémora une de leurs répliques et la murmura sans prendre garde d'être entendue :

«Alors, dansons autour du chaudron,
Jetons-y des tripes pourries.
Et d'abord, dans le pot magique,
Faisons bouillir le crapaud
Qui, dormant sous la pierre froide
Trente et une nuits et journées,
A bien exsudé son venin. »

Une voix amusée lui répondit en imitant le ton grinçant des terribles envoûteuses :

«Grouillons double pour double trouble,
Qu'à feu sifflant chaudron bouille ! »

Agnes pivota brusquement vers la femme qui se moquait ainsi d'elle. D'un geste de la main, celle-ci l'encouragea à lui donner la réplique. Horriblement gênée, Agnes constata que les comédiens ne parlaient plus, mais fixaient le fond de la salle dans sa direction. Elle bafouilla une vague excuse en souhaitant que sa bévue ne l'entraînât pas plus loin et que l'étrangère ne la mît pas dehors.

— Je suis désolée d'avoir troublé la répétition. Je ne voulais pas vous déranger dans votre travail.

— Et moi, je ne pensais pas vous mettre dans l'embarras en vous répondant, mais ce fut plus fort que moi, se justifia la femme d'une voix douce et harmonieuse. Vous venez pour l'audition? Il nous manque justement une sorcière. Tant mieux si vous connaissez déjà le texte, vous n'auriez eu que peu de temps pour l'apprendre. La première est dans deux jours.

Sans laisser le temps à Agnes d'expliquer le hasard qui l'avait conduite en ces lieux, la jeune femme s'élança d'un pas léger vers la scène.

— Victoire! Nous avons trouvé la solution à notre problème. Je décrète que cette petite demoiselle fera une sorcière de premier ordre. Avec une bonne couche de maquillage et les haillons appropriés, bien entendu.

Agnes la suivit dans l'allée, décidée à la contredire. Mais la jeune actrice l'inonda sous un flot de paroles, l'entraîna sur la scène tout en faisant des présentations sommaires, lui remit un texte entre les mains et décréta:

— Vous êtes la troisième sorcière. Moi, je tiens le rôle de la première et Delphine que voici, la deuxième. Vous êtes prêtes? Allons-y, acte premier, scène I: *Quand est-ce qu'on se...*

Agnes eut un mouvement de recul. Elle se sentait bousculée, emportée malgré elle dans un tourbillon de folie. Soudainement, elle céda à une impulsion profonde et entra dans le jeu. Elle récita son texte, courba le dos, grimaça de méchanceté, tout imprégnée de son rôle. Elle s'amusait, ne se prenait pas au sérieux. Ce soir, elle retrouverait Honey; ce soir, elle réintégrerait le cirque; mais, pour l'instant, elle découvrait l'enchantement des planches. Elle n'espérait pas qu'on la trouve bonne, elle s'attendait même à un rejet froid et poli. Pourtant, on se montra patient envers elle, on la complimenta, on l'encouragea et on décida finalement qu'elle ferait l'affaire. On la convia à venir répéter le lendemain matin. À sa grande surprise, elle était engagée.

Agnes rêva, l'espace d'une divagation, de laisser tomber le cirque pour sauter sur la scène. Malheureusement, elle revint rapidement les pieds sur terre, en songeant de façon réaliste qu'elle ne pouvait abandonner son poste d'écuyère sans trouver d'abord une remplaçante, ce qui pouvait prendre des semaines. Assommée par cette dure réalité, elle se vit dans l'obligation de décliner l'offre.

— Si jamais vous changez d'idée, la place est libre. Présentez-vous demain matin ! l'invita tout de même Delphine.

Sur une réponse évasive qui ne l'engageait à rien, Agnes s'éclipsa du théâtre. Torturée entre son désir intense et nouveau de devenir une comédienne et ses obligations envers Ramon et Gregory qui l'avaient accueillie parmi les gens du cirque, elle revint à pas lents vers le chapiteau. Elle ne remarqua pas tout de suite l'atmosphère lourde qui y régnait. Lorsqu'elle grimpa dans la roulotte, elle eut l'impression que Joselita retenait son souffle et détournait la tête pour éviter de lui parler.

La vieille Angelica, assise sur sa paillasse, les yeux clos et les mains jointes sur sa poitrine, psalmodiait à voix basse tout en se berçant. Cela dura un long moment avant qu'elle posât son regard sur Agnes qui était fortement intriguée.

— Petite, annonça-t-elle sur un ton éploré, un grand malheur s'est abattu sur nous.

Agnes se crispa. Elle détestait les mauvaises nouvelles.

— Notre chère Rosa, continua la vieille femme, s'est donné la mort. La vie lui paraissait trop insupportable. Un terrible sentiment d'inutilité l'habitait. Sa paralysie entravait non seulement ses jambes, mais aussi son cœur et sa volonté. Je lui souhaite d'avoir trouvé un monde meilleur où l'amour et la paix règnent. Un monde où elle s'acceptera telle qu'elle est.

— Pauvre Rosa, murmura Agnes, bouleversée. Elle était si malheureuse, mais j'ignorais que c'était à ce point. Comment… comment a-t-elle mis fin à ses jours ?

Angelica soupira et lança un regard suppliant à Joselita. Elle n'avait pas la force de raconter. Sa petite-fille comprit et expliqua :

— Elle a d'abord demandé à Fernando de la conduire dans l'enclos où les chevaux broutent. Ensuite, elle a exigé qu'il la laisse seule. Elle disait vouloir se reposer en profitant de la chaleur du soleil. Alors, il est allé vaquer à ses occupations. Personne n'a pris garde à elle. Ce n'est qu'en entendant les coups de feu que l'on s'est précipités pour voir ce qui se passait. Elle avait caché un pistolet sous sa jupe. Malheureusement… elle n'est pas partie seule.

— Qui a-t-elle…? souffla Agnes avant de saisir subitement. Honey !

Joselita hocha la tête. La vieille dame se remit à psalmodier.

Agnes se précipita hors de la roulotte et courut vers l'enclos, relevant ses jupons à pleines mains pour éviter de s'y accrocher les pieds. Les forains, attristés, la regardaient passer, impuissants à apaiser son chagrin. Seul Ramon osa s'interposer en lui barrant le chemin et en la retenant dans ses bras.

— Laissez-moi passer ! s'exclama-t-elle en tentant de se dégager. Je veux voir Honey.

— Vous ne le trouverez pas, je l'ai enterré.

— Enterré ! répéta-t-elle, assommée par cette cruelle réalité.

Son compagnon de travail, son ami fidèle avait disparu à jamais.

— Pourquoi l'a-t-elle tué ? Pourquoi détruire un si bel étalon ?

— Peut-être parce qu'il l'avait détruite elle-même, supposa Ramon. Rosa lui reprochait probablement d'avoir fait d'elle une infirme, de l'avoir réduite à presque rien.

Elle a attendu de se retrouver dans cette ville pour s'enlever le peu qu'il lui restait de vie. Elle est née à La Nouvelle-Orléans. Il y avait une place réservée pour elle dans le caveau familial. Elle y retrouvera les siens.

Il soupira et reprit d'une voix éteinte :

— Je m'en veux. Je me sens responsable de sa déchéance et de sa mort. Si je n'avais pas effrayé ce cheval, elle ne...

Agnes l'interrompit en posant une main sur sa bouche. Sans dire un mot, elle se serra contre lui, le visage enfoui dans son cou. Des larmes coulèrent sur les joues de Ramon. Pour la première fois depuis qu'elle le connaissait, il permettait que s'échappât le trop-plein de ses sentiments.

Ce soir-là, ils firent l'amour pour la dernière fois, doucement, en prenant leur temps. Leurs caresses mutuelles apaisèrent la douleur et l'amertume qui leur broyaient l'âme. L'étreinte qui les unit appliqua un baume à leur chagrin, ce qui leur permit de pardonner. À soi ou à autrui. Ils passèrent la nuit blottis l'un contre l'autre, comme des enfants cherchant à se réconforter. Le lendemain matin, Agnes fit ses adieux au cirque. Avec la disparition de Honey, elle n'avait plus de raison de poursuivre les interminables pérégrinations des saltimbanques. Un an s'était écoulé depuis qu'elle s'était jointe à la troupe. Ses compagnons lui avaient appris l'entraide, l'ouverture d'esprit, la générosité et l'acceptation d'autrui. Elle les quittait, plus riche d'émotions et d'expériences de vie. Elle aborda ce nouveau départ avec une confiance teintée de maturité.

RICHMOND, ÉTATS-UNIS

26 JUIN – 1er JUILLET 1862

Lettre du front

2 juillet 1862

Mademoiselle Agnes Le Clercq
Washington

Chère Agnes,

Je vous écris avec la honte au front et la déception au cœur, pour ne pas dire la rage. Encore une fois, nous avons été battus. Non par le surnombre de l'adversaire, mais par le manque de témérité et l'excès de prudence de notre chef! Si les rumeurs qui nous parviennent sont vraies, le président Lincoln s'apprêterait à semoncer vertement le général McClellan. Je ne parierais pas deux sous sur son avenir au sein des forces nordistes.

Comment vous décrire notre débandade des derniers jours? L'origine en remonte à plusieurs mois. Déjà, en mars, le président avait enjoint à McClellan de passer à l'attaque, d'occuper Richmond, qui était alors défendue par une armée dix fois inférieure en nombre à la nôtre. Nous aurions eu largement le dessus. Mais le général, timoré et irrésolu, ne cherchait qu'à monter des plans qu'il rejetait aussitôt pour d'autres plus complexes et plus longs à exécuter.

Lorsque nous nous sommes finalement embarqués en avril pour aller nous installer sur la péninsule entre les rivières York et James, à environ cent kilomètres au

sud-est de Richmond, j'ai cru que le dénouement approchait enfin. Quelle fausse déduction de ma part! Pour
ne courir aucun risque, nous avons perdu des semaines
à ouvrir des tranchées, à déplacer des canons de gros
calibre, à creuser des galeries pour des mines, bref, nous
nous affairions à installer une parfaite machine de siège!
Les prendre par surprise, rapidement, en misant sur
notre supériorité numérique, sans leur laisser le temps
de s'organiser, aurait certes été beaucoup plus profitable.

Ce mois de répit que nous leur avons galamment
accordé leur a permis de faire venir des renforts et de
préparer la meilleure des défenses. De plus, en usant de
ruses de toutes sortes, les sudistes nous ont à maintes
reprises leurrés de belle manière. Vous ne le croirez pas,
mais, un matin, ils nous ont convaincus de l'existence
d'une route entièrement cachée par les arbres, à l'exception d'un court tronçon à découvert. Juste sous le nez
de nos avant-postes, un de leurs bataillons a défilé pendant toute la journée sur cette bande de terrain, dis-
paraissant dans la forêt et revenant à leur position de
départ en se dissimulant derrière les arbres. À tel point
que nos observateurs ont cru que deux divisions sudistes
s'étaient rassemblées à cet endroit et qu'elles se prépa-
raient à l'attaque. J'admets que c'était extrêmement
malin de leur part. Leur esprit créatif m'inspire de l'admiration. Mais ils n'en sont pas restés là. Ils nous réser-
vaient le plus beau subterfuge pour la prise de la ville
de Yorktown.

Le 4 mai, sous les ordres du général McClellan, nous
avons eu le risible honneur de conquérir des fortifications peuplées de mannequins armés de bâtons. Dans
les meurtrières, des tuyaux de poêle remplaçaient avantageusement les bouches des canons et des troncs d'arbres servaient de pièces d'artillerie. Bien avant notre
arrivée, les citoyens avaient été évacués vers Richmond
et nos adversaires s'étaient retirés à vingt kilomètres

plus à l'ouest. Ils n'avaient laissé derrière eux qu'une centaine d'hommes ayant pour tâche de nous tromper en
gardant des feux allumés en permanence et en chahutant.

Le véritable combat n'a eu lieu que le lendemain,
aux portes de Williamsburg. De cet assaut, je déplore
le manque d'ordre dans nos rangs, même si nous avons
réussi à repousser les défenses ennemies. Les pertes ont
été nombreuses des deux côtés. Les médecins nordistes
et sudistes n'ont pas eu la tâche facile et, pour la première
fois depuis le début des hostilités, ils ont dû œuvrer
côte à côte pour soigner les nombreux blessés.

Je dois tout de même avouer, à la décharge du général
McClellan, qu'il a agi fort honorablement lorsqu'il a
établi son quartier général sur le domaine appartenant
à l'épouse du général Lee, notre redoutable adversaire.
Il a permis à cette dame de rejoindre son mari en la
faisant escorter avec un drapeau blanc pour qu'elle
puisse traverser les lignes en toute sécurité. Il a aussi placé
des sentinelles pour empêcher que la demeure ne soit
saccagée. Par contre, il a transformé le parc entourant
la maison en cimetière pour nos hommes morts au
combat. Je crains que ce domaine ne récupère plus
jamais sa vocation première.

À partir du 16 mai, nous avons alors entrepris un
siège en règle de Richmond. Cantonnés de part et d'autre
de la rivière Chickahominy, les hommes se sont mis à
l'œuvre pour construire de nouveaux travaux de fortifications et de retranchements. Trois de nos corps
d'armée avaient dressé leurs tentes sur la rive gauche
et les deux autres, sur la rive droite. Nous ne nous
sommes pas méfiés. Dans la nuit du 30 mai, la nature
s'est liguée contre nous. Il a tellement plu que la rivière
s'est gonflée et qu'elle a débordé. L'eau et la boue ont
inondé les campements. Une terrible barrière tour-
billonnante coupait nos forces en deux. Les troupes
sudistes ont profité de notre désarroi pour fondre sur

nous pendant que nous creusions des tranchées et des
rigoles, armés seulement de pelles et de pics. La cavalerie
de Longstreet s'est jetée sur nous, brûlant nos chariots
et faisant exploser nos dépôts de munitions. Pour
échapper à cette menace, nos soldats se jetaient à la
rivière au risque de s'y noyer ou d'être emportés au loin.
Revenus de notre stupeur, nous avons néanmoins réussi
à nous reprendre en main et à contre-attaquer. Il n'y
eut pas de véritables gagnants de cette bataille. Que des
milliers de morts et de blessés!

À la suite de cette semi-défaite, nous avons perdu
presque un mois à nous réorganiser. Nous attendions
toujours les canons lourds réclamés de toute urgence
par McClellan, mais le ciel ne cessait de déverser sur nos
têtes giboulées, ondées et averses en tous genres. Dix
jours consécutifs de ce régime rendirent les routes imprati-
cables. Si nos chariots traînant les canons ne pouvaient
avancer dans ce bourbier, par contre, des divisions de
la Géorgie et des Carolines parvinrent à rejoindre les
rangs ennemis. Avec une armée presque aussi nombreuse que la nôtre, les sudistes sont passés à l'attaque
le 26 juin. Pendant sept jours, les combats firent rage.
Du matin au soir, sous un feu infernal, nous avons livré
bataille, ne cessant de tirer que pour charger à la baïonnette, sans un regard pour nos compagnons qui tombaient près de nous. Nous avons vécu sept longues
journées à avancer au pas de course, pliés en deux pour
éviter les balles, à reculer stratégiquement, à gagner du
terrain et à en perdre, surtout en perdre.

Oui, ma chère Agnes, il nous a fallu fuir, retraiter,
revenir dans la zone fortifiée de Newport News pour ne
pas périr écrasés sous l'ardeur des coups de l'adversaire.
Aujourd'hui, nous embarquerons sur les navires de
guerre, protégés par les canonnières fluviales, et nous
appareillerons pour Washington. Derrière nous, nous
abandonnons nos trop lourds et inutiles canons, ainsi

que de nombreux soldats morts ou tombés aux mains de l'ennemi. Que, dans son infinie bienveillance, Dieu accueille les premiers et veille sur le salut des seconds!

À bientôt,

Colonel prince Felix zu Salm-Salm

Jour de pluie à Karlsruhe

— Le vent de la victoire ne soufflait pas pour les nordistes, au début de la guerre! remarqua Louisa Runkel après la lecture de la lettre du prince.

Agnes Salm-Salm souleva légèrement le rideau de popeline. La pluie ruisselait encore contre les carreaux de la fenêtre. Un printemps triste et froid envahissait les rues de Karlsruhe, retardant l'apparition des fleurs dans les jardins, chassant les flâneurs des parcs, assombrissant le ciel et les âmes. Le soleil manquait cruellement à l'appel, cette année. La vieille princesse haussa les épaules avant de se retourner vers sa dame de compagnie.

— Ils ont malheureusement commis quelques erreurs de jugement, ne serait-ce que de faire fi de la détermination des sudistes et du talent de leurs généraux à établir des stratégies audacieuses. Stuart et ses cavaliers, par exemple, narguaient effrontément les unionistes en traversant leurs lignes, de part en part, pour aller détruire les centres de communications ou désorganiser les arrières. Rien ne l'arrêtait! Felix admirait sa bravoure et son intelligence du combat sur le terrain, mais il le jugeait tout de même un peu trop fantaisiste. Il n'empêche que son côté crâneur et excentrique plaisait énormément aux demoiselles, ajouta la princesse en ébauchant un sourire. Je n'ai jamais eu l'occasion de le rencontrer, mais j'ai beaucoup entendu parler de lui. Il est rapidement devenu une légende dans tout le pays.

Elle vint s'asseoir sur le canapé et reprit son tricot.

— Mais pour en revenir à ce texte, le portrait de cette bataille vous semble-t-il complet ?

— Assurément, quoique succinct. Mais j'imagine que le jour du départ des troupes, le prince ne bénéficiait que de peu de temps pour sa correspondance. De plus, il ne désirait probablement pas s'attarder sur les horreurs dont il avait été le témoin. Vous deviez vous considérer heureuse qu'il ait pris quelques minutes pour vous écrire ! Dans ces pages, il vous a fait un rapport très clair de la situation.

— Cette lettre n'est pas de lui. C'est-à-dire, pas tout à fait. En réalité, il m'écrivait tous les jours. De très courtes missives. J'ai réuni des détails glanés dans plusieurs d'entre elles, que j'ai formulés dans mes mots pour éviter les répétitions. Il ne me viendrait jamais à l'esprit d'envoyer à un journaliste des billets contenant des passages trop personnels et qui ne concernent nullement le propos visé. C'est de guerre que ce gratte-papier veut entendre parler, pas d'amour.

— Je me disais aussi que ce texte manquait de… chaleur ! Aucun mot doux ne laisse sous-entendre que ces tristes événements se sont produits avant votre mariage, à l'époque où il vous courtisait. Nulle trace du moindre élan du cœur n'y apparaît. Vous aviez déménagé à Washington, si j'en crois l'adresse de cette lettre. N'était-ce pas un peu risqué pour une jeune fille seule de venir s'y établir alors que la ville pouvait devenir à tout moment la cible de l'armée sudiste ?

Prise au dépourvu par cette remarque, la princesse fit semblant de compter ses mailles avant de répondre :

— Je ne suis pas allée vivre seule dans la capitale. Ma sœur et son mari m'y accompagnaient. Le régiment de mon beau-frère avait été muté à Washington. Je n'ai fait que les suivre. Évidemment, cela nous avantageait, le prince et moi, puisque je me rapprochais de lui. La conquête de mon cœur en a été facilitée. Je suis rapidement tombée sous l'emprise de son charme. Ce qui prouve que l'amour damera toujours le pion à la guerre. Malgré les atrocités qui se produisaient sur les champs de bataille à quelques kilomètres de nous, la vie se poursuivait, presque normalement, dans cette ville où présidait Abraham Lincoln. Durant toute la guerre, les théâtres, les restaurants et les salles de bal continuèrent leur train-train habituel, défiant la mort et nos adversaires. La folie de vivre et de montrer qu'on ne craignait pas nos ennemis s'était emparée des citadins.

Louisa Runkel secoua la tête, ne pouvant s'empêcher de trouver absurde le comportement des hommes en temps de guerre.

— Ce besoin de nier la réalité me surprendra toujours. Et que dire de cette vision enfantine de la guerre ! Comme si les soldats n'étaient que de simples chasseurs rabattant du gibier... comme si les cibles n'avaient rien d'humain ! J'ai vu trop de morts et de blessés au combat, trop de carnages sur les champs de bataille, pour approuver cette manière d'agir.

— Je vous comprends, mais, en même temps, j'excuse l'attitude des inconscients. Car voilà exactement ce qu'ils sont. Il est si aisé de monter la tête aux braves citoyens, de leur parler de patriotisme, de mentir sur les forces réelles de l'ennemi, de les persuader que tout sera terminé en peu de temps. Les gens ne demandent qu'à le croire jusqu'à ce que la réalité les frappe en plein front. Quand les journaux se mirent à publier les premières photographies prises sur le terrain, pendant ou après les combats, les gens ont ouvert les yeux. L'impensable leur apparaissait sans maquillage. Nos magnifiques soldats se transformaient en de jeunes hommes au corps démembré, couverts de sang, couchés sur la terre fouillée par les obus. On nous montrait des forêts décimées par les bombes, des villes et des villages dévastés, brûlés. Pourtant, ces images d'horreur semblaient pousser les civils à profiter davantage de la vie, à s'amuser pendant qu'il en était encore temps. Et je ne vous parle pas de tous ces exploiteurs qui espéraient s'enrichir aux dépens de l'armée ou se montrer importants d'une manière quelconque.

— Comme vendre de l'équipement de mauvaise qualité que les soldats auraient tôt fait d'user? J'ai déjà vu cela, ailleurs.

— Tout à fait! Des bottes aux semelles mal cousues jusqu'aux couvertures rongées par les mites, mais que l'on vendait quant même à prix fort. Ou encore, une cohorte de solliciteurs importuns frappaient quotidiennement à la porte du parlement pour faire part de l'idée géniale qu'ils avaient concoctée et qui devait régler le conflit à l'avantage des nordistes. Ils se prétendaient meilleurs stratèges que les généraux. Enfin, il s'agissait d'une époque difficile, aux lendemains incertains, que chacun vivait à sa manière, tentant de tirer son épingle du jeu.

Elle se tut, perdue dans ses souvenirs. Elle finit par dire doucement:

— Je vous remercie, Louisa, votre avis sur mes écrits m'est précieux. Il m'aide à clarifier mes pensées. Veuillez avoir l'obligeance de me laisser seule, maintenant. Je me sens lasse.

Fräulein Runkel obéit. Elle n'avait pas à discuter les ordres ni les désirs de la princesse. Elle salua d'une révérence et quitta le boudoir. Quand elle fut seule, Agnes considéra son tricot et sourit. Si, lorsqu'elle n'avait que seize ans, on lui avait prédit qu'un jour elle emploierait son temps à confectionner des chaussettes pour les pauvres orphelins, elle ne l'aurait pas cru. Les ouvrages de dame n'entraient pas dans ses priorités et encore moins dans ses inclinations naturelles. Dans sa jeunesse, elle ne rêvait que de grandeur et de renommée.

Du théâtre à la guerre

En quittant le cirque, elle avait couru au théâtre où un rôle l'attendait. Pendant deux semaines, elle joua la sorcière de Shakespeare en plein pays vaudou. Cela n'attira pas sur elle l'attention d'illustres metteurs en scène, mais lui permit de gagner sa vie. Son honnête prestation lui accorda le privilège de demeurer avec la troupe et d'obtenir régulièrement des rôles de second plan. Elle troqua ses haillons de jeteuse de mauvais sorts pour des robes de soubrette ou des tenues de paysanne. Elle sauta du répertoire classique à la comédie de caractère, sans oublier le vaudeville et le drame romantique. En observant ses compagnons de travail, elle apprit à étoffer sa voix et à maîtriser sa respiration. Son articulation s'améliora, donnant à l'interprétation de ses textes un ton plus naturel. Sa voix devint pénétrante et énergique. Delphine, sa comparse dans *Macbeth,* devenue son amie dans la vie, la conseilla sur l'art de se maquiller, de se coiffer, de draper les étoffes. Elle s'instruisait dans tous les domaines propres à la propulser sur le sentier de la gloire.

Fidèle à elle-même, Agnes trimait dur, mais le labeur ne l'effrayait pas, sa rude expérience du cirque l'y avait entraînée. Quel que fût le rôle qu'on lui confiât, elle tentait de s'en imprégner pleinement, répétant inlassablement, à la recherche d'une perfection impossible. Elle était bien décidée à imprimer sa marque dans le milieu et rêvait tous les soirs, au moment de monter sur les planches, d'être adulée par le public. À seize ans, on s'imagine si naïvement qu'il est aisé d'avoir le monde à ses pieds ! Elle s'était promis de ne pas imiter la défunte Marguerite de Lafite à qui elle succédait. Elle ne resterait pas une doublure inconnue toute sa vie.

Ainsi, de personnage en personnage, elle monta peu à peu dans la hiérarchie théâtrale pour accéder, occasionnellement, aux rôles de jeune première. Un soir, après la représentation dans laquelle elle interprétait Juliette, elle reçut un bouquet de roses rouges. Son premier ! Mue par la curiosité, Delphine, qui partageait sa loge, se précipita sur la carte accompagnant les fleurs.

— Mince alors ! Pierre-Gustave du Fossat ! Vous n'y allez pas avec le dos de la cuillère pour attribuer vos faveurs. Où avez-vous rencontré ce galant homme, petite cachottière ?

— Nulle part ! Qui est-ce ?

— Vous ne lisez donc jamais les journaux ? Tout le monde connaît le séduisant seigneur du Fossat, l'un des plus beaux fleurons de l'aristocratie de La Nouvelle-Orléans et l'héritier d'une immense plantation de canne à sucre. Autrement dit, votre admirateur est riche à craquer !

Mutine, elle poursuivit en lisant à voix haute le petit mot inscrit à la main sur la carte :

«Demoiselle Le Clercq, Fleur de beauté, permettez à un humble amateur de vos attraits de déposer ses hommages à vos pieds. Votre charme m'a piégé. De grâce, ne m'en délivrez pas. Acceptez plutôt de me recevoir sans plus tarder. Je ne survivrais pas à un refus de votre part. »

Agnes éclata de rire.

— Voyons ! Vous vous moquez de moi.

— Nenni, mon amie. Lisez par vous-même et vous verrez que je n'invente rien.

Delphine lui tendit le carton enluminé de dorures et vint fureter par-dessus l'épaule d'Agnes. Celle-ci fut plus impressionnée par le dessin des armoiries et les initiales entrelacées que par le contenu du texte.

— C'est un véritable noble ! Je ne peux pas le recevoir, ici, dans ce fouillis, et surtout pas dans cette tenue. Je suis à moitié déshabillée, j'ai les cheveux défaits et mon maquillage ne tient plus. Je suis horrible…

— Mais non, vous êtes parfaite. Un peu de poudre sur le nez et les joues…

— Je vais remettre la robe de Juliette.

— Pas du tout, s'insurgea Delphine. Passez plutôt mon peignoir en satin vert. On ne reçoit pas ses invités en costume de théâtre, ça ne se fait pas.

— Et en peignoir, alors, s'étonna Agnes, cela ne manquerait-il pas de savoir-vivre ?

— Au contraire, vous affichez ainsi le privilège des grandes comédiennes ! Laissez-moi remettre un peu d'ordre dans vos cheveux... Voilà ! Vous lui plairez, indubitablement.

Delphine ramassa quelques effets personnels et se dirigea vers la porte.

— Je fais introduire M. du Fossat dans vos appartements privés. Vous n'avez nul besoin de chaperon. Mais s'il y a un problème, criez ! Je ne serai pas loin.

Horriblement gênée, Agnes fixait son reflet dans le miroir. Ce premier hommage à ses prestations figurait pourtant parmi ses rêves les plus chers. Elle avait cent fois imaginé la scène, cent fois ressenti l'enivrement des paroles élogieuses chuchotées à son oreille. Mais à l'approche de ce moment tant attendu, elle paniquait, craignant les regards trop langoureux et les gestes trop familiers d'un flagorneur. Elle ferma les yeux et secoua la tête. Que se figurait-elle donc, encore ? Dans le cas présent, il n'était question que de simple galanterie de la part d'un homme du monde. Elle se pinça les joues pour en chasser la pâleur et se composa un sourire de circonstance, peut-être un peu trop condescendant, mais enfin... Qu'il vienne, ce du Fossat, elle l'attendait de pied ferme !

Beau parleur, agréable de sa personne, sûr de lui et du pouvoir de son argent, il se présenta en conquérant. Elle le reçut en grande dame, à peine hautaine, avec juste ce qu'il fallait d'affabilité pour qu'il l'invitât à souper sans qu'il fût pour autant persuadé qu'elle l'accompagnerait sous l'alcôve. Du moins, le croyait-elle !

Le lendemain soir, ils soupèrent Chez Antoine, le restaurant le plus couru de tout le gratin néo-orléanais. Elle eut droit au champagne, aux huîtres en casserole et à la mousse d'écrevisse, servis dans la plus typique ambiance créole. Il chercha à l'étourdir en l'inondant de ses richesses et d'alcool. Elle résista, pour la forme, promit peu et consentit à peine à un baiser… sur l'intérieur du poignet, lorsqu'il la reconduisit chez elle! Confiant de pouvoir obtenir davantage dans l'avenir, il réserva les prochaines soirées comme on s'inscrit pour une danse dans le carnet de bal d'une jeune fille.

Dans les semaines qui suivirent, l'insistance du sieur du Fossat la flatta et l'amusa. N'était-elle pas parvenue au sommet de la gloire? Toutes les petites attentions dont il l'entourait (cadeaux, repas fins, balades en calèche) lui montèrent finalement à la tête. Elle lui permit de plus en plus de familiarités. Des louanges aux caresses, le pas fut aisément franchi, sous les encouragements d'une Delphine à peine envieuse. Agnès devint une aventure supplémentaire au tableau de chasse du noble planteur.

Sa garde-robe ainsi que son coffre à bijoux se garnirent avantageusement. Au théâtre, sa renommée s'accrut. Elle obtenait les meilleurs rôles, du Fossat pourvoyant à la cassette de la troupe. Grâce à son amant, son incursion dans un milieu qui lui avait jusqu'à présent été interdit d'accès lui servit à se mettre en valeur. Elle ne manqua pas une occasion d'établir des contacts avec les gens de la haute société. Son aptitude naturelle à adopter les comportements et l'idiome des gens qui l'entouraient l'aida considérablement à se frayer un chemin dans le beau monde.

C'est à cette époque qu'elle commença à laisser courir la rumeur la plus abracadabrante sur son enfance. Elle se créa de toutes pièces une vie digne des meilleurs romans dramatiques. Fille illégitime d'un général français, elle aurait été adoptée toute jeune par la femme d'un ambassadeur américain en poste en France. Après le décès de sa mère adoptive, mise à la porte par le mari de celle-ci, la pauvre Agnès aurait dû, pour subvenir à ses besoins, se tourner vers le théâtre... Cette émouvante histoire lui attirait la sympathie autant des dames que de leur époux, tous voyant en elle une victime du destin !

Elle noua ainsi des amitiés avec les épouses de grands propriétaires terriens et celles de politiciens. Elle courtisa, professionnellement, les critiques de théâtre, les auteurs dramatiques et les artistes les plus célèbres. Bref, elle était entrée de plain-pied dans la vie mondaine et entendait y demeurer.

Si elle avait ressenti l'éblouissement d'être désirée par Pierre-Gustave, elle ne fut à aucun moment happée par les crocs de l'amour. Aussi, un soir, au cours d'un bal masqué, elle remarqua les galantes attentions de du Fossat pour une autre comédienne, la jolie demoiselle Pretty Baille. Elle décida aussitôt qu'il était temps de mettre fin à leur relation avant de devenir la risée du milieu. Il était hors de question qu'elle permit à son amant de la laisser tomber comme une vieille chaussette ou, pire, de la ridiculiser publiquement. Elle prit les devants et invita son incorrigible séducteur à déjeuner au Café du Monde.

De la vitrine, on pouvait observer les steamers remontant le Mississipi. Affectant la mélancolie, elle grignotait distraitement son beignet au maïs, poussant un soupir à l'occasion. Du Fossat feignit d'abord de ne pas voir son vague à l'âme, puis il tenta de se montrer spirituel pour la dérider, mais sans succès. Quand elle sentit l'irritation monter chez son partenaire, elle passa à l'attaque.

— Pierre-Gustave, je me dois de vous parler. Il serait malhonnête de ma part de garder cela pour moi.

L'agacement du jeune homme se mua en inquiétude soupçonneuse, voire colérique.

— Vous avez un amant !

Elle eut, un court instant, l'envie de lui lancer le contenu de son verre à la figure. Cette vanité masculine qui refusait de partager même l'objet qu'il ne désirait plus l'irrita. Il oubliait trop facilement qui était le cœur volage.

Elle contint son courroux et répliqua avec des trémolos dans la voix :

— Oh! Comment osez-vous me croire capable d'une telle infamie? Je place la fidélité au-dessus de toutes les valeurs. Comme vous, n'est-ce pas?

Il s'agita sur son siège, mal à l'aise. Elle sut à cet instant qu'il avait déjà sauté la clôture avec sa rivale et qu'il était grandement temps qu'elle agît avant que cette aventure ne devînt notoire. Elle ignora le pincement à son orgueil que cette révélation produisit, et poursuivit :

— L'amour absolu que vous me portez depuis notre première rencontre, les gestes attentionnés que vous me prodiguez continuellement, les paroles enflammées dont vous me couvrez me troublent profondément. Je me questionne sur notre avenir.

— Est-ce vraiment nécessaire? Enfin, nous sommes encore jeunes... et impulsifs. Ne vaudrait-il pas mieux prendre un peu de recul. Enfin, il serait malsain de précipiter...

De le voir se démener comme un diable dans l'eau bénite réjouissait Agnes. Elle le laissa discourir, s'embourber, s'expliquer nébuleusement et s'épuiser à mentir. Non, à vrai dire, il n'aurait jamais le courage de lui avouer clairement qu'il n'était plus épris d'elle.

— Mon cher, mon très cher Pierre-Gustave, comprenez-moi bien. Je ne cherche pas à vous garder captif dans les mailles de soie du filet de notre égoïste exaltation. Je crains de nous brûler à la flamme dévorante de notre amour réciproque, de nous meurtrir sous la violence de nos sentiments mutuels, bref, que l'inconscience de notre passion nous détruise l'un l'autre.

Il demeura bouche bée un instant, incertain sur le dénouement de cette conversation. Elle le plaignit pour sa sottise à ne pas sauter sur l'occasion. Elle devrait vraisemblablement tout diriger jusqu'à la fin.

— Si vous avez pour moi toute l'affection que je crois, vous ne laisserez pas les chaînes de notre enivrement nous blesser inconsidérément. Il nous faut mettre un terme à cette relation éperdue qui nous dévore et qui assombrit notre vie.

Ébranlé par ce discours qu'il jugeait pour le moins incohérent, mais qui répondait si justement à son vœu secret, il bafouilla :

— Vous… vous croyez qu'il serait plus sage de… se quitter ?

— Tout à fait ! Je n'entrevois aucune autre solution à notre situation. Il ne faut pas tenter le sort et courir à notre perte, nous en sortirions anéantis et malheureux. Je ne doute pas que vous ayez la force de caractère et, surtout, que vous trouviez l'épaule compatissante sur laquelle vous appuyer pour affronter cette épreuve. Quant à moi, je m'en remettrai, n'ayez crainte ! Je n'en suis pas à ma première rupture. Si je puis me permettre une suggestion, la vie est plus agréable lorsque l'on accepte de quitter la scène à la fin de la pièce. Adieu, mon ami.

Elle lui tendit la main avec l'espoir qu'ils se comprissent à demi-mot. Il saisit doucement ses doigts, mais resta un long moment à la regarder dans les yeux. Il sourit enfin, hocha la tête et lui baisa la main avec une délicatesse extrême. Avant de se lever, il ne passa qu'un commentaire :

— Chère Agnes, vous avez raison. La représentation est terminée. Séparons-nous avant d'être conspués par Cupidon !

Ils demeurèrent bons amis, fréquentant les mêmes bals et soirées mondaines où ils se saluaient avec une politesse empreinte d'affection. Par la suite, elle accorda ses faveurs plus parcimonieusement, son auréole d'actrice suffisant à lui ouvrir les portes de l'aristocratie néo-orléanaise. Mais, pour éphémère que soit la gloire théâtrale et âpre la lutte pour les premiers rôles, vint un jour où Agnes sentit qu'à

La Nouvelle-Orléans elle avait atteint un point de saturation. Il lui fallait se tourner vers de nouveaux horizons.

Avec Delphine, Agnes se fit engager dans une troupe qui partait en tournée vers les grandes villes de l'est du pays : New York, Boston, Philadelphie, Baltimore, Washington et Charleston. Elle reprit alors sa vie de nomade. Les roulottes bringuebalantes du cirque furent avantageusement remplacées par des wagons de train plus rapides et des chambres d'hôtel au confort acceptable. Au Burton's Theatre, elle joua des comédies. Au Metropolitan Theatre, elle donna le meilleur d'elle-même dans des tragédies. Elle fut applaudie au Walnut Street Theatre et au Howard Atheneum dans des drames romantiques. Tous les matins, elle feuilletait les journaux à la recherche d'un article élogieux qu'elle se hâtait de découper pour le conserver. Par contre, les critiques acerbes se retrouvaient au panier, chiffonnées dans un geste rageur.

Au Charleston New Theatre, Agnes connut son plus grand succès en incarnant l'étrange folie d'Ophélie du classique *Hamlet*. Les chants de cette pièce mettaient en valeur sa voix grave et caressante de contralto. Elle se permit même quelques pas de danse langoureux, ce qui inspira à Delphine une idée. Durant les entractes, comme le voulait une coutume américaine, un orchestre divertissait les spectateurs. Un soir, alors que la troupe en était à sa dernière représentation à Charleston, Delphine demanda aux musiciens d'interpréter un flamenco qu'Agnes exécuterait après le spectacle. Au rythme de ses castagnettes et de ses claquements de talons, elle chanta un des airs préférés de sa mère tout en balançant des hanches et en tourbillonnant. Le public, conquis par sa performance entraînante, lui donna une chaude ovation. Cela lui valut de se faire remarquer par le comte de Reverte.

Cet aristocrate cubain lui offrit le traditionnel bouquet de fleurs, la louangea sur la diversité de ses talents et l'invita au restaurant. Ce qui le démarqua des autres admirateurs d'Agnes fut la proposition étonnante qu'il lui fit de but en blanc dès le début du repas.

— Pardonnez mon impulsivité, mais je vous emmène avec moi à Cuba, annonça-t-il sans autre préambule.

Agnes haussa un sourcil amusé. Elle détailla l'homme avec plus d'attention. Un soupçon de gris sur les tempes lui donnait pourtant un air sérieux. Sa moustache qu'il frisait avec soin dénotait une distinction certaine. Ses habits de la meilleure coupe et de lainage fin, sa chemise de soie et sa canne à pommeau doré laissaient présager un personnage qui pouvait satisfaire toutes ses fantaisies.

— Et en quel honneur désirez-vous m'entraîner aussi loin, monsieur le comte? Nous nous connaissons à peine et déjà vous souhaitez m'enlever! Ne serait-ce pas un peu précipité? N'aurais-je pas le privilège de jouir du manège sophistiqué de la séduction et du langage coquet qu'exigent les règles de l'art du marivaudage avant de succomber à votre charme?

— Malheureusement non et j'en suis fort contrit. Cela aurait été un réel plaisir de s'adonner à ce jeu galant avec une aussi aimable personne que vous-même. Mais le temps m'est compté et bouscule les préparatifs bienséants auxquels vous seriez en droit de vous attendre de la part d'un gentilhomme. En effet, mon navire quitte le port cette nuit, à deux heures du matin, plus précisément.

— Quel dommage! Notre relation aura été aussi courte que la vie d'un éphémère.

— J'espère bien qu'il n'en sera pas ainsi. Il me reste une heure ou deux pour vous convaincre de m'accompagner. Ce qui me semble largement suffisant.

Il s'employa alors à lui prouver le bien-fondé de sa requête. Il n'abusa pas du pouvoir de fascination que lui conféraient son argent et son titre. Il ne tenta pas de l'éblouir par son faste ni de lui brouiller les esprits par un surplus de champagne. Il se contenta d'exposer clairement, mais passionnément, le motif de sa démarche. Grand amateur de théâtre et des arts en général, il parcourait le globe à la découverte d'acteurs brillants, désireux de jouer dans son pays. Il lui montra un contrat alléchant et avantageux pour la jeune comédienne, sur lequel il ne restait qu'à apposer signature et paraphe. Le salaire d'Agnes, qui se situait habituellement aux alentours de cent cinquante dollars par semaine, triplerait automatiquement. Pendant six mois, elle ne tiendrait que des rôles de jeune première parmi le vaste répertoire classique et moderne. Elle serait logée et nourrie aux frais du comte. En contrepartie, il deviendrait son agent artistique et aurait droit à dix pour cent des recettes.

Elle n'hésita pas longtemps et ne posa qu'une seule condition : conserver un droit de regard sur les rôles qu'on lui proposerait. Le comte accepta de bonne grâce.

— Je vous attendrai sur le pont du bateau à vapeur *Isabel*, à une heure trente précise du matin. Mon cocher va vous reconduire à votre hôtel et vous déposera au port dès que vous serez prête.

Durant l'heure qui suivit, Agnes eut l'impression de vivre dans un tourbillon. Tout en enfournant pêle-mêle ses effets personnels dans ses malles, elle tentait de persuader Delphine qu'elle avait raison de se lancer dans une telle entreprise.

— Trois fois mon salaire hebdomadaire ! N'est-ce pas extraordinaire ?

— Un peu trop, justement. Cela me semble louche.

— S'il n'y avait pas ce contrat, je me méfierais. Mais je l'ai bien lu. Il est tout ce qu'il y a de plus légal.

— Aux États-Unis, oui, mais à Cuba, vous serez bien loin pour faire respecter vos droits. Que vaut ce papier là-bas ?

— Autant qu'ici ! Nombre d'Américains y possèdent des plantations de canne à sucre ou de tabac et, que je sache, nul d'entre eux ne se plaint d'exaction ou de malversation. De plus, l'annexion de Cuba aux États-Unis n'est qu'une question de temps. C'est écrit dans tous les journaux.

— Vous m'en direz tant !

— Mais qu'est-ce qui vous embête à ce point dans cette équipée ? Nous avons joué ce soir notre dernière représentation à Charleston. La prochaine ne doit avoir lieu que dans une semaine à Baltimore. D'ici là, le directeur de la troupe m'aura facilement remplacée. Un des privilèges de notre engagement avec lui consiste justement dans la possibilité de quitter la troupe entre deux séries de spectacles. Allez, réjouissez-vous avec moi ! La Havane et ses palmiers dorés m'attendent ! Vous ne comprenez donc pas mon désir de voir le monde, de visiter des contrées éloignées, de découvrir d'autres pays, d'autres visages ! Ce n'est pas tous les jours qu'une occasion pareille se présente.

Agnes prit les mains de Delphine dans les siennes et se fit suppliante :

— Je vous en prie, souhaitez-moi bonne chance ! Vous êtes si sage et moi, si impulsive. J'ai besoin de votre encouragement, mieux, de votre bénédiction. Vous êtes ma seule amie, ne nous quittons pas sur un désaccord.

Les défenses de Delphine tombèrent devant cette attitude aussi candide. Au fond, elle lui enviait sa spontanéité et son audace.

— Eh bien, soit ! Vive l'aventure ! Mais écrivez-moi souvent, sinon je mourrai d'inquiétude à votre sujet.

Delphine accompagna son amie jusqu'au port où, après de tendres effusions, elle vit Agnes quitter le pays à bord de l'*Isabel*. À coups de petites escales, dont une à Savannah et une autre à Key West, le voyage dura cinq jours, dans d'excellentes conditions météorologiques. Lorsque le bateau longea les côtes de Cuba, la jeune voyageuse admira à la lorgnette la végétation enchanteresse de l'île. Les palmiers, les manguiers, les bananiers et les lauriers-roses disputaient l'admiration aux récifs de corail et aux plages de sable blanc.

À la douane, on lui délivra, moyennant deux dollars, un permis de séjour dans la colonie espagnole. Munie de ce précieux document, elle pouvait enfin pénétrer dans la ville qui lui servirait de patrie pour les mois à venir. Le comte loua un *quitrín*, un curieux cabriolet à deux roues typique du pays, et fit parader sa jeune actrice dans les rues, prenant bien soin de la présenter aux personnes respectables qu'il croisait. Il amorçait ainsi sa campagne de publicité. Le soir même, la comédienne rencontrait ses compagnons de travail et s'attelait à la tâche.

Quelques jours plus tard, Agnes monta sur les planches du Gran Teatro Tacon, le plus beau théâtre de La Havane avec ses nombreuses arcades et ses colonnades, sa salle de spectacle en forme de fer à cheval, ses lustres en verre taillé, ses six cents places au parterre et ses balcons divisés en loges grillagées pour dissimuler le visage des dames. Elle débuta sa tournée par une adaptation anglaise d'*Adrienne Lecouvreur* qui plut énormément au public et à un certain journaliste qui écrivit sur Agnes : « À qui ne l'a vue, les louanges de ses admirateurs paraissent hyperboliques. Alors que ceux qui l'ont vue sont persuadés que les mots sont inadéquats pour la louer comme elle mérite de l'être. »

Pendant plus d'une semaine, elle se délecta des articles de plus en plus dithyrambiques que ce M. Cabrera Ramirez rédigeait sur son compte. Ces éloges touchèrent Agnes à tel point qu'elle crut avoir enfin atteint la gloire tant recherchée par les artistes et que Cuba allait lui servir de tremplin pour la conquête du monde.

Le samedi suivant, le comte de Reverte l'invita à une soirée dansante où tout le gratin de Cuba était attendu. Vêtue d'une robe rose cendré qui dénudait largement ses épaules et mettait sa taille en valeur, le cou paré d'un collier de perles nacrées, elle fit une entrée remarquée dans le grand salon de la demeure coloniale du comte. Si le regard des hommes ne démentait pas leur ravissement, celui des dames cachait mal une pointe d'envie, voire de jalousie, pour certaines d'entre elles du moins. Au cours de la soirée, la comtesse Mary de Reverte, une Irlandaise aux yeux bleus et aux cheveux roux, ne manqua pas de lui montrer par mille petits détails qu'elle désapprouvait sa venue. Elle décriait à mots à peine couverts les sommes folles engagées par son époux pour promouvoir un art qui ouvrait la porte aux penchants libertins en proposant des spectacles offensant les bonnes mœurs.

Cette critique visait directement *Adrienne Lecouvreur*, pièce française racontant l'histoire d'une femme trompée et assassinée par son amant. Agnes reconnut dans ces paroles la manière de penser de son père et éprouva une antipathie naturelle pour l'Irlandaise aux idées trop puritaines à ses yeux. Elle la jaugea de la tête aux pieds et lui trouva tous les défauts possibles. Le jaune orangé de la robe de la comtesse accentuait maladroitement le ton carotte de sa chevelure. Le flot de ses bijoux l'écrasait. Sa voix cassante irritait les oreilles. Et, finalement, ses propos venimeux la transformaient en duègne acariâtre. Agnes plaignit le comte de vivre avec cette femme qui lui semblait si mal assortie. Elle garda toutefois ses impressions pour elle-même et continua de sourire aimablement à la comtesse jusqu'à ce que celle-ci dît :

— Quand je pense à la somme rondelette que mon pauvre époux est obligé d'octroyer à M. Ramirez pour qu'il embellisse ses articles sur les tournées qu'il organise, je me demande bien pourquoi il se donne tant de mal ? Après tout, si ces représentations avaient autant de valeur artistique qu'on l'écrit dans le journal, quel besoin serait-il de payer pour les vanter ?

Agnes en eut le souffle coupé. Elle sentit son sang se figer dans ses veines, avant de soudainement affluer à ses joues. Elle sourit néanmoins de plus belle et rétorqua :

— Voilà à quoi l'on reconnaît un bon promoteur ! Votre époux m'apparaît le meilleur d'entre tous. Il ne laisse aucun détail au hasard pour atteindre les objectifs qu'il s'est fixés. Mais, évidemment, l'art n'est pas à la portée de tout le monde. Certains ne réussissent jamais à le comprendre et c'est extrêmement dommage pour eux, car ils en tireraient sûrement de grands bénéfices.

Cette conversation fut le point de départ d'une petite guérilla entre les deux femmes. En contrepartie, de découvrir le pot aux roses provoqua une brutale dégringolade du narcissisme d'Agnes. En ouvrant les yeux à cette décevante réalité, elle retomba sur terre et se moqua d'elle-même, plus durement que quiconque n'aurait pu le faire. Elle devait se rendre à l'évidence, jamais le monde ne se prosternerait devant elle, charmé par son talent de comédienne ! Elle cessa dès le lendemain de lire les critiques et brûla celles qu'elle avait découpées jusque-là. Elle se consola en se convainquant que cette pratique promotionnelle, somme toute courante dans l'île, permettait de faire grimper de façon marquée la vente des billets et de garder l'affiche plus longtemps.

Néanmoins, elle dut avouer que le comte respectait scrupuleusement ses engagements. Durant six mois, Agnes donna de trois à cinq représentations par semaine, d'abord dans la capitale, puis dans les villes de Pinar del Rio, de Matanzas, de Santa Clara, de Santagio de Cuba et même sur l'île des Pins. Il payait bien, lui accordant des gratifications lorsque les recettes se révélaient particulièrement élevées. Il lui louait les meilleures chambres dans les hôtels ou la logeait chez des familles riches. Il l'honorait de petits cadeaux, mais ne l'invitait que rarement à souper dans sa vaste demeure coloniale, sa femme réservant un accueil des plus froids à l'actrice. La comtesse s'imaginait à tort que son mari la trompait avec la jeune comédienne. Agnes se fit un point d'honneur de ne pas lui prouver le contraire, même si, en réalité, le comte ne lui avait jamais fait la moindre proposition.

Un jour, il emmena Agnes visiter la fabrique de cigares dont il était le propriétaire. Ce qui la frappa au premier abord fut la chaleur suffocante dans laquelle les ouvriers devaient travailler. Malgré cette atmosphère presque irrespirable, elle se mit peu à peu à distinguer diverses fragances fruitées ou épicées provenant de ce fumet très particulier du tabac qui fermente. Elle observa le doigté des hommes et des femmes qui taillaient les feuilles de tabac avec une lame circulaire, et les roulaient d'un geste souple et gracieux. Le comte de Reverte la dirigea ensuite vers une estrade où un jeune homme lisait à voix haute pour ses camarades de travail.

— Vous faites la lecture à vos employés? s'étonna-t-elle.

Le comte sourit avec une fierté évidente.

— Il s'agit d'une petite idée à moi. Ces pauvres gens n'ont pas les moyens de s'instruire et de goûter à la culture. Alors, je leur apporte cette dimension essentielle à la vie de tous. Étonnamment, depuis qu'ils écoutent les œuvres de nos plus grands écrivains, ils montrent plus de zèle et s'absentent moins souvent. La raison en est fort simple : ils veulent tous connaître la suite de l'histoire.

— Vous les attirez avec du miel à ce que je constate, mais en sont-ils plus heureux?

— Je le crois sincèrement. Le bonheur ne découle-t-il pas de l'élévation de l'âme et du cœur, ce que seuls les arts peuvent apporter?

— Vous êtes le philanthrope le plus original que j'aie rencontré de toute ma vie, monsieur le comte.

— Au contraire, je suis plutôt égoïste. Ce que j'entreprends ne vise qu'à satisfaire mes désirs. Je ne travaille que pour mon bonheur et si cela rapporte quelque chose à autrui, eh bien! je ne suis pas contre. Pour vous démontrer à quel point je ne pense qu'à moi, je n'hésite pas à vous demander une faveur. Auriez-vous l'obligeance de monter sur l'estrade et de déclamer quelques vers pour mon béné-fice? J'ose même solliciter davantage. Mon jeune lecteur joue aussi de la guitare. Il pourrait vous accompagner dans un flamenco dont vous seule avez le secret.

— Cette représentation privée aurait-elle été organisée à mon insu?

— Oh... à peine! souffla-t-il en lui glissant à la main des castagnettes qu'il avait prévues pour l'occasion.

— Eh bien, soit! Va pour la tirade et pour les vire-voltes!

Le lecteur s'était tu depuis un moment. Les yeux des employés étaient rivés sur Agnes. Le comte la présenta et elle grimpa sur l'estrade d'un pas alerte. Sur le lutrin, un poème en espagnol, dont le nom de l'auteur n'était pas men-tionné, l'attendait. Ayant renoué depuis peu avec cette langue, Agnes lut avec beaucoup d'attention cet hymne à la nature, prenant soin d'articuler clairement même si le sens de certains mots lui restait caché. Par la suite, elle exécuta avec une aisance naturelle la danse préférée de sa mère. Les ouvriers tapaient des pieds et des mains pour l'accompagner. Elle eut droit à une ovation monstre et dut danser une seconde fois pour contenter son public.

En la raccompagnant chez elle, le comte la remercia avec emphase et lui offrit le texte qu'elle avait lu.

— Mon humble contribution au domaine des arts! Pardonnez l'arrogance d'un amateur, mais parfois il m'arrive de me laisser aller à gratter le papier...

— Ces vers sont de vous! J'ai apprécié les réciter, mais si j'avais su que vous en étiez l'auteur, j'y aurais mis plus de cœur.

— Merci pour l'honneur dont vous m'avez comblé! Vous étiez parfaite et votre maîtrise de l'espagnol me sur-prend. Vous apprenez les subtilités de ma langue à une vitesse surprenante. Mais permettez-moi d'abuser, une fois de plus, du privilège de me croire de vos amis.

— N'ayez crainte d'abuser, je suis tout particulièrement honorée de compter sur votre amitié. Mon assentiment vous est déjà acquis.

— N'y voyez aucune intention de vous séduire, mais, néanmoins, vous me combleriez de joie si vous acceptiez de m'accompagner à une réception qui importe beaucoup pour moi et qui aurait l'avantage non négligeable de vous permettre d'y faire des rencontres intéressantes pour votre avenir.

— Vous m'intriguez! Chez qui irons-nous?

— Permettez-moi de vous en faire la surprise. Je vous préviens toutefois que nous serons absents au moins deux jours. Apportez des tenues de jour et de soirée. Je passerai vous prendre tôt demain matin.

Le lendemain, lorsque Agnes descendit du cabriolet, elle ne regrettait nullement son petit voyage matinal. Après avoir traversé La Havane, ils avaient atteint le village de Miramar, une merveilleuse oasis de verdure et d'opulence. Leur voiture avait parcouru des allées ombragées, bordées de luxueux hôtels privés, avant de s'arrêter devant une somptueuse demeure de style mi-baroque, mi-créole, en crépi blanc et agrémentée de détails peints en rouge vif.

Appuyée au bras du comte, elle se laissa guider au jardin où une longue table était dressée sous les magnolias. Des esclaves revêtus de blanc assuraient le service des nombreux invités qui déambulaient entre les arbustes fleuris. Reverte se promena de groupe en groupe pour présenter sa protégée à un duc français ou à un baron allemand, à de riches propriétaires de plantations de tabac, de café ou de canne à sucre, à des généraux ou des colonels cubains. Agnes tentait vainement de retenir tous les noms de ces personnages importants ainsi que ceux de leurs épouses, mais sa mémoire était mise à rude épreuve à force de saluer de nouveaux visages à gauche et à droite.

Une heure plus tard, Reverte, engagé dans une discussion animée avec un politicien, abandonna Agnes aux bons soins d'un Américain d'une vingtaine d'années dont elle ne savait ni le nom ni la profession. Grand, mince, les épaules carrées, il donnait l'impression d'exceller à tous les sports. Le jeune homme la louangea avec fougue pour ses prestations et souhaita avoir le plaisir de la revoir bientôt sur scène aux États-Unis. Amateur de théâtre, il avoua qu'il l'avait déjà remarquée lors de son passage au Metropolitan Theatre de New York et qu'il avait encouragé ses journalistes à faire son éloge.

— Vos journalistes? Seriez-vous rédacteur en chef d'un journal?

— Pas exactement, je ne suis que le fils du propriétaire. Le *New York Herald* appartient à mon père, tout comme cette petite villa, d'ailleurs. Je me présente, James Bennett. Que diriez-vous d'une promenade le long de la rivière Almendares? J'ai une confortable calèche dans laquelle vous ne serez pas incommodée par les nids-de-poule de la route.

— Je vous remercie de vous inquiéter de mon bien-être. Pourtant, savez-vous ce qui me plairait vraiment? Une bonne cavalcade. Il y a longtemps que je ne suis montée à cheval et cela me manque.

James Bennett trouva l'idée excellente et tout à fait conforme à ses goûts. Parmi toutes les bêtes qui constituaient son écurie, il la laissa choisir elle-même sa monture, un fringant pur-sang noir. Elle le monta en amazone et retrouva aussitôt l'excitation qu'elle ressentait au cirque. Bennett s'aperçut rapidement qu'elle n'avait rien d'une néophyte et ne lui fit pas l'insulte de ne chevaucher qu'au petit trot de peur qu'elle se blesse. Il l'entraîna à vive allure dans les sentiers traversant une pinède, coursa dans un champ où broutaient quelques vaches et la guida jusqu'au bord de la mer.

Sur la plage de sable blanc, ils mirent pied à terre et causèrent longuement. Elle découvrit en lui un homme instruit, épris de sport et de nature, qui se passionnait autant pour les chevaux que pour la navigation de plaisance. Elle le trouva intéressant. Il éprouva de l'attirance pour cette comédienne qui montait en écuyère aguerrie. Il ne tarda pas à la courtiser. Lorsqu'ils revinrent chez lui, il prétendait être totalement ébloui par le charme d'Agnes. De son côté, si elle lui accordait bien des mérites, elle se méfiait néanmoins des belles paroles du jeune homme. Elle n'ignorait pas que les fils des gens fortunés épousent rarement les petites actrices dont les mœurs s'accordent si peu avec celles du grand monde.

Pour le souper, elle revêtit une robe noire en taffetas moiré en espérant que cela la vieillirait un peu et lui donnerait une allure plus empreinte de dignité. Le comte approuva son choix et lui expliqua avant d'entrer dans la salle de réception que tous les invités étaient réunis pour fêter l'anniversaire de naissance de Mme Bennett, dont l'époux, Gordon Bennett, comptait parmi ses bons amis.

— Dans ce cas, s'étonna Agnes, n'aurait-il pas été préférable que ce soit votre femme plutôt que moi qui vous accompagne?

— Probablement, mais... il existe un certain froid entre ma femme et Mme Bennett. Cependant, que cette situation ne vous mette pas mal à l'aise, les Bennett désiraient vivement vous connaître. Ils vous ont appréciée dans plusieurs de vos rôles et se font une joie de vous recevoir.

La soirée se déroula selon un canevas bien orchestré où rien n'était laissé au hasard. Obéissant à un protocole dont Agnes ignorait bien des détails, les invités avaient leur place assignée. Elle se retrouva assise devant Mme Bennett, une dame charmante, extrêmement distinguée, qui avait acquis les manières des ladies européennes lors de ses nombreux voyages à l'étranger. Sans le laisser paraître ouvertement, elle guida sa jeune invitée, d'un regard appuyé, d'un imperceptible mouvement des doigts et de sourires gracieux, dans le choix de la bonne fourchette ou dans l'art de déplier sa serviette. Agnes lui fut reconnaissante de la délicatesse dont elle usa.

Au repas, composé d'innombrables services, succéda une série de petits divertissements. De jeunes enfants interprétèrent des saynètes, une cantatrice donna un aperçu des meilleurs opéras, un prestidigitateur exécuta quelques tours d'adresse, et l'on dansa jusque tard dans la nuit. La veillée se termina par un feu d'artifice qui émerveilla tous les invités. Agnes, épuisée de bonheur, étourdie par le luxe et la prodigalité dont elle était entourée, regagna la chambre que l'on avait mise à sa disposition dans le petit pavillon au fond du parc. James Bennett n'avait pas été le seul galant homme à lui témoigner de l'intérêt. Elle avait tournoyé dans les bras de plusieurs cavaliers, discuté au jardin avec des amateurs de théâtre, et surtout de comédiennes, et fait plus ample connaissance avec ses hôtes. Mme Bennett s'était montrée particulièrement aimable et désireuse de satisfaire les désirs de son invitée.

Agnes flottait dans un état second, consciente que ce monde n'avait rien en commun avec celui d'où elle était issue et néanmoins s'y sentant comme chez elle. Que n'aurait-elle donné pour posséder une maison comme celle-ci!

Une esclave l'aida à se déshabiller et prépara son lit. Elle quitta la chambre en laissant, en guise de veilleuse, une lampe à huile allumée sur la table de chevet. Agnes ne tarda pas à fermer les yeux, bercée par les effets du champagne et le refrain de la dernière valse. Lorsqu'elle se réveilla, il faisait encore nuit. Le sommeil l'avait brusquement abandonnée. Tout à fait incapable de se rendormir, elle guetta les bruits ambiants, mais n'entendit aucun son inquiétant, aucun jappement de chien qui aurait pu l'avoir tirée des bras de Morphée. Elle soupira, tourna dans son lit, cherchant la meilleure position pour retrouver ses rêves. Elle alla même jusqu'à compter bêtement des moutons, mais rien n'y fit.

En désespoir de cause, elle se leva et arpenta sa chambre. De la fenêtre, elle apercevait le jardin désert qui lui sembla lugubre à cette heure tardive. Une chevêchette hulula dans les bois. Elle revint finalement vers son lit où elle s'installa pour lire. Elle fit monter la flamme de la lampe et se concentra sur le texte du prochain rôle qu'elle devait interpréter, celui de Marguerite dans *Faust*.

Entièrement absorbée par l'étude de ce drame, elle répétait tout bas les répliques en cherchant le ton juste, elle ébauchait des gestes et des poses aptes à communiquer l'intensité des émotions. Elle n'entendit pas tout de suite les craquements du plancher dans la pièce voisine ni les murmures rauques. Lorsqu'elle s'en aperçut, elle crut d'abord que le comte, qui occupait cette chambre, parlait en dormant. Soudain, elle perçut distinctement deux voix. Deux voix d'hommes. Le ton monta. Une sourde colère vibrait dans la conversation dont Agnes ne saisissait pas les mots. Par réflexe, elle souffla sa lampe et évita de faire le moindre bruit. Elle ignorait avec qui le comte discutait, mais se doutait qu'il n'apprécierait nullement le faire devant témoin. Au bout d'un long moment, le calme revint subitement.

Durant longtemps, la jeune femme demeura immobile, l'oreille tendue pour écouter les chuchotements et les plaintes. Il lui fallut du temps pour se rendre à l'évidence, pour accepter l'inadmissible. Elle n'y crut qu'au moment où le comte et son invité sortirent du pavillon et qu'elle les vit s'enlacer dans un baiser passionné à quelques pas de sa fenêtre. Totalement chamboulée, elle ne parvenait pas à détourner son regard, essayant de comprendre ce qui pouvait pousser deux hommes à s'unir de manière aussi peu conforme aux bonnes mœurs. Elle savait que ce genre de comportement existait, mais pour la première fois de sa vie, elle s'y trouvait confrontée et devait juger. Elle respectait le comte et l'admirait pour sa générosité, sa gentillesse et son ouverture face aux arts. Cependant, certaines réminiscences de son éducation presbytérienne remontaient à la surface. Elle se remémorait les sermons du pasteur sur les agissements contre nature pouvant offenser le Seigneur, elle se rappelait les allusions dégoûtées que les dévots se passaient entre eux à mi-voix.

Elle baissa brusquement la tête. Qui était-elle pour lancer la pierre à cet homme, pour s'arroger le pouvoir de critiquer sa conduite ? La sienne n'était pas particulièrement exempte d'inconvenances. Elle avait connu plus d'un amant dont elle s'était servie pour dorer son étoile ou pour assouvir son besoin de se sentir admirer. Aujourd'hui même, n'avait-elle pas cherché à séduire des hommes qu'elle connaissait à peine, uniquement parce qu'ils étaient fortunés ? En toute franchise, elle devait avouer que, depuis qu'elle montait sur les planches, elle avait beaucoup reçu, mais peu donné en échange. Elle courait après la gloire et la richesse, ne se souciant guère des conséquences de son comportement sur autrui ou sur sa propre estime d'elle-même. Le jour n'était-il pas venu de rendre la monnaie ou, du moins, de s'assagir un peu ?

Elle fixa de nouveau le couple et reconnut le jeune lecteur de la fabrique de cigares. Le comte lui glissa la main dans les cheveux, lui susurra quelques mots à l'oreille et lui fit signe de quitter les lieux. L'ouvrier s'éloigna, se retourna, souffla un baiser et partit enfin. Le comte attendit que le jeune homme fût bien sorti du domaine avant de rentrer dans le pavillon. Il fit une pause devant la porte d'Agnes, vérifiant probablement si elle dormait, et retourna enfin dans sa chambre.

Par la suite, Agnes ne lui fit jamais aucun commentaire. Elle garda précieusement enfoui au fond de son âme le secret qu'elle avait découvert par hasard. Elle accepta toutes les invitations du comte, prenant plaisir à se promener à son bras, tout en sachant que cela n'irait jamais plus loin et qu'elle faisait partie d'une supercherie laissant croire qu'il aimait les jolies filles. Il se montrait avec elle d'une politesse et d'une prévenance qui, au fond, enchantaient la jeune comédienne. Avec lui, elle n'avait pas constamment à se tenir sur ses gardes, elle pouvait le considérer en ami sans craindre d'avoir à payer de son corps en retour. À ses côtés, elle courut les bals, visita l'île, se fit connaître du beau monde et acquit une renommée artistique de plus en plus réelle. Elle prenait conscience qu'elle se devait d'agir avec plus de pondération si elle désirait qu'on lui attribuât l'étiquette de grande dame. Ainsi, tout en acceptant les compliments de ses admirateurs, elle ne se sentait plus l'obligation de succomber physiquement à leurs louanges. Grâce au comte de Reverte, elle se sortit du piège dans lequel elle s'embourbait chaque fois qu'un personnage fortuné l'invitait à souper. Elle gagna en assurance et apprit à mettre un terme aux galanteries trop pressantes sans froisser le prétendant.

À la fin du mois d'avril 1861, de graves nouvelles arrivèrent des États-Unis. La guerre civile avait été officiellement déclarée par l'attaque du fort Sumter, près de Charleston. Plusieurs Américains quittèrent Cuba pour retourner au pays prêter main-forte à leurs concitoyens nordistes ou sudistes, selon le cas. Avant leur départ, certains donnèrent un avant-goût de ce que serait leur guerre en se disputant dans les lieux publics. Même le théâtre ne fut pas épargné par ces affrontements disgracieux et vindicatifs. Un soir, on dut fermer la salle et annuler la représentation à la suite d'une bagarre particulièrement violente, durant laquelle deux hommes se battirent à coups de barreau de chaise. Ce même soir, Agnes commença à se questionner sur le bien-fondé de sa présence à Cuba. Il ne lui fallut pas une semaine pour se décider à embarquer sur un bateau en partance pour New York. Le comte la dota de lettres d'introduction auprès de directeurs de théâtre qu'il connaissait bien. Elle laisserait derrière elle un ami qu'elle n'oublierait jamais.

La veille de son départ, il l'invita à souper dans un des restaurants les plus huppés de La Havane. Ils passèrent une soirée exquise où bonne chère et champagne se disputaient les honneurs. Quand il la raccompagna chez elle, Agnes eut l'impression furtive qu'une ombre suivait leur calèche, mais elle ne put voir clairement de qui il s'agissait. Il lui fit ses adieux devant sa porte, allant même jusqu'à lui faire une accolade enflammée après lui avoir longuement baisé la main. D'une voix émue, il lui avoua qu'elle lui manquerait. Elle le remercia du fond du cœur pour son amitié et surtout pour la confiance qu'il lui avait toujours manifestée. De sa chambre, elle jeta un dernier coup d'œil à la calèche qui s'éloignait dans la nuit. Il lui sembla apercevoir un compagnon aux côtés de son ami. Elle songea qu'il s'agissait probablement du petit ouvrier que le comte affectionnait tant et avec qui il désirait peut-être terminer la soirée, comme il le faisait régulièrement.

Le lendemain matin, sur le pont du navire qui la ramenait à New York, elle s'étonna que le comte ne fût pas venu la saluer une toute dernière fois. Ce n'est qu'en se mêlant aux autres passagers qu'elle apprit la triste nouvelle. Aux petites heures du matin, on avait retrouvé le corps ensanglanté du malheureux comte de Reverte au fond d'une ruelle. Une main infâme lui avait tranché la gorge.

Agnes fit le voyage de retour ébranlée par une tristesse sans nom. Enfermée dans sa cabine, elle pleura beaucoup et s'interrogea encore plus sur le motif de cet acte criminel. Se pouvait-il que le jeune lecteur de l'usine de tabac, mû par une subite jalousie, eût assassiné son amant? S'il en était ainsi, il valait mieux que l'on ne retrouvât pas le coupable pour préserver la réputation du comte. Agnes souhaita ardemment qu'on ne découvrît jamais le penchant homosexuel de son mécène et ami. Elle n'aurait pu accepter que l'on ternît la respectabilité de cet homme cultivé et généreux.

Après un voyage durant lequel ses émotions furent mises à rude épreuve, elle débarqua aux États-Unis alors en pleine période de fébrilité indescriptible. À cette époque, les généraux du Nord étaient occupés à organiser une armée enthousiaste mais indisciplinée. Le recrutement s'effectuait prestement dans tous les coins du pays. Partout, des jeunes recrues s'adonnaient à des parades au pas de l'oie sous la surveillance d'officiers dont on reconnaissait les visages auparavant aperçus derrière les zincs des cafés et des bars.

Au milieu de cette effervescence nationale, Agnes dénicha un rôle au Niblo's Garden, un charmant petit théâtre où l'on interprétait surtout des pièces populaires. Lorsque celles-ci avaient de plus des accents patriotiques, les acteurs étaient chaudement sifflés et applaudis par un public exalté. Un soir, après la représentation de *Our American Cousin* de Tom Taylor, un couple demanda à la rencontrer dans sa loge. Agnes qui commençait à se lasser des ardeurs de ses admirateurs refusa d'abord en prétextant un peu de fatigue. Sous l'insistance du couple, surtout de la femme, elle accepta finalement de les recevoir. Un jeune officier nordiste entra le premier et la salua d'un mouvement de tête rigide. La demoiselle qui marchait dans son ombre se dandina, hésita, tordant nerveusement ses gants et se décida enfin :

— Bonjour... Elizabeth !

Agnes tressaillit. La voix résonna à ses oreilles, réveillant des accents oubliés depuis longtemps. Le petit visage aux grands yeux noisette et aux pommettes saillantes s'illumina dans sa mémoire, la ramenant des années en arrière.

— Della..., souffla-t-elle avec incertitude.

La visiteuse se jeta à son cou, pleurant de joie.

— Oh, Elizabeth ! Je suis si heureuse de t'avoir retrouvée. Depuis le temps que personne n'a plus de tes nouvelles, je désespérais que tu sois encore en vie. Sais-tu que maman se meurt d'inquiétude à ton sujet ?

— Della, ma petite sœur ! Est-ce bien toi ? Laisse-moi te regarder ! Comme tu as vieilli ! Tu n'avais que... onze ou douze ans quand j'ai quitté Saint-Armand. Tu es une jeune demoiselle, aujourd'hui.

— Une femme mariée! rectifia Della en lui montrant fièrement l'anneau qu'elle portait au doigt. Je te présente mon époux, le lieutenant Edmund Johnson. Et je vais être mère, j'en suis au troisième mois.

— Eh bien… Il faut fêter l'heureux événement. Je vous invite à souper. Donnez-moi quelques minutes pour me changer et je suis à vous.

Dès que sa sœur et son beau-frère furent sortis de sa loge, Agnes ne put retenir ses larmes. Près de six ans s'étaient écoulés depuis son départ du village natal. Elle n'avait écrit qu'une seule fois à sa mère, pour lui expliquer qu'elle avait choisi une nouvelle vie qui ressemblait davantage à ses goûts et à ses espoirs. Elle y avait joint quelques sous, car à cette époque-là elle gagnait peu au cirque. Par la suite, entraînée par les hasards du destin, elle avait relégué aux oubliettes cette tranche pourtant non négligeable de sa vie. Cette rencontre impromptue avec sa sœur Adélaïde l'obligeait à réévaluer son attitude. Quelle négligence de sa part! Quelle insouciance et quelle vanité d'avoir cru qu'elle n'attachait plus d'importance aux membres de sa famille! En vérité, elle aimait profondément sa mère, elle ressentait une vive affection pour ses sœurs et ses frères. Un empressement subit s'empara d'elle. Il lui tardait de savoir ce qui leur était arrivé durant toutes ces années. Elle s'habilla à la hâte et courut rejoindre sa cadette. Ils passèrent la soirée à se remémorer leur vie d'antan, à se raconter les joies et les peines, les mariages et les naissances, les maladies et les décès, à parler des survivants, à mêler le passé et le présent. Tard dans la nuit, elle rentra chez elle, dans sa chambre d'hôtel, mais il avait été décidé que, dès le lendemain, elle emménagerait au domicile de sa sœur. Elle devait bien admettre que sa famille lui manquait, même si elle évitait soigneusement de songer à son père. Il demeurerait toujours une ombre noire au tableau.

Agnes poursuivit son travail au théâtre pendant que la guerre continuait de s'organiser. L'enthousiasme militaire obnubilait la population américaine. Les dames non plus n'étaient pas épargnées par cette épidémie. De ne pouvoir s'enrôler elles-mêmes les poussait à encourager avec ardeur leurs héros naissants. Elles n'avaient d'yeux que pour l'uniforme. Apollon lui-même serait passé inaperçu s'il n'avait porté des gallons aux épaulettes. Toutes les lois et les valeurs promulguées par la société semblaient suspendues. Des comportements, qui auraient été considérés inconvenants ou choquants en temps de paix, devenaient alors à l'ordre du jour. Les comédiennes qui habituellement étaient considérées avec un certain respect devaient se tenir un peu plus sur leurs gardes à la fin des représentations. Agnes en fit l'expérience à certaines reprises. Aussi prit-elle l'habitude de ne jamais sortir sans une ombrelle, le meilleur ami des femmes seules.

Après une représentation, durant laquelle la salle s'était montrée particulièrement agitée, un spectateur, ayant trop bu, la suivit en la harcelant. Ses pas chancelants et ses beuglements d'ivrogne retentissaient dans la nuit. Agnes marchait rapidement, cherchant à le distancer, mais voyant qu'elle n'y parviendrait pas, elle se retourna pour lui faire front, le parasol au poing.

— Monsieur ! Votre conduite est indigne d'un gentilhomme. Je vous préviens que si vous ne cessez immédiatement de me poursuivre, je me verrai dans l'obligation de me défendre.

— Allez, ma belle ! Ne fais pas tant de manières, viens danser avec moi. Tu vas voir, on va bien s'amuser.

D'un mouvement brusque, il détourna le parasol qu'elle pointait sur lui. Elle recula vivement, fit des moulinets avec son arme improvisée.

— Reprenez vos esprits, monsieur ! L'alcool vous embrouille la pensée. Retournez sur vos pas et laissez-moi tranquille !

Il évita les premiers coups, mais revint aussitôt à la charge, tentant d'attraper le parasol pour le lui arracher des mains. Elle redoubla d'ardeur, le frappa à l'épaule et dans les côtes. En hurlant de rage, il réussit à mettre la main sur le manche et tira violemment. Elle faillit perdre l'équilibre et lâcha l'ombrelle. Mais elle ne s'avoua pas vaincue aussi rapidement et lui balança à la figure son sac à main, dans lequel se trouvaient deux romans à la reliure bien solide. Ce geste, tout à fait à propos, lui permit de mettre une certaine distance entre elle et son agresseur. Malencontreusement, l'énergie qu'elle déployait à se défendre ne faisait qu'accroître l'ardeur de l'enragé. Maintenant en possession d'une matraque improvisée, il entendait bien lui faire goûter à sa médecine. Convaincue que si elle tentait de courir pour s'enfuir, elle s'empêtrerait dans sa jupe et ses jupons et ne parviendrait pas à se rendre ne serait-ce qu'au coin de la rue, elle chercha refuge derrière un bec de gaz pour esquiver les coups et se mit à crier. Assurément, quelqu'un finirait par l'entendre !

— C'est de la démence ! Êtes-vous un homme ou une bête sauvage ? Arrêtez cela tout de suite ! Monsieur ! À l'aide ! Au secours !

— Tu fais la dédaigneuse, tu te penses trop fière pour moi, hein ! Tant pis pour toi ! Je t'aurai, ma gueuse, je t'aurai.

Agnes et son brutal prétendant se déplaçaient autour du lampadaire dans un tragique ballet de va-et-vient. Elle cherchait désespérément le moyen de se débarrasser de l'homme, calculant ses chances de gagner une porte, d'y frapper et qu'on lui ouvrît avant qu'il l'assommât. Enfin, elle vit par-dessus l'épaule de son assaillant une silhouette qui venait vers eux. Elle hurla de plus belle :

— Au secours ! À l'aide !

L'inconnu se rapprocha d'un pas égal, mais décidé. Ses talons claquaient sur les pavés, les boutons de son uniforme luisaient à la lueur du bec de gaz, son visage demeurait dans l'ombre de son large chapeau. Il s'arrêta à quelques mètres derrière le fou furieux et appela d'une voix forte :

— *Gentleman !*

Surpris, l'homme se retourna, brandissant encore le parasol. Le soldat leva un index qu'il agita de gauche à droite en signe de désapprobation, puis il se mit à parler dans une langue qu'Agnes ne comprenait pas.

— Sale *Deutsch*! De quoi est-ce que tu te mêles? s'écria l'agresseur en fonçant vers lui, l'ombrelle prête à s'abattre sur le crâne de cet empêcheur de tourner en rond.

L'étranger se rangea de côté et évita aisément le coup. D'un mouvement ample et souple, il mit son sabre au clair et montra tant d'assurance qu'on ne put douter qu'il sût comment s'en servir. Sans hésitation, il marcha sur l'homme. Ce dernier, utilisant le parasol, escrima maladroitement, ferraillant, au petit bonheur, d'estoc et de taille. Le soldat para, riposta et désarma son adversaire, sans effort apparent. Le malotru, ne voyant d'autre option, ayant lâché son arme improvisée, prit la poudre d'escampette tout en lançant des insultes par-dessus son épaule.

Agnes se hâta de récupérer son ombrelle et remercia son sauveur. Il la salua avec son sabre et le replaça dans son fourreau. Il lui tendit son bras en s'adressant à elle dans cette langue inconnue aux résonances gutturales. Elle supposa qu'il lui proposait de la reconduire. Méfiante, elle déclina l'offre. Elle préférait, malgré tout, rentrer seule. Lorsqu'elle s'éloigna, il demeura sur place à la fixer jusqu'à ce qu'elle change de rue. Elle ne le vit pas, mais eut la certitude qu'il la surveillait de loin, comme une ombre protectrice. Durant la semaine qui suivit, certains soirs, elle crut reconnaître le son de ses pas qui veillaient sur elle quand elle quittait le théâtre. Par la suite, elle perdit tout signe de son courageux défenseur.

À l'automne, avec sa sœur et son beau-frère, elle profita d'une semaine de relâche pour se rendre à Washington assister à un important défilé de cavalerie. L'événement, fort couru, attira un nombre considérable de curieux qui envahirent la capitale ressemblant davantage à un gros village qu'à une ville. À cette époque, plusieurs bâtiments publics, n'étaient encore qu'en construction. Le Capitole venait à peine d'être inauguré. Il n'était pas rare d'apercevoir des porcs et des moutons se promenant librement dans les rues ou dormant sur les trottoirs, la nuit venue.

La parade eut un immense succès, quoique Agnes remarquât certains cavaliers qui semblaient se demander lequel, de leur monture ou de leur sabre, les embarrassait le plus. Alors que le dernier régiment défilait devant elle, un officier haut gradé, arborant des épaulettes dorées, la salua du haut de son cheval :

— *Guten Tag, Fräulein* Le Clercq !

Elle eut à peine le temps de reconnaître la voix et de s'étonner, qu'il poursuivait déjà son chemin avec toute la raideur militaire prescrite dans une telle occasion. Elle retrouvait ainsi son chevalier servant, celui qui l'avait tirée d'un si mauvais pas quelques semaines auparavant.

— Qui est-ce ? demanda-t-elle en se penchant vers son beau-frère.

— D'après ses galons, il s'agit d'un colonel. À son accent, il est d'origine allemande. Désolé, je ne le connais pas. Néanmoins, il m'apparaît évident qu'il vous a déjà vue et que vous lui avez fait une forte impression. Si vous le désirez, nous pouvons tenter de le rencontrer, de façon tout à fait fortuite bien entendu, en visitant le quartier général des régiments allemands. Ils sont postés de l'autre côté du Potomac, à Hunter's Chapel, plus précisément.

— J'apprécierais beaucoup que nous visitions ce campement. On dit le plus grand bien des divisions allemandes. Demain, est-ce possible ?

— Vos souhaits sont des ordres, chère belle-sœur !

Le lendemain, dès que la bienséance le permit, Agnes et ses proches se présentèrent sous les tentes du général Blenker. Ils furent reçus de manière cordiale. Malgré les politesses et les égards que chaque officier prodiguait envers la jeune vedette de la scène, Agnes n'avait d'yeux que pour celui qui l'avait saluée la veille, Felix zu Salm-Salm. Qu'il fût prince, colonel et chef de l'état-major du général Blenker, le parait d'une auréole enchanteresse supplémentaire. Dans la trentaine, les cheveux brun foncé, la moustache fine et les yeux sombres, son visage affichait une expression de bienveillance qui le rendait on ne peut plus sympathique. Néanmoins, sous des dehors empreints d'élégance et d'amabilité, une certaine timidité transpirait dans ses rapports avec autrui. Agnes fut touchée par ce côté modeste et par cette réserve qui contrastaient avec le courage et la hardiesse dont elle le savait capable.

Elle fut particulièrement attirée par le regard du prince, ce regard franc qui exprimait mieux que les paroles ne sauraient le faire les élans de son cœur. Un regard utile, puisque le prince ne maîtrisait pas encore les rudiments de la langue anglaise et que la jeune femme ne comprenait pas un mot d'allemand.

Vers la fin de l'après-midi, quand elle quitta le campement du général Blenker, elle laissait derrière elle un prince fortement épris, dont les sentiments ne l'indifféraient pas. Surmontant les difficultés à communiquer dans un même langage, il était parvenu à lui donner rendez-vous au Square Lafayette, pour le soir même. Elle aurait bravé le monde entier pour s'y rendre. Pour la première fois de sa vie, Agnes succombait au coup de foudre. S'il est vrai que l'amour est une maladie, elle ne voulait pas en guérir. Elle courut à sa rencontre. Elle se promena à son bras ; ils bavardèrent à mots trébuchants, avec des gestes et des mimiques comblant les lacunes du vocabulaire ; ils rirent de leurs cafouillages langagiers ; et ils décidèrent de se revoir. Elle désirait tout savoir de lui ; il voulait la connaître davantage. Elle se sentait incomplète dès qu'elle s'éloignait de lui ; il ne parvenait pas à la chasser de son esprit. Elle l'aimait, tout simplement, son cœur et son âme ne pouvaient vivre sans lui. Il l'aimait sans se questionner plus avant, acceptant qu'elle lui soit destinée. Alors, il lui demanda de l'épouser et elle consentit à partager sa vie.

NASHVILLE, ÉTATS-UNIS

15 DÉCEMBRE 1864

Une terre dévastée

Quand le général sudiste John Bell Hood et ses hommes se présentèrent devant la ville de Nashville pour la reprendre aux nordistes, ils représentaient l'ultime espoir des confédérés. La belle ville d'Atlanta avait été réduite en ruines fumantes par les nordistes, qui poursuivaient leur progression vers Savannah en détruisant tout sur leur passage. La politique de la terre brûlée faisait désormais partie des stratégies militaires pour ruiner l'économie de guerre du Sud. Femmes, enfants et vieillards, nul n'échappa à la famine lorsqu'il fut décidé que les jardins de la Virginie, des Carolines et de la Géorgie deviendraient des déserts complètement désolés.

Hood se proposait de rendre à l'ennemi la monnaie de sa pièce en libérant Nashville, par laquelle passait la quasi-totalité des approvisionnements nordistes. Malheureusement pour le général sudiste, son armée n'était plus en état de conquérir quoi que ce soit. Des soixante mille soldats dont elle était composée au départ, il ne lui en restait que trente-cinq mille. Ces hommes étaient à bout de ressources, leur résistance ayant été minée par les batailles et les longues marches. Certains d'entre eux ne portaient plus de chaussures, leurs uniformes tombaient en lambeaux. Les munitions et les vivres leur étaient distribués avec parcimonie, pour les économiser le plus longtemps possible.

Depuis le début de décembre, un froid glacial, d'une sévérité inhabituelle, rendait la vie des plus pénibles à tous ces soldats. Tandis que les nordistes se réchauffaient dans les maisons de Nashville, les sudistes grelottaient dehors, exposés au vent d'hiver. Ils avaient froid, ils avaient faim, ils étaient épuisés, mais ils ne se déclaraient pas encore battus.

Le 15 décembre, les troupes nordistes sortirent de Nashville pour chasser l'armée chancelante qui les assiégeait. Ce fut presque trop facile. Malgré la volonté de résister des sudistes, le combat ressembla dangereusement à une exécution. Près de deux mille hommes tombèrent sous les balles. Plus du double furent faits prisonniers. Des milliers d'autres réussirent à échapper au carnage et s'évanouirent dans la nature. Hood ne récupéra que seize mille soldats en état de se battre et partit avec eux pour la Virginie. Il devait se rendre à l'évidence, Nashville était perdue pour le Sud.

Pendant cette bataille, le prince Salm-Salm commanda un régiment de cavalerie. Il se montra à la hauteur de ce que l'on attendait de lui. À la tête de sa troupe, son sabre levé haut dans les airs, il fonça sur l'ennemi avec toute la fougue nécessaire dans une telle opération. Le combat ne dura guère longtemps. Moins d'une heure suffit à mettre les sudistes en déroute. De nouveau, on assista à l'horrible spectacle des blessés et des cadavres tombés au devoir. Le prince poursuivit des fuyards, captura des prisonniers, fit main basse sur plusieurs fusils et revolvers, et revint finalement à Nashville où le général Steedman le félicita pour sa bravoure et sa conduite exemplaire.

Lorsque le calme fut revenu, que l'exaltation ressentie lors de la mêlée fut dissipée, Felix zu Salm-Salm n'éprouva pas autant de contentement qu'il aurait dû. À vaincre un ennemi déjà à genoux, il n'en retirait pas la fierté de la victoire. Il dut se contenter de la grâce d'en être sorti vivant.

Mai 1911, dans le jardin
de la princesse

Profitant de la première belle journée digne du printemps, la princesse Salm-Salm était assise au jardin. Elle s'amusait à regarder courir le jeune terrier gris qu'elle venait de se procurer. Infatigable, le chiot gambadait, trébuchait, cherchait à attraper sa queue.

— Je vais l'appeler Jimmy II, annonça-t-elle.

— Deux ? s'étonna Louisa Runkel qui prenait place à ses côtés sur la balancelle. Existait-il un numéro un ?

Se remémorant son premier chien, Agnes sourit.

— Tout à fait ! Je l'avais acheté dans un chenil où, soi-disant, l'on élevait des chiens de race. Un joli petit bâtard, voilà ce qu'il était en réalité ! Il tenait du terrier et de je ne sais quelle autre race. Avec ses pattes trop longues, son pelage roux et noir, doux comme du velours, ses larges yeux clairs et sa tête aux mâchoires puissantes, il était vite devenu un membre important de la famille. Il tyrannisait tout le monde, et moi plus que nul autre, en exigeant notre entière attention. Dès que je l'ai ramené à la maison, j'ai tenté de le nourrir à l'aide d'un biberon de lait. Il m'a rapidement fait comprendre qu'il détestait le lait. Toute la nuit j'étais au désespoir de l'entendre gémir, ne sachant quoi lui offrir pour calmer son appétit. Quelle joie ce fut de découvrir au petit déjeuner que le cher petit se régalait d'huîtres frites et de jaunes d'œufs ! Ce goût raffiné attestait incontestablement que ce chiot sortait de l'ordinaire.

— Au risque de vous contredire, je crois plutôt que cela ne prouvait qu'une chose : il vous menait par le bout du nez.

La princesse, loin de se montrer indisposée par cette remarque, approuva en riant.

— Absolument ! Mais il le faisait avec tant de charme que je ne savais comment lui résister. Pour sa défense, je me dois d'ajouter qu'il était un excellent garde du corps. Il

m'a suivie partout durant la guerre de Sécession. Quoique…
il lui arrivât parfois de me délaisser pour des affaires plus
pressantes. Je me rappelle la fois où je me déplaçais en
train entre Nashville, au Tennessee, et Bridgeport, en
Alabama. Un voyage auquel je n'aurais jamais dû prendre
part puisque tous les wagons étaient réservés aux militaires.
Je connaissais quelques-uns des officiers qui m'ont permis
de m'installer sur une inconfortable banquette de bois, au
fond du dernier wagon. Seule femme à bord, j'ai effectué
un long trajet de plus de vingt-quatre heures, avec deux ou
trois biscuits pour me nourrir. Nous parcourions une région
rebelle que des guérilleros sudistes contrôlaient plus ou
moins. Nous pouvions nous faire attaquer à tout moment,
soit en traversant des forêts denses, soit en passant au pied
des falaises rocheuses. Ici et là, le long de la voie ferrée,
nous apercevions des locomotives renversées ou des maisons
mises à feu et à sac. Mais après un certain temps, je me
suis habituée à ces visions d'enfer et je me suis endormie.
Le cri d'un soldat m'a réveillée. Jimmy venait de sauter en
bas de la plate-forme, à l'extrémité du wagon. Le pauvre
petit avait probablement ressenti l'urgence d'un besoin
naturel. Je le voyais au loin, entre les rails, qui courait dans
le vain espoir de nous rejoindre. Plus il galopait, plus il
semblait s'éloigner et devenait un petit point noir à l'horizon.

— Pauvre chien ! Vous l'avez perdu dans ce territoire
hostile !

— Pas du tout. J'ai tiré la manette d'urgence du train
pour qu'il s'arrête. Le capitaine qui assurait la responsabilité de la troupe s'est précipité pour savoir ce qui arrivait.
Il craignait une attaque ou un accident grave. En me voyant,
il a d'abord été interloqué, mais lorsque je lui ai parlé de
la désertion de Jimmy, il s'est mis dans une colère terrible.
Je lui ai tenu tête, il a tempêté plus fort. J'ai laissé couler
des larmes de désespoir ; il rageait intérieurement, mais a
baissé le ton. Nous avons discuté et Jimmy a mis à profit
le temps que je gagnais pour lui. Il est remonté à bord de

lui-même, pantelant et heureux de retrouver sa maîtresse. L'officier m'a menacée de me jeter hors du train si un tel événement se reproduisait.

— Vous aurait-il réellement abandonnée dans un endroit aussi horrible ?

— Je ne crois pas qu'il aurait été assez cruel pour mettre sa menace à exécution. Mais devant ses hommes, qui s'amusaient beaucoup aux dépens de mon chien, il devait se montrer autoritaire. À part cette petite altercation, je n'ai jamais eu à me plaindre du comportement des soldats et des officiers et, pourtant, je n'étais jamais très loin du théâtre des opérations. J'ai suivi Felix presque partout où il campait.

— Je m'étonne que le prince ait accepté de vous laisser vivre si près du danger.

— Je n'étais pas la seule femme à accompagner son mari dans les campements. C'était plutôt chose courante, surtout pour les épouses des officiers. D'ailleurs, la place et le devoir des femmes ne se limitaient pas à appuyer la cause nordiste par leur présence. Elles pouvaient, si elles le désiraient, jouer un rôle plus important. Je m'étais rapidement rendu compte qu'on ne peut progresser ou obtenir quelque succès que ce soit en Amérique sans le support d'amis influents. À l'automne 1862, juste après notre mariage, pendant que Felix remplissait ses obligations sur le terrain, je cherchai à gagner l'intérêt de gens que je supposais aptes à nous aider.

— Mais... à vous aider dans quel domaine ? l'interrompit sa dame de compagnie. Le prince n'avait-il pas une bonne position ? En tant que colonel et chef d'état-major d'un général, il avait à portée de main toutes les occasions de se faire remarquer et de grimper dans les échelons de la hiérarchie de l'armée.

Agnes Salm-Salm secoua la tête et haussa les épaules.

— Voilà toute la bizarrerie de cette guerre ! Les soldats nordistes n'étaient pas enrôlés pour toute la durée des hostilités. Ils signaient des contrats d'un an ou deux, selon le cas. Ainsi, un régiment entier pouvait être dissous parce que leur contrat arrivait à échéance. De plus, il fallait que l'officier à la tête du régiment s'occupe lui-même du recrutement de ses hommes. Ce qui avait pour conséquence l'existence de plusieurs brigades incomplètes qui restaient inactives, alors qu'on aurait logiquement pu les regrouper ensemble et les envoyer au combat. Ou alors, un officier sans régiment acceptait de se joindre à une troupe déjà formée, quitte à perdre quelques galons. Il pouvait ainsi passer de colonel à lieutenant sans se sentir nullement déshonoré. Il s'agissait en quelque sorte d'une version militaire de la loi de la libre entreprise.

— Quelle étrange manière de mener une armée, à la va-comme-je-te-pousse !

— J'en conviens, mais les dames y trouvaient leur compte ou du moins apprirent à manœuvrer pour en tirer parti. Le Congrès et, plus particulièrement, le Sénat représentaient la source de toutes les faveurs, et qui pouvait se vanter d'y avoir des amis était assuré du succès de ses entreprises. Pour cette raison, Washington attirait un grand nombre de gens intéressés à quelques profits et, parmi eux, beaucoup de représentantes du beau sexe. Plusieurs dames se spécialisèrent dans ce type de lobby basé sur la coquetterie, en usant de leurs charmes sur des hommes influents non seulement au bénéfice de leur mari, mais aussi pour quiconque paierait en argent sonnant leur talent d'ambassadrice.

— Je présume que ces dames ne devaient être ni vieilles, ni laides, ni très prudes et probablement peu respectées !

La princesse rougit à peine. Elle ne se sentait pas la mieux placée pour porter un jugement de valeur sur ces femmes. Ses propres expériences ne le lui permettaient pas. Aussi prit-elle leur défense de manière détournée.

— Vous savez, en ces temps troublés, la société accordait plus d'importance aux gains qu'à la vertu. De plus, Washington était considérée comme le haut lieu de la perversité et de la débauche. Sa mauvaise réputation attirait plus d'une dame ou d'un gentilhomme de haut rang à y passer une saison, pour satisfaire leur curiosité en leur donnant des frissons mêlés de réprobation et d'envie. Enfin, il n'en demeure pas moins que je me suis liée d'amitié avec la femme du sénateur Harris qui représentait l'État de New York. Il s'était toujours montré très cordial envers les Allemands et les aidait fréquemment. Quand Felix a appris qu'il allait bientôt perdre son poste, nous avons décidé d'aller rencontrer le sénateur à Albany, où se trouvait le siège de l'État de New York. Étant donné qu'à cette époque mon mari ne maîtrisait pas suffisamment l'anglais, il fut convenu que j'irais seule au bureau du sénateur, tandis que Felix resterait à l'hôtel à m'attendre.

— Le sénateur a accepté de discuter avec vous, plutôt qu'avec le prince ?

— Bien sûr ! Il m'a reçue de manière très amicale. Je lui ai expliqué la situation dans laquelle mon mari se trouvait. Il m'a répondu que seul le gouverneur Morgan pouvait nous aider. Malheureusement, ce dernier était reconnu pour se montrer réfractaire à toute tentative d'influence et, de plus, il répugnait à satisfaire les requêtes des dames.

— Voilà un comportement apte à décourager la plus ambitieuse des femmes !

— En effet, mais je n'étais pas prête à abandonner aussi vite. Je priai le sénateur de me conduire chez le gouverneur et de m'introduire auprès de lui. Quelques minutes plus tard, dans la calèche, mon cœur battait à tout rompre. J'avais une cause à gagner contre un homme dont la réputation était celle d'un misogyne. Je doutais même qu'il acceptât de me recevoir. Dans l'antichambre, j'attendais avec anxiété le retour de l'aide de camp qui était allé annoncer notre présence à cet homme redoutable.

Mais les titres de sénateur et de princesse exercèrent leur pouvoir et nous avons été admis devant lui. En apercevant son visage sévère et ses yeux rébarbatifs, j'ai ressenti un serrement au cœur. Je croyais vraiment m'être déplacée inutilement. Assise bien droite sur le bord de la chaise, d'une voix timide, j'ai commencé à plaider pour mon mari. J'ai parlé de son désir ardent de servir la cause des nordistes ; j'ai dépeint son désespoir de rester inactif tandis que ses compagnons se battaient avec honneur ; j'ai fait l'éloge de ses qualités militaires ; j'ai insisté sur les preuves de ses compétences qu'il avait déjà données au combat. Je devenais de plus en plus animée. J'ai parlé pendant une quinzaine de minutes sans qu'il ne dît un mot ou ne fît un signe.

— Cette absence de réaction devait être horriblement angoissante ! Cet homme avait assurément un cœur aussi insensible qu'une pierre pour demeurer de marbre devant vous.

— Je ne connais rien de son cœur, mais pour ce qui est d'exprimer sa pensée, il se limitait au strict minimum. Il me dit finalement qu'il ignorait s'il existait des régiments vacants. Il a appelé son secrétaire pour qu'il vérifiât. À ma grande joie, il y en avait plusieurs dont un principalement composé d'Allemands, le 8ᵉ Régiment de New York. Cette heureuse nouvelle m'incita à insister, car le gouverneur tergiversait encore. Je lui dis d'un ton ferme que je ne quitterais pas les lieux sans une décision favorable de sa part. Je crois même avoir tapé du poing sur son bureau. Le miracle s'est alors produit. Il a souri ! Mon impétuosité l'amusait. Il a ordonné que le prince fût nommé à la tête du régiment et a signé son mandat. J'avais gagné ! Je me sentais au comble de la joie pour Felix, et assez fière de mon exploit.

— Le prince a ainsi pu reprendre du service tout en demeurant colonel. Et vous êtes de nouveau retournés vivre dans les bivouacs. N'était-ce pas un mode de vie inconfortable pour une dame ? ajouta Fräulein Runkel avec sollicitude.

Les yeux dans le vide, la princesse sourit doucement comme si elle se remémorait un merveilleux souvenir.

— Pas nécessairement. Les Américains possèdent l'art de faire beaucoup avec peu. Ils se montrent d'une débrouil-lardise qui frôle parfois l'illégalité, mais qui a l'avantage d'améliorer toute situation. Lorsque nous devions demeurer assez longtemps au même endroit, les hommes s'empres-saient de rendre leur établissement le plus douillet possible. La plupart d'entre eux amélioraient leur tente à l'aide de planches et de portes, utilisant la toile comme plafond. Certaines de ces cabanes étaient même munies de fenêtres et d'un poêle pour se chauffer, mais j'ignore où les soldats pouvaient les dénicher ! Quand nous recevions l'ordre de lever le camp, j'assistais à des scènes déchirantes pour ces pauvres soldats qui refusaient d'abandonner aux rebelles les maisonnettes qu'ils avaient bâties avec tant de soin. Ils préféraient brûler la moindre planche et le plus petit meuble plutôt que de les laisser derrière eux. En arrivant au campe-ment suivant, ils recommençaient leur travail d'ébéniste et de menuisier improvisés.

— J'admire la patience et l'endurance des soldats. Ils parcourent de longues distances, vivent éloigner de leur famille, doivent se contenter d'une maigre pitance...

— Oh, vous savez, on ne mourait pas de faim dans l'armée du Nord ! Malgré l'éloignement et le mauvais état des routes, le sens pratique des Américains surmontait toutes les difficultés quand il s'agissait de satisfaire leur estomac. Sauf exception, il y avait toujours suffisamment de nourriture pour tous. Les cantiniers occupaient une place de choix dans l'opinion des hommes. De plus, les sol-dats vivaient bien, car ils étaient bien payés, ce qui leur permettait de s'offrir un peu de luxe. Le gouvernement leur fournissait tout et ne déduisait rien de leur solde. L'argent circulait plus librement que jamais. Les villes du Nord, au lieu de souffrir des conséquences de la guerre, sem-blaient voir leur sort s'améliorer. Les lettres arrivaient avec une régularité étonnante. Une compagnie de courrier prit de l'ampleur durant les hostilités. Quelle que soit la destination, la Adams's Express Co. parvenait à livrer à leur destinataire tous les colis, gros ou petits. Même les journaux étaient distribués quotidiennement dans les camps. J'avoue qu'entre deux batailles, nous nous la coulions douce. Le jour, nous visitions nos voisins et le soir, nous donnions des réceptions sous la tente. Nous jouions au whist tout en dégustant un verre de punch. Je me souviens même d'une fête donnée par un général... Sickles, oui, le général Sickles. Il avait invité environ deux cents personnes à un banquet préparé par le fameux chef cuisinier Delmonico de New York. Cet artiste de la bonne fourchette était arrivé au camp avec ses batteries de cuisine, ses aides, et tout un choix de victuailles et de denrées raffinées. Évidemment, le vin et les liqueurs allaient de pair avec le festin. Je n'aurais pas voulu avoir à payer la facture qui a suivi la soirée !

— Quelle bizarrerie que cette vie agréable et paisible en temps de guerre ! Jamais un tel débordement de luxe ne serait accepté dans un camp allemand ! Les journaux s'empareraient de l'affaire et le peuple germanique crierait au scandale. Mais enfin, lorsque les combats faisaient rage, où demeuriez-vous ?

— Parfois je restais au camp, parfois, si le prince craignait trop pour ma sécurité, il m'enjoignait de retourner à Washington où je logeais soit à l'hôtel, soit chez des amis. Mais, même dans les villes, on pouvait affronter des dangers aussi périlleux que sur le champ de bataille. Par exemple, au printemps 1863, le contrat du 8e Régiment de New York arriva à son terme et mon mari perdit encore une fois son poste. Si tous ses hommes, ou au moins sept cents d'entre eux, avaient décidé de se réengager, il n'y aurait pas eu de problème et le régiment aurait continué d'exister. Mais la plupart des soldats émirent le désir de retourner dans leur famille. Seulement une centaine d'entre eux gardèrent l'uniforme. Felix dut donc ramener son régiment à New

York, où il fut dispersé. Peu de temps après leur arrivée, au cours d'une cérémonie, les soldats de mon mari lui offrirent, en témoignage de respect, un magnifique sabre d'honneur dans un splendide fourreau doré portant l'inscription : «Des soldats du 8e Régiment, N.Y.S.V. à leur colonel Felix Pr. Salm.» Dans la soirée, il y eut un bal durant lequel ils me présentèrent leurs épouses, leur fiancées ou petites amies de cœur. Ce soir-là marqua la transition entre une période plaisante de ma vie aux États-Unis et une époque troublée et remplie d'angoisse. Nous logions sur la rue Bond, dans la maison d'un prédicateur méthodiste. Chaque mercredi et samedi soirs, le révérend tenait des assemblées religieuses dont nous entendions les échos des clameurs dévotes. On aurait dit les pensionnaires d'un asile laissés à eux-mêmes. Des douzaines de voix bramaient : «Jésus-Christ, viens à nous! Gloire à Dieu! Seigneur, aie pitié de nous!» Ils entraient dans un tel état d'excitation et de transe que certains s'évanouissaient et tombaient sur le sol à grand bruit. Une de ces nuits, nous eûmes droit à la visite de policiers qui, s'étant trompés de porte, nous ordonnèrent de cesser tout ce tapage qui effrayait les voisins. Ils furent assez abasourdis d'apprendre qu'il ne s'agissait que de braves méthodistes combattant le diable.

— Il est certainement fort déplaisant de vivre à proximité de tels voisins, mais je n'y vois rien d'angoissant.

— En effet, leur voisinage consistait plutôt un agréable divertissement. Le pire résidait ailleurs. Le prince réussit assez aisément à obtenir la charge de colonel du 68e Régiment de New York, mais ce dernier avait perdu beaucoup d'hommes lors des combats et Felix devait procéder à une opération de recrutement pour laquelle, il faut bien l'admettre, il n'était pas doué. Depuis le début de la guerre, les événements avaient réduit considérablement l'enthousiasme des hommes pour la chose militaire. Les volontaires ne se bousculaient plus aux portes des bureaux de recrutement. Pour encourager les citoyens à s'enrôler, le gouvernement de l'État de New York offrit une prime de trois cents dollars à qui signerait pour trois ans. Cette tactique favorisa certaines opérations frauduleuses. Plusieurs fripouilles s'enrôlèrent sous un faux nom, désertèrent dès qu'ils eurent touché leur prime et recommencèrent dans une autre ville. Mon pauvre Felix était bien dégoûté par ces escroqueries, mais ne parvenait pas à y mettre un terme ni à monter une brigade. C'est vers cette époque qu'eut lieu la terrible bataille de Gettysburg qui dura plusieurs jours et qui entraîna de lourdes pertes parmi les forces nordistes. Le gouvernement décida alors, pour forcer le recrutement, de procéder par tirage au sort pour désigner les nouveaux soldats. Cette mesure fut très impopulaire, surtout parmi les gens moins fortunés, car les plus riches pouvaient se permettre de racheter leur liberté en payant la somme de trois cents dollars.

« Une autre cause de mécontentement chez les classes les plus pauvres fut l'arrivée massive de Noirs en fuite qui se réfugiaient à New York et qui réussissaient à y trouver des emplois de subalternes, à des salaires ridicules. Les Irlandais s'indignèrent fortement de cette situation, car ils perdaient ainsi leur travail au profit des nouveaux arrivants. À l'époque, la ville de New York devait composer avec un manque total de soldats qui avaient été envoyés en Pennsylvanie pour repousser l'invasion sudiste. Les forces policières étaient réduites au minimum. Le moment semblait opportun à ceux qui critiquaient le gouvernement de déclencher des mouvements de foule guidés par des canailles. De ma vie, je n'ai assisté à autant de brutalité gratuite ! J'en frissonne encore rien que d'y penser. Le jour où le tirage débuta, tout semblait tranquille ; le lendemain, la discorde couvait ; le surlendemain, l'orage éclata violemment. L'émeute commença par l'attaque du bureau où avait lieu le tirage. Des Irlandais s'en emparèrent, le saccagèrent et y mirent le feu. L'agitation se répandit rapidement à travers la ville, réveillant la furie de leurs compatriotes. Leur seul but semblait de tuer et de piller. Leurs

attaques se dirigeaient principalement contre les respon-
sables du tirage, contre les officiers républicains et contre
les Noirs, mais ils s'en prenaient aussi à toutes personnes
leur apparaissant plus fortunées qu'eux. »

— Ils attaquaient tout le monde, en fin de compte !
Personne ne pouvait prétendre être à l'abri.

— Personne, en effet ! Un officier irlandais, le colonel
O'Brien, l'a tristement appris à ses dépens. Lorsque les
émeutiers se sont approchés de sa demeure, il est sorti de
chez lui et a tenté de les calmer, les exhortant à revenir
dans le droit chemin et à cesser leurs exactions. La foule
s'est mise à crier qu'il fallait le tuer, qu'il était un traître. Il
a été horriblement battu, frappé de plusieurs coups de
couteau, puis, encore vivant, il a été traîné dans la boue.
Malgré les supplications de sa femme et de ses enfants, le
pauvre homme a été torturé pendant près de vingt-quatre
heures avant de mourir. Une rage folle s'était installée dans
tous les quartiers de la ville. La racaille se promenait d'une
maison à une autre pour y semer la terreur et la désola-
tion. On rappela en toute hâte quelques régiments de
Pennsylvanie. Le prince s'était mis à la disposition de l'ad-
ministration municipale avec les hommes qu'il avait recrutés.
Il fallut plusieurs jours aux soldats pour ramener l'ordre et
la paix.

« Un soir, durant l'absence de Felix, je tournais en rond,
désireuse d'agir, d'apporter mon aide, même si j'ignorais
exactement ce que j'aurais pu faire. J'ai endossé la robe
de ma servante, pour éviter d'attirer l'attention sur ma personne, et je suis sortie. Des scènes horribles m'attendaient
dans les rues où l'on n'apercevait que peu de soldats ou
de policiers. Ces derniers avaient reçu pour mission de surveiller les édifices publics ou municipaux. Les fauteurs de
trouble avaient le champ libre dans les quartiers résiden-
tiels et se livraient aux pires dégradations. Les hommes, les
femmes et même les enfants ne cédaient pas leur place.
Les pauvres Noirs s'enfuyaient comme des lapins devant

ces hordes d'enragés. J'avais le cœur brisé d'entendre leurs cris d'effroi ou de voir leur visage empreint de terreur quand ils étaient poursuivis. Mais le pire se produisit à l'orphelinat où plusieurs centaines d'enfants de couleur étaient hébergés. Ces fous d'agitateurs y mirent le feu. Bambins ou adolescents, s'ils cherchaient à s'évader du brasier, ils y étaient rejetés aussi vite par leurs cruels assaillants. Horrifiée, je me cachais dans l'entrebâillement d'une porte cochère, un poing sur la bouche pour m'empêcher de crier, des larmes amères coulant sur mes joues. »

— Quelle abomination ! Comment des hommes peuvent-ils s'en prendre ainsi à des enfants ? Des petits innocents qui ne méritaient pas un tel sort !

— La férocité des Irlandais à cette occasion dépassait tout ce que j'aurais pu imaginer. Je me suis sentie tellement impuissante. Pendant un moment, je ne pouvais bouger de ma place. Soudain, mue par un sentiment d'indignation, je suis partie au pas de course. J'ai contourné le bâtiment à la recherche d'une fenêtre ou d'une porte par laquelle je pourrais aider ces enfants à s'enfuir. Mais toutes les issues étaient étroitement surveillées par les assassins. Seule contre eux, c'était une bataille perdue d'avance. Alors, je me suis éloignée à regret, lentement, l'âme en lambeaux. Les hurlements résonnaient à mes oreilles.

« Quand je les ai vues dans le buisson, les deux fillettes à la peau noire, blotties l'une contre l'autre, mon cœur a bondi. Celles-là, je devais les sauver. Je leur ai d'abord fait signe de ne pas bouger, de ne pas parler, et je me suis plantée devant le buisson comme une spectatrice attentive et intéressée par la scène dégradante de l'orphelinat en flammes, pour mieux les cacher au regard des manifestants. Au bout d'un moment, j'ai senti deux petits êtres tremblants se faufiler sous ma robe. À l'époque, on les portait beaucoup plus larges et plus longues qu'aujourd'hui. Je priai toutefois le ciel que personne ne se rende compte de l'augmentation inhabituelle de ma jupe de domestique. Au rythme d'un pas à la minute, je me déplaçai en direction d'une église dont j'apercevais le clocher non loin. Les fillettes s'agrippaient à mes jambes. Il nous fallut une éternité pour atteindre le parvis. Dieu avait dû entendre mes prières puisque la porte n'était pas fermée à clé et que je n'eus qu'à la pousser pour y pénétrer avec mes boulets vivants. Devant l'autel, un prêtre s'abîmait en suppliques vers le Seigneur, implorant que cessent les atrocités commises dans la cité. Il s'est empressé de venir en aide aux gamines et les a cachées derrière le chœur, dans un placard où il rangeait ses vêtements sacerdotaux. Aucun Irlandais n'irait les chercher à cet endroit. Plusieurs jours plus tard, le calme revenu, les fillettes sont parties vers le Nord en compagnie d'autres gens de race noire qui avaient, par miracle, échappé au massacre. Je crois qu'ils ont réussi à se réfugier au Canada.

— J'admire votre courage, vous auriez pu vous faire tuer si les émeutiers avaient découvert les pauvres enfants sous vos jupons. C'était un pur acte de folie.

— Je n'aurais pu agir autrement sans me sentir coupable de lâcheté. Dans ces moments-là, on ne réfléchit pas, on réagit. Après, mes jambes flageolaient, mon cœur battait à tout rompre, une sueur froide me coulait dans le dos. Après, seulement, j'ai saisi l'ampleur du danger que j'avais couru. Les jours suivants, je suis restée bien sagement à la maison jusqu'à ce que les soldats rétablissent l'ordre.

La princesse demeura silencieuse, perdue dans ses pensées. Elle ferma les yeux un instant et secoua la tête comme pour chasser ces visions d'horreur.

— Mais ce retour à une vie plus paisible, reprit-elle sur un ton moins attristé, n'apporta pas à Felix la solution à son problème. Les hommes tirés au sort étaient employés à reconstituer les régiments déjà existants et qui avaient perdu des hommes sur les champs de bataille. Le prince se désespérait de rassembler les sept cents soldats requis. J'étais terriblement désolée pour lui et je me creusais la cervelle à la recherche d'une idée brillante qui aurait tout réglé.

« J'ai donc consulté mon bon ami, le sénateur Harris, qui m'a suggéré d'aller rencontrer le grand prévôt-maréchal, le général Fry, à Washington. J'ignore par quel concours de circonstance, mais le général avait à sa disposition un grand nombre d'hommes qui n'étaient pas encore enrôlés. Je partis aussitôt pour Washington, tandis que le prince demeurait à New York pour tenter, sans grand succès, de convaincre des volontaires de se joindre à son régiment. Je me rendis donc au département de la Guerre où le général accepta de me recevoir. Contrairement au gouverneur Morgan, le grand prévôt-maréchal se montra charmant et très attentif à tout ce que je lui disais. Je me sentis encouragée à lui expliquer la position difficile dans laquelle se trouvait mon mari, à mentionner les services qu'il avait déjà rendus à la nation, à exprimer son désappointement à ne pouvoir participer aux batailles présentes et futures par manque d'hommes. J'ajoutai aussi que, grâce au sénateur Harris, je savais qu'il avait des soldats disponibles et je sollicitai la faveur de les mettre sous les ordres de mon mari. Il m'a répondu qu'il avait effectivement quelques centaines d'hommes mais qu'il ignorait s'il pouvait les donner au 68e Régiment de New York. Il promit néanmoins de me le laisser savoir le plus rapidement possible.

« En revenant à mon hôtel, je ne savais si j'avais gagné ou perdu ma cause. Rongée par l'anxiété, je tournais en rond dans ma chambre, dans l'attente d'une réponse. Quelques heures plus tard, un officier vint me quérir pour me conduire de nouveau devant le général Fry. Il acceptait de donner ses hommes au prince, car le zèle que j'avais démontré l'avait impressionné. Enhardie par cette victoire, j'essayai d'en obtenir davantage puisqu'il en manquait encore deux ou trois centaines pour atteindre l'objectif visé. Le général promit de m'aider en me présentant au gouverneur de l'Illinois, M. Yates, qui se trouvait à ce moment-là à Washington. Le gouverneur Yates me manifesta de la courtoisie et se déclara ouvert à ma demande. Il m'assura qu'il avait à sa disposition une compagnie, mais qu'il était hors de question de la laisser commander par n'importe quel «potiron de New York»! Alors, probablement amusé par mon insistance et mon attitude résolue, il a proposé que je devienne le capitaine de cette compagnie. Il a tenu parole puisque j'ai reçu la commission de capitaine, ainsi que la solde accompagnant cette fonction.

— Quel homme étrange! Il insulte le prince pour ensuite placer une femme au poste de capitaine. N'était-il pas ivre au moment de votre rencontre?

La princesse s'esclaffa à cette remarque.

— Si fait! Cependant, à sa décharge, je me dois de dire que cela ne se passait pas dans son bureau, mais lors d'une soirée. De fréquents bals étaient donnés dans les salles de réception des grands hôtels. Tout le gratin militaire et bourgeois courait ces divertissements hautement appréciés durant cette période troublée. Si je voulais atteindre mon but, c'est-à-dire aider le prince à former un régiment, je me devais d'y être présente pour rencontrer les personnages haut placés qui pouvaient me soutenir dans ma cause. Ayant ainsi l'occasion de converser fréquemment avec le général Fry et le gouverneur Yates, nous sommes devenus de bons amis, et j'avoue avoir passé des heures agréables avec ces hommes distingués.

— Je ne peux m'empêcher de m'étonner de cette vie où festivités et amusements en bonne compagnie alternaient avec les combats sanglants. Aucun signe palpable des hostilités n'atteignait donc la capitale?

— Ne croyez pas cela! Au contraire, Washington accueillait un nombre impressionnant de blessés de guerre, à tel point que les médecins et les infirmiers commençaient à manquer pour soigner tous ces hommes. D'ailleurs, j'utilisai la solde de capitaine que m'avait octroyée le gouverneur

Yates pour défrayer les dépenses que je m'imposais en portant assistance à ces soldats blessés ou malades. Pendant mon séjour dans cette ville, j'avais fait la connaissance de Mme de Corvin dont le mari était un bon ami de Felix. M. de Corvin travaillait à titre de correspondant de presse pour un journal britannique. Sa brave épouse, qui avait déjà suivi un cours de garde-malade pendant la révolution allemande, m'initia aux soins infirmiers et m'ouvrit les yeux sur les besoins pressants des convalescents. En plus des hôpitaux réguliers établis dans la ville, de larges tentes avaient été dressées de l'autre côté du Potomac, près des quartiers généraux de l'armée. Le tout donnait l'impression d'une petite ville bien ordonnée. Une propreté scrupuleuse régnait dans tous ces établissements. Les larges salles étaient bien aérées, les draps changés régulièrement, les bassines lavées à grande eau. Au-dessus de chaque lit, un rideau de mousseline blanche protégeait le malade des moustiques. Les gardes s'occupaient d'eux avec le sourire. Tout était mis en place pour que les soldats fussent confortables et se sentent comme chez eux. Les femmes n'étaient pas employées très fréquemment dans ces hôpitaux et je dois confesser qu'elles ne semblaient pas manquer beaucoup aux soldats. Ces derniers préféraient être soignés par des hommes, la plupart du temps des camarades en convalescence qui remplissaient ce devoir d'excellente manière. Entre eux, ces soldats se montraient extrêmement compatissants et attentionnés. Avec Mme de Corvin, mes visites consistaient principalement à apporter un soutien moral aux blessés en leur procurant divers objets nécessaires à la vie courante, comme des blaireaux et des rasoirs ou encore de quoi écrire à leur famille.

« Pendant ce temps, un millier d'hommes avaient rejoint les rangs du 68e Régiment de New York. Le prince et ses hommes furent désignés pour se rendre à Nashville et se mettre sous les ordres du général Sherman. De là, ils gagnèrent Bridgeport où je réussis à les retrouver, à l'automne

1864. Le campement, situé sur une île au milieu de la rivière Tennessee, n'avait pour voisins que deux ou trois fermes et une forêt peuplée d'une grande variété d'oiseaux. N'eût été la visite fréquente des rebelles sudistes qui nous épiaient du haut des montagnes, de l'autre côté de la rivière, l'endroit invitait au romantisme. Le prince y avait fait bâtir ses quartiers sur pilotis, à cause de l'eau qui inondait les lieux lorsqu'il pleuvait trop longtemps. La visite de l'hôpital fut une de mes priorités. Je trouvai les lieux dans un état assez misérable. Le médecin du régiment se révéla être un homme plutôt négligent, son assistant et ses infirmiers ne valant guère mieux. Ils se préoccupaient davantage de leur confort que de celui de leurs patients dont plusieurs souffraient de paludisme ou autre fièvre maligne du même type. »

— Des profiteurs comme il en existe malheureusement dans toutes les armées ! J'imagine qu'ils devaient parfois s'approprier des denrées ou des objets personnels destinés aux blessés.

— Plus souvent qu'autrement, malheureusement ! Je ne perdis pas de temps à m'indigner vainement et je me mis à la tâche pour obtenir des couvertures, des vêtements chauds ainsi que de la nourriture saine pour les malades. Je m'occupai de faire transférer les plus gravement atteints à l'hôpital de Bridgeport pour qu'ils y reçoivent de meilleurs soins. J'entrai en contact avec une organisation de charité, la Christian Commission, qui me donna non seulement de quoi secourir mes blessés, mais aussi une grande quantité de victuailles qui furent très appréciées de tous les soldats, car, pour le moment, nous nous trouvions à court de provisions. La guerre avait appauvri la région. La viande fraîche se faisait rare, et nous devions nous contenter de lard salé et de pois secs. Par une heureuse coïncidence, nous possédions une énorme quantité de sel et nous pouvions nous en procurer autant que nous en désirions au commissariat de Bridgeport pour environ deux sous la livre, ce qui était

bien en deçà du prix du marché. Je proposai alors
d'échanger ce sel, hautement convoité par les habitants
de la région, contre divers produits que ces gens cultivaient
ou fabriquaient.

« Les sudistes qui vinrent à nous offraient souvent un spectacle pitoyable. Pâles, maigres et parfois vêtus de haillons,
ils ne riaient ni ne souriaient jamais. Ils tentaient malgré tout
de garder une attitude digne qui leur attirait le respect et
la bienveillance de nos soldats. Mais il fallait constamment
se méfier des guérilleros qui se terraient dans les bois et qui
attaquaient et tuaient fréquemment les soldats isolés. »

— À titre de chef de son régiment, le prince n'exerçait-
il pas des représailles contre ces francs-tireurs ?

— Bien sûr ! Néanmoins, c'est avec la plus grande
répugnance qu'il ordonnait de mettre le feu aux demeures
des familles qui abritaient les rebelles. La plupart du temps,
les occupants de ces maisons s'étaient déjà enfuis avant
l'arrivée de nos soldats. Une fois, le prince a découvert
dans l'une d'elles un épagneul abandonné qu'il s'est
empressé d'adopter en le baptisant Gerber, le nom de son
maître rebelle. Gerber et Jimmy s'entendaient comme
larrons en foire. Notre position n'en demeurait pas moins
exposée au danger. L'île et les deux ponts la reliant à la
terre ferme étaient placés sous haute surveillance, cependant il existait de nombreux gués que les rebelles auraient
pu utiliser pour nous attaquer. Ils auraient eu le temps de
tous nous massacrer bien avant que les secours ne nous
parviennent de Bridgeport. Aussi étions-nous toujours sur
le qui-vive, réagissant à la moindre alerte. Heureusement,
la plupart du temps, ces alarmes n'étaient pas fondées.
Après la défaite des sudistes devant Nashville, plusieurs
bandes de guérilleros montrèrent des signes de désespoir
en multipliant les coups de main et les sabotages. Cela
dégénéra bientôt en actes purement criminels. Ils s'en prenaient aussi bien aux civils qu'aux soldats de l'Union. Le

prince mena alors de nombreuses expéditions qu'il commandait lui-même.

« De ces raids, il revenait toujours bredouille, les rebelles possédant un bon réseau d'espionnage pour les avertir à temps de la menace qui pesait sur eux. Je ne manquais jamais de le taquiner sur ses exploits, surtout la fois où il captura… deux chapeaux de rebelles ! Malgré mes taquineries, Felix ne se décourageait pas, et une nuit, son acharnement porta fruit. Il prit un camp sudiste à l'improviste. Plusieurs rebelles furent tués, d'autres furent faits prisonniers. Une grande quantité d'armes et de chevaux tombèrent dans les mains de nos troupes. La semaine suivante, il surprit un important chef de guérilla dans son campement. Les pertes furent très lourdes du côté des sudistes. Le vent venait de tourner en notre faveur. Le général Steedman le félicita chaudement pour ses succès, ce qui le conforta dans son intention de recommander le prince pour une promotion. »

— Le général Steedman n'avait-il pas déjà soumis cette demande pour votre époux après la bataille de Nashville ?

— Oui, mais, malheureusement, la promotion promise n'arrivait pas. On supposait qu'à Washington, des influences hostiles bloquaient le processus habituel et empêchaient que soit délivrée la nomination. Alors, il fut décidé de m'envoyer en émissaire auprès des autorités afin d'aider à l'avancement de Felix. Le voyage jusqu'à Washington dura onze longues journées, en grande partie à cause de l'état lamentable des routes et des voies ferrées. À une station, il fallut descendre du train, car un pont avait été emporté par la crue des eaux. J'ai alors marché plus de trois kilomètres sous la pluie battante, les pieds dans la boue jusqu'aux chevilles, chargée comme une mule de tous mes bagages. Malgré tous ces désagréments, j'arrivai dans la capitale un mardi, à dix heures du soir. Je me rappelle ce détail, car il marqua mon entreprise.

«En effet, dès mon arrivée, sans me soucier de l'état de fatigue dans lequel je me trouvais, j'ai rencontré le général Hooker, le général Fry et deux ou trois autres personnes pour m'assurer de leur appui. Ils m'apprirent que le Sénat ajournait sa session à la fin de la semaine et que je n'avais pas de temps à perdre. À compter du lendemain matin, je m'agitai comme la mouche du coche! Je me précipitai d'abord chez le sénateur Yates qui m'informa que rien ne pouvait être décidé tant que le général Thomas ne remettrait pas son rapport. J'enjoignis au sénateur de communiquer avec le général Thomas et aussi avec le général Steedman. Une réponse positive de Steedman nous parvint le jour même par télégramme. Avec cette dépêche en main, je courus chez le secrétaire d'État à la Guerre, M. Stanton, qui était malheureusement absent. Je revins donc au pas de course chez le sénateur Yates, qui écrivit à Stanton. De mon côté, je me mis à correspondre avec le gouverneur du New Hampshire pour implorer son appui. Je me déplaçai même jusqu'à Albany pour rencontrer le gouverneur de New York. J'obtins de ces deux dignitaires d'élogieuses lettres de recommandation pour Felix.

«Enfin, tout ce qui pouvait être tenté, je l'avais accompli. Cependant, la semaine s'était écoulée et le Sénat était dissous, sans que la situation n'eût évolué dans mon sens. Puis un mois passa tandis que je me morfondais. Je devins si impatiente durant cette longue attente que j'en tombai malade. Selon le médecin, mon état ne nécessitait qu'un peu de repos. Ce qui me guérit fut la bonne nouvelle que m'apporta mon excellent ami le gouverneur Yates : le général Thomas avait accepté de recommander Felix. Le gouverneur présenta lui-même la requête au secrétaire d'État à la Guerre. Le lendemain, Yates déposa dans mes mains la commission de général de Felix. J'envoyai au plus vite un télégramme au *général* Felix Salm-Salm. Mon cœur débordait de joie et de fierté. Felix m'avait donné son nom et élevée au rang de princesse ; pour le remercier, je l'avais épaulé de mon mieux pour qu'il obtienne par deux fois un régiment et qu'il reçoive le grade de général. »

— De belles victoires dues à votre ténacité et à votre audace ! Mais, connaissant votre caractère, je crois que vous n'auriez pas pu vous présenter devant le prince avec un constat d'échec.

— J'aurais été au désespoir de revenir sans cette promotion. Mais par un horrible mauvais coup du sort, ma joie fut de courte durée. J'avais reçu l'heureuse nouvelle le 13 avril 1865. Depuis quelques jours, tous les habitants de Washington se réjouissaient de la capitulation de la ville de Richmond. Partout on fêtait la victoire obtenue aux dépens du général Lee. Tous les bureaux étaient fermés. Les employés couraient dans les rues, d'un bar à un autre, embrassant des inconnus sur leur chemin. Le drapeau de l'Union pouvait flotter de nouveau à la grandeur du pays. Le 14 au soir, pour fêter à la fois le triomphe de l'armée nordiste et l'avancement de mon époux, je décidai d'aller au théâtre Ford. On y jouait une pièce que j'aimais bien : *Our American Cousin*. Lincoln et sa femme prenaient place dans la loge présidentielle. Au milieu du troisième acte, alors que le public s'esclaffait, j'entendis un coup de feu. Presque au même instant, un homme sauta de la loge du président sur la scène en criant la devise de la Virginie : *Sic semper tyrannis*. Il venait de tirer sur le président. Après un court moment d'incompréhension, la colère des spectateurs se déchaîna dans un brouhaha assourdissant. Des hommes criaient des imprécations contre l'agresseur, des femmes pleuraient, on courait en tout sens, on se bousculait. Pendant ce temps, le pauvre président fut transporté dans la maison d'un photographe allemand, à deux pas du théâtre. Il y mourut le lendemain matin, entouré d'un grand nombre d'amis et de sympathisants. Je déplorai la perte d'un aussi bon et aimable président, et même si la guerre m'avait endurcie devant ce genre de scènes, je restai encore quelque temps à Washington pour assister aux funérailles.

«Mon voyage de retour dans le Sud s'avéra pire encore que celui enduré pour me rendre dans la capitale. De longs rails manquaient à plusieurs endroits sur les voies ferrées. Nous ne savions jamais si le train allait passer ni à quelle heure. Parfois, il fallait s'installer à bord d'une locomotive dépossédée de ses wagons, au risque d'y laisser ses poumons. Je parcourus même une partie du trajet en ambulance, n'ayant trouvé aucun autre moyen de transport. Le cocher prétendait connaître parfaitement la route et je me fiai à lui. Malheureusement, il perdit son chemin en traversant une forêt à la nuit tombée. L'obscurité nous empêchait même de voir les chevaux devant nous. Soudain, un terrible orage se mit de la partie. Les éclairs nous aveuglaient, les coups de tonnerre nous assourdissaient et une pluie torrentielle s'abattit sur nous, rendant le sentier glissant sous les pas des bêtes. Je crus y laisser ma peau plus d'une fois. À la ville suivante, je repris le train pour m'apercevoir au bout d'un moment que j'étais peut-être tombée de Charybde en Scylla. Les locomotives se déplaçaient au petit hasard, aucun horaire régulier n'étant disponible. Quand notre train s'engagea lentement dans une courbe prononcée, je vis avec horreur un autre train roulant à toute vitesse en sens inverse. Le chauffeur réagit avec une grande présence d'esprit en stoppant l'engin et en faisant marche arrière sur une longue distance afin de permettre à l'autre locomotive de s'arrêter.»

— Vous l'avez échappé belle! Il est heureux que vous n'ayez pas déraillé.

— Oh! mais cela aussi m'est arrivé! Au cours d'un autre voyage, il manquait quelques rails, le conducteur s'en est rendu compte trop tard et le train est sorti de sa voie.

— N'étiez-vous donc jamais à l'abri? N'y avait-il personne pour surveiller l'état des voies ferrées?

— Les États-Unis sont si vastes que les distances entre les villes ne peuvent se comparer à celles entre les cités européennes. Les malfaiteurs ont beau jeu de commettre leur méfait dans les immenses étendues non habitées. En cette période d'hostilités, les cheminots n'osaient pas se hasarder loin de la surveillance des soldats. Il était fréquent de voir sur les toits des trains une douzaine d'hommes armés pour protéger les convois des attaques des rebelles. À leur décharge, il faut bien dire cependant que ces attaques se trouvèrent hautement justifiées par la façon dont notre général Sherman se comporta avec la population sudiste. À l'automne 1864, il chassa tous les habitants de la ville d'Atlanta. Les femmes, les enfants, les vieillards et les malades durent partir, emportant le plus d'effets person-nels qu'ils pouvaient traîner avec eux, car ils ne trouveraient sur leur route ni nourriture ni aide. Tous les bâtiments publics furent détruits. Des élégantes maisons, il ne restait que des cheminées noircies. Seulement quelques vieilles demeures dans les banlieues furent épargnées pour servir d'abris ou de baraquements aux soldats nordistes. Quelle triste vision! Ces scènes de dévastation se répétaient partout dans le sillage de Sherman. On a dit de lui qu'il était un héros de la guerre, mais je n'envie pas une telle gloire!

«À l'été 1865, lorsque le prince fut nommé comman-dant du district, nous sommes allés nous installer dans Atlanta en ruine. À la vue de cette ville dévastée, je ne par-venais pas à croire que les survivants puissent un jour se réconcilier avec leurs conquérants nordistes. Cela faisait pourtant partie de notre mission de ramener la paix dans ce coin de pays. Cette tâche exigea beaucoup d'énergie et de tact. Les soldats de l'Union se montraient hautains, voire arrogants, envers la population locale qui les détes-tait. Des bagarres survenaient régulièrement. Felix travailla de son mieux à restaurer la confiance des habitants et tenta de museler l'insolence de ses hommes. Ses efforts ne furent pas totalement vains, puisque l'on vit apparaître de nouvelles maisons entre les ruines et que les fermiers revinrent vendre leurs denrées au marché.

«La détresse de ces pauvres gens finit par toucher la sympathie du Nord, car, un jour, le juge Root et sa femme arrivèrent avec un convoi chargé de vêtements et autres objets indispensables à une vie décente. Il me confia toute cette marchandise pour que je la distribue. Des centaines de pauvres femmes affamées, au teint jaune et vêtues de haillons, s'attroupèrent devant ma porte. Je passai plusieurs jours à partager cette manne de la manière la plus équitable qui soit. De plus, un nombre croissant de blessés et de malades s'entassaient à l'excès dans les hôpitaux où j'allais passer quelques heures tous les jours pour assister, dans les limites de mes capacités, les médecins et les infirmiers. À l'occasion, je me rendais à Augusta ou à Nashville y quérir des provisions, des bandages ou des médicaments que me donnait la Christian Commission. Je me souviens d'un jour où j'ai recruté un médecin d'étrange façon. Felix était parti en tournée d'inspection à l'extérieur de la ville quand j'entendis des plaintes provenant du fond de mon jardin. Un pauvre soldat était attaché à un arbre, une baïonnette entre les dents et exposé au soleil cuisant. Je fis venir un capitaine qui m'expliqua que le prince avait exigé cette punition pour désobéissance.»

— Quel cruel châtiment! Cet homme avait dû commettre un acte éminemment répréhensible pour s'attirer ainsi les foudres du prince.

— Pas selon mon jugement! Il s'agissait d'un jeune Allemand, enrôlé récemment, qui refusait obstinément de couper sa longue chevelure bouclée d'angelot. Quand il s'était présenté devant le prince pour expliquer son refus, il avait insisté sur son droit de porter les cheveux comme il le désirait et y était même allé d'un long discours contre la tyrannie, comportement indigne dans un pays libre. Sur les questions de discipline, Felix n'a jamais entendu à rire et il avait entrepris de rabattre le caquet de l'impertinent jeune homme en le réprimandant aussi durement. Ne pouvant endurer un tel excès de brutalité, j'ai aussitôt demandé de le libérer. Le capitaine a refusé. Je me suis fâchée. Le capitaine m'a expliqué qu'il ne pouvait aller à l'encontre des ordres qu'il avait reçus. J'ai donc détaché moi-même le soldat sans que l'officier n'osât m'en empêcher. J'ai emmené cet Allemand dans ma cuisine et je lui ai donné à boire et à manger. En le questionnant, j'ai appris qu'il était apothicaire. Je lui ai suggéré de se couper les cheveux, d'aller ensuite implorer le pardon de mon mari pour que, par la suite, je puisse le recommander à un poste où l'on utiliserait mieux ses connaissances que dans les rangs. Il a suivi mes conseils et est ainsi devenu docteur pour un régiment d'hommes de race noire. Felix n'a jamais su que je l'avais détaché, le capitaine s'étant bien gardé de rapporter l'événement.

« N'allez pas croire que le prince s'amusait à agir avec autant de barbarie, cependant il devait se montrer ferme pour garder ses troupes à l'ordre. La guerre durait depuis quatre ans, les soldats ne supportaient plus de vivre éloigner de leur famille. La vie dans les campements ne se déroulait pas toujours dans les meilleures conditions sanitaires. À la toute fin de la guerre, il nous a fallu nous établir au fort Pulaski, sur une île dans l'Atlantique, tout près de Savannah. Nous avons trouvé les logements de la garnison dans un état lamentable. Ils n'avaient pas été nettoyés depuis longtemps et étaient d'une saleté indescriptible. En conséquence de quoi, plusieurs soldats tombèrent malades, ayant attrapé une sorte de choléra ou de dysenterie. L'odeur pestilentielle et l'humidité des lieux nous étaient insupportables. Pire encore, aucun meuble ne garnissait les baraques. Nous couchions directement sur le sol. Alors, imaginez la joie des ces pauvres hommes lorsque nous arriva la nouvelle que l'armée était dissoute et qu'ils allaient retourner à la maison. Tous les volontaires pouvaient reprendre leurs occupations premières. Le prince comme les autres perdit son grade militaire. Il aurait pu entrer dans l'armée régulière où il aurait facilement obtenu un poste de colonel. Cependant, il ne se sentait aucune inclination pour l'armée en temps de paix. De plus, il ne se voyait pas passer le reste de sa vie en Amérique. Il espérait revenir un jour en Allemagne. D'un autre côté, il était attiré par le Mexique et par l'empereur Maximilien. Ayant déjà servi dans l'armée autrichienne, Felix sympathisait avec ce prince originaire de l'Autriche. Et c'est ainsi que se termina notre aventure aux États-Unis. »

La princesse se tut un long moment, avant de se rendre compte que sa dame de compagnie frissonnait.

— Vous ne devriez pas rester à l'extérieur aussi longtemps. Pensez à vos articulations, elles n'endurent ni le froid ni l'humidité. Entrez ! Je vous suivrai bientôt.

Fräulein Runkel remercia la princesse de la confiance dont elle l'honorait en lui accordant le statut de confidente. Elle la salua et se retira dans la maison. Demeurée seule, Agnes prit dans ses bras le chiot qui s'était endormi à ses pieds. Tout en caressant la fourrure duveteuse du jeune cabot, elle songea qu'elle ne racontait uniquement ce qui la mettait en valeur. Elle avait effectivement aidé les malades et les blessés et garni les hôpitaux militaires, mais de quelle manière peu scrupuleuse ! Combien de fois avait-elle volé comme une pie les wagons de provisions destinées aux officiers, n'hésitant pas à l'occasion à fouiller dans les bagages des généraux ? Elle faisait enrager Felix en déchirant ses chemises pour en faire des bandages, lui répétant : « Que cela te plaise ou non, tu demeureras toujours un véritable gentleman même à moitié nu sur la paille ! » Durant ces quatre années de guerre, elle-même ne porta que les deux mêmes robes en toile quand elle vivait dans les bivouacs.

Elle n'allait tout de même pas révéler à Louisa qu'elle avait failli passer en cour martiale le jour où le général Steedman l'avait prise les mains dans ses effets personnels. À la place, elle l'avait convaincu de former une alliance avec elle contre la misère sur les champs de bataille. Il était d'ailleurs devenu son meilleur allié. Et que dire du mécontentement des gens au ministère de la Guerre devant son comportement un peu trop cavalier ! Le président Lincoln en personne était intervenu pour calmer la situation en leur disant : « Ce que certaines personnes n'utilisent seulement comme un muscle, elle s'en sert comme d'un cœur compatissant. »

Cher président… Ne l'avait-elle pas, pour gagner un pari, embrasser sur les deux joues et sur la bouche, au cours d'une de ses visites au camp d'Aqua Creek ? Revenu de son étonnement, il avait bien ri en apprenant qu'elle venait ainsi de gagner une caisse de bouteilles de vin dont la plupart servirent aux blessés pour supporter la douleur pendant leur opération. À part la morphine dont nous disposions en quantité insuffisante, il n'existait rien de mieux pour apaiser les craintes et redonner du courage.

Aux États-Unis, guerre et plaisir allaient parfois de pair. Comment oublier ces soirées de bal où luxe et splendeur éblouissaient ses yeux de petite provinciale et pendant lesquelles l'alcool coulait à flot ? Lors de ces fêtes splendides se jouait la destinée du pays le plus riche de l'Amérique par l'attribution ou non des hauts postes militaires. À l'opposé, son cœur se serrait à la pensée du triste sort de ses amis de La Nouvelle-Orléans que les hostilités n'épargnèrent pas. Pour se consoler, elle courait chez sa sœur Della qui lui permettait de jouer à la mère avec ses enfants. La plus grande et heureuse surprise de cette période troublée fut les retrouvailles de son oncle Enrikes qui avait su si bien tirer son épingle du jeu. À titre de fournisseur de selles pour l'armée nordiste, il avait accumulé une jolie fortune.

Elle devait admettre que ses frasques ne se limitaient pas à obtenir des avantages pour ses pauvres malades. Elle se souvenait avec amusement de ses folles cavalcades dans les rues de Washington, passant en trombe sous les fenêtres de la Maison-Blanche sans se soucier d'être reconnue ou non par le président. Il lui arrivait aussi d'embellir sa vie en répandant des rumeurs sur son compte. Elle chevauchait un mustang qui se nommait Minnehaha et se prétendait la petite-fille d'une Indienne de l'Ohio. Son prénom indien était Winona qui signifiait « flamme ». Son lieu de naissance se déplaçait chaque fois qu'elle disait d'où elle venait : Kentucky, Vermont, Maine ou ailleurs, quelle importance ! Elle eut même le culot de faire croire à Lincoln lui-même qu'ils pouvaient être de vagues cousins, étant tous deux apparentés à une certaine Mme Olive Kilby Lincoln qui avait épousé un capitaine Melzear Joy. Ce n'était pas tout à fait exact, mais cela avait suffi pour attirer l'attention du président sur sa personne et lui permettre de faire avancer les affaires du prince plus aisément.

Il fallait donc qu'elle soit jeune pour agir avec autant de rouerie mêlée d'innocence. Jeune et confiante en la vie, prête à tout pour ne pas rester derrière. Aujourd'hui, elle se sentait si vieille et n'entretenait plus de grands espoirs pour les jours qui lui restaient. Le monde avait bien changé, elle ne le reconnaissait plus. Elle n'y trouvait plus de place pour elle, pour le style de vie qu'elle préconisait, pour la noblesse qu'elle avait toujours admirée. Elle devait admettre malgré elle que son temps sur terre achevait. Aussi bien passer le peu qui restait à s'occuper de Jimmy II ! Il s'agissait d'une cause aussi noble qu'une autre !

QUERÉTARO, MEXIQUE

6 MARS 1867 – 15 MAI 1867

Extraits du journal du prince Felix zu Salm-Salm

6 mars 1867

L'ennemi est en vue depuis le lever du soleil. Les troupes du chef révolutionnaire Juárez sont arrivées du côté ouest de la ville et ont pris position dans la plaine, au-delà de la petite colline de la Campaña. Du haut de cette butte, nous pouvons observer tous les mouvements des libéraux. Ils occupent les haciendas et les hameaux qui entourent Querétaro. Ce midi, plusieurs généraux suggérèrent à l'empereur Maximilien de passer à l'attaque sur-le-champ, pour ne pas leur laisser le temps de s'installer davantage ni de se reposer de la fatigue du voyage. Malheureusement, le général Marquez s'opposa à cette entreprise. Il prétendait que notre adversaire n'attendrait pas notre attaque dans la plaine et qu'il vaudrait mieux laisser toutes les forces libérales se rassembler pour les anéantir d'un seul coup!

La sagesse de cet inepte conseil m'a échappé. En outre, il semblerait que mes raisons pour une attaque immédiate tenaient de la pédanterie... Mes connaissances en tactique militaire s'avéraient surannées aux yeux des éminents stratèges mexicains!

De plus, notre chef d'état-major, le subtil général Marquez, s'imagine que le minuscule Río Blanca sera une protection suffisante pour notre flanc nord, car il a négligé d'occuper les collines situées de l'autre côté de la rivière. Cette négligence a rapidement été détectée par l'ennemi qui s'est emparé de la guérite au pied de la colline San

Pablo et de la chapelle à son sommet. Ainsi, nous avons galamment permis aux hommes de Juárez de prendre le contrôle de la situation et de se poster à leur gré sans chercher à leur nuire. Nous finirons par payer cher ce manque de prévoyance.

10 mars 1867

Ce matin, le général Castillo s'est avancé sur San Pablo dans le but d'en reprendre possession. Le bataillon des Cazadores, qui se tenait en tête de la brigade, a chassé l'ennemi de la guérite et a donné l'assaut à la colline. Mais, parvenus au sommet, les hommes ont dû rebrousser chemin quand ils ont découvert, sur l'autre versant, plusieurs milliers de fantassins libéraux. Durant cette attaque, le commandant des Cazadores, le lieutenant-colonel Villasana, fut blessé.

À la suite de ces événements, l'empereur Maximilien demanda à me voir. Il m'a proposé de remplacer le lieutenant-colonel Villasana tout en s'excusant de ne pouvoir m'offrir le commandement d'une brigade. Il a toutefois ajouté que le corps d'armée qu'il me présentait était une troupe d'élite qui exigeait beaucoup d'énergie et de poigne de la part de son chef. Comme je suis inactif depuis trop longtemps, aussi ai-je accepté avec la plus grande joie. Mon expérience dans l'armée américaine m'a appris qu'on ne doit ressentir aucune honte de passer de général à lieutenant et que de conduire une brigade ou un bataillon n'enlève rien à la valeur d'un officier. Seuls le courage et la loyauté comptent.

J'ai rencontré mes hommes. Ils sont près de sept cents, pour la plupart des Français, des Allemands, des Hongrois et quelques Mexicains. Ils ressemblent à une horde de loups farouches, toujours prêts à se battre entre eux, mais qui ne font qu'un devant l'ennemi.

Cet après-midi, nous avons constaté des mouvements dans l'autre camp. Ils occupent maintenant les hauteurs de San Gregorio, de La Cantera et de San Pablo, trois collines situées au nord de la ville, ainsi que celles de Cuesta China, de El Cimatario et de El Jacal, au sud. Rien n'a été entrepris pour faire obstacle à ces prises de position, mais il a été jugé raisonnable de changer la nôtre. Nous avons reculé derrière le Río Blanca. Nous occupons toute la ligne de la rivière qui longe le nord de la cité et qui la sépare du village de San Luis. Une brigade a été placée à l'est de la ville pour protéger le couvent de Santa Cruz, où l'empereur a installé son quartier général.

Avec mes Cazadores, je suis chargé de surveiller le seul pont qui enjambe le Río Blanca et qui relie Querétaro à San Luis. Mais ce n'est pas la défense du pont qui m'inquiète. Je m'interroge plutôt sur celle de Santa Cruz. Ce couvent qui date de la Conquête espagnole, ainsi que son panthéon, sa chapelle, ses jardins et la place qui l'entourent sont considérés comme la citadelle de Querétaro. Malheureusement, lors des préparatifs de la défense de Santa Cruz, le général Marquez n'a pas cru nécessaire de placer des soldats dans le panthéon ni dans la chapelle. Lorsque l'empereur le lui a fait remarquer, il a répliqué que, les troupes adverses n'étant composées que de fripouilles méprisables, les mesures prises suffisaient à les tenir en respect. Cela reste à prouver !

14 mars 1867

Vers dix heures ce matin, l'ennemi est passé à l'attaque. Des colonnes d'infanterie ont descendu au pas de course les rues de San Luis qui mènent au pont. Lorsqu'elles se sont trouvées à une distance d'une centaine de pas, nous les avons arrosées d'une pluie de balles et de mitraille. Elles se sont aussitôt enfuies pour se cacher derrière l'église de San Sebastian, deux rues plus haut.

Changeant de tactique, notre adversaire a plutôt cherché, plus à l'est, un endroit pour traverser la rivière à gué. Dès que ses intentions ont été remarquées par le général Castillo, il m'a ordonné d'aller à sa rencontre avec mes Cazadores.

En empruntant la rue qui longe la rivière, nous sommes arrivés juste à temps pour l'accueillir de plusieurs salves, ce qui l'a forcé à rebrousser chemin une deuxième fois.

Peu après, les libéraux, renforcés par de nouvelles troupes, ont encore attaqué le pont et sont finalement parvenus à occuper quelques-unes des maisons situées de l'autre côté du Río Blanca. Ils ont installé plusieurs fusils automatiques et pièces d'artillerie légère dans l'une d'elles, le Mesón Sebastian. Cette auberge pour muletiers est adossée à un enclos à bétail, lui-même entouré d'un haut mur de pierres. Bien à l'abri derrière ce mur, ils nous mitraillaient d'un feu nourri auquel nous répondions avec une pareille ardeur.

Un peu après midi, j'ai aperçu de nombreux fantassins regroupés près de la chapelle de la Cruz del Cerro, qui est bâtie sur le versant sud de San Gregorio. Presque au même moment, un canon Parrot, placé dans une rue à gauche du pont, s'est mis à tirer des obus sur notre batterie, ratissant, par la même occasion, les rues de la cité où plusieurs citoyens furent tués.

Tandis que les obus éclataient autour de nous, mes Cazadores s'impatientaient, désireux d'aller faire taire le canon. Aussitôt que je reçus l'ordre de chasser ce fauteur de troubles et de reprendre à l'ennemi les maisons qu'il occupait, je me suis adressé à mes soldats. Dans un espagnol écorché, je les enjoignis de ne tirer qu'à mon ordre et de ne faire le plus gros du travail qu'à la baïonnette seulement. Ils trépignaient d'impatience comme une meute attendant le signal de rabattre le gibier. Je gardai mes hommes à couvert le plus longtemps possible, puis, à la sortie du pont, je les laissai envahir la place devant eux en criant, chacun dans leur langue maternelle : « Vive l'empereur ! »

En apercevant le canon sur notre gauche, je levai mon sabre et répondis à mes hommes : « *Viva il Emperador ! A la pieza muchachos !* » Tous se précipitèrent sur l'obusier. Le brave commandant de cette pièce d'artillerie tira sur un de mes officiers, le blessant gravement, mais ce fut son dernier geste, une demi-douzaine de baïonnettes le transperçant immédiatement après. Tous les hommes d'artillerie sous son commandement furent tués à coups de baïonnette ou de crosse de fusil.

Le canon fut aussitôt envoyé au pont pendant que nous tirions sur les libéraux installés dans le Mesón Sebastian. Ils s'enfuirent bientôt en passant par les jardins. Plusieurs, pris de panique, tentèrent de se barricader dans les maisons des alentours. Je fis avancer mes hommes dans les rues avoisinantes pour les déloger, ce qui fut accompli sans ménagement. Je dus même utiliser mon sabre contre certains de mes soldats qui refusaient d'obéir à mes ordres d'épargner ceux qui imploraient notre pardon. Mais je ne pus malheureusement empêcher tous les gestes de sauvagerie qui eurent lieu dans ces maisons, me contentant alors de contourner les cadavres qui s'empilaient sur les seuils.

La débandade que j'observais chez les soldats ennemis m'encouragea à pousser notre chance et à poursuivre notre attaque. Les repoussant devant moi comme un troupeau de moutons apeurés, de rue en rue, je me rendis ainsi jusqu'à la chapelle de la Cruz del Cerro, située au nord de San Luis. De là, j'aperçus des troupes libérales cherchant à se regrouper près de la chapelle San Trinidad, un peu plus haut à ma droite sur la colline San Gregorio. Je plaçai rapidement mon bataillon en position et je fis tirer plusieurs salves en leur direction. Elles prirent aussitôt la fuite vers le sommet de la colline dans le plus grand désordre.

À ce moment, les cavaliers du régiment de l'Impératrice, sous les ordres du colonel Lopez, émergèrent d'une rue de San Luis. J'envoyai aussitôt un officier requérir leur aide pour donner la chasse aux fuyards. Lopez refusa. Je chevauchai jusqu'à lui et répétai ma demande. Il me répondit qu'il n'avait nulle envie d'exposer ainsi son régiment et que, de plus, le terrain ne convenait pas à la cavalerie.

J'étais ulcéré! En tant qu'officier de cavalerie depuis ma
jeunesse, je sais très bien ce qui convient ou non à des
chevaux. Mais je ne pouvais forcer Lopez à m'obéir puisque
nous portons tous deux le même grade. Dans l'incapacité
de poursuivre l'attaque, j'ordonnai à mes Cazadores de
garder leur position. Nous avions accompli notre devoir
sans faillir, l'obusier et la banlieue de San Luis étant maintenant sous notre contrôle. J'envoyai mon aide de camp,
le lieutenant Montecon, annoncer notre succès au général
Valdez. L'ordre que ce dernier me retourna, emplit mes
Cazadores de fureur. Nous devions abandonner les lieux et
nous contenter de garder le Mesón Sebastian, devant le
pont. Tout ces efforts, tous ces actes de bravoure, pour
finalement reculer et revenir presque au point de départ…
Redonner aux rebelles ce que nous leur avions arraché au
prix du sang de nos camarades tombés sur le terrain me
révoltait. Néanmoins, je n'avais d'autre choix que d'obéir.

Nos pertes en morts et en blessés s'élèvent à une
trentaine d'hommes. Nos opposants ont perdu plus de
trois cents soldats.

Pendant que nous combattions au nord de Querétaro,
le sud-est de la ville ne fut pas épargné. L'ennemi avait
pris le contrôle du panthéon et de la chapelle toujours inoc-
cupés, grâce au manque de prévoyance de notre général
Marquez. Du toit de la chapelle, les soldats libéraux pouvaient tirer tranquillement sur nos troupes entourant le
couvent. Certains d'entre eux essayèrent même de traverser
le large préau en s'abritant derrière les nombreux cactus
plantés dans la cour. Cette protection, suffisante pour
passer inaperçus, n'empêchait toutefois pas nos balles
tirées du couvent d'atteindre leur cible! Ils durent donc se
retrancher dans le panthéon. Ce n'est que vers la fin de
l'après-midi, que la garnison protégeant le couvent réussit
à les chasser de la chapelle et du panthéon. Ce dernier est
maintenant bien défendu. Je doute que les libéraux ne le
reprennent.

Enfin, la nuit a recouvert la ville de sa noire pèlerine, les canons et les fusils se sont tus. Les horloges, elles-mêmes, sont réduites au silence, personne n'ayant songé à les remonter. Les chiens, si bruyants en temps normal, ont déserté les rues, préférant errer à l'extérieur de la cité, à la recherche de cadavres dont ils pourraient se repaître.

Je suis fier de mes hommes, ils ont bien combattu. Demain, l'empereur les récompensera en procédant à une remise de médailles. Demain, il nous faudra poursuivre la lutte, l'ennemi nous encercle toujours.

15 mars 1867

Cet après-midi, l'empereur m'a fait l'honneur de me demander mon avis sur la meilleure option à prendre dans les circonstances présentes. Sans détour, je lui ai déclaré qu'il fallait profiter de l'état d'esprit dans lequel devaient se trouver les libéraux. La plupart d'entre eux n'étant que des paysans enrôlés plus ou moins volontairement, leur détermination augmente lorsqu'ils gagnent une bataille. Dans le cas contraire, ils sont prêts à jeter les armes et à retourner dans leurs foyers. Après notre succès de la veille et avec l'enthousiasme de nos troupes, je n'avais pas le moindre doute sur le résultat d'une bataille entreprise dès maintenant.

Je suggérai à l'empereur d'attaquer San Gregorio et San Pablo, au nord, avec toute l'infanterie, pendant que la cavalerie effectuerait une percée à l'ouest pour se rendre jusqu'à San Luis Potosí, où Juárez a établi le siège de son gouvernement. J'ajoutai de plus que, de permettre aux libéraux de nous enfermer dans un lieu aussi défavorable que Querétaro, qui n'a aucune importance politique ou stratégique, était non seulement ridicule mais pourrait même devenir fatal. J'exprimai aussi l'opinion que ni l'empereur ni son général en chef Marquez ne devaient désirer rester longtemps dans cette ville, puisque les haciendas aux alentours de Querétaro ne bénéficiaient d'aucune protection de notre part. Ce qui normalement aurait dû être une de nos préoccupations premières pour sauvegarder les provisions que ces riches haciendas pouvaient nous procurer.

Si nous avancions sur San Luis Potosí, à l'ouest, et que nous envoyions aussi une troupe vers le nord, nous pourrions reprendre la possession des riches terres de ces districts.

L'empereur m'a écouté avec la plus grande attention, mais il a hoché la tête et a repoussé mon idée. Mon point de vue différait totalement de celui du général Marquez qui, lui, a grandi au milieu des révolutions mexicaines. Il connaît le pays et le peuple mexicain. Et plus que tout, l'empereur ne peut douter de la loyauté et de l'honnêteté de son général en chef. Marquez a été une des principales personnes à lui demander de venir au pays. C'est aussi lui qui l'a convaincu de rester au Mexique malgré le départ des soldats français, pour prouver qu'il pouvait exister sans l'aide de la France. L'honneur oblige l'empereur à ne pas rejeter les conseils de Marquez. J'espère qu'il n'en résultera rien d'irréparable.

21 mars 1867

Depuis quelques jours, nous nous sommes employés à fortifier la ville autant que faire se peut. En réalité, nous n'avons réussi qu'à élever des parapets et à munir quelques maisons de meurtrières et d'embrasures. Par ces ouvertures, nous parvenons à bombarder l'ennemi. De leur côté, les libéraux nous envoient régulièrement toutes sortes de projectiles. Je vois fréquemment des habitants se faire tuer dans la rue, mais, malgré cela, les gens s'habituent à côtoyer la mort et vaquent à leurs occupations quotidiennes.

Seule bonne nouvelle dans ce chahut, j'ai été promu ! L'empereur m'a donné le commandement de la première brigade sous les ordres du général Mendez. C'est une excellente brigade constituée des 2e, 5e et 14e Bataillons de ligne, du bataillon Zamora, de celui des Tiradores et de mes Cazadores. Mes hommes sont postés à l'ouest et au sud de la ville. Nous décrivons un arc de cercle d'environ vingt-cinq kilomètres qui va du Río Blanca jusqu'à la chapelle San Francisquito.

Demain, nous passons à l'action. Des espions nous ont avertis que les rebelles ont reçu dans le village de San Juanico, à moins d'une lieue d'ici, des renforts en artillerie, munitions, armes et quatre cents chariots remplis de provisions. On m'a donné l'ordre de m'en emparer. Je brûle d'obéir à cet ordre !

22 mars 1867

À cinq heures ce matin, nous étions prêts comme convenu. Les Cazadores constituaient l'avant-garde, la batterie occupait le centre et les Tiradores fermaient la marche. À notre droite coulait le Río Blanca. À main gauche, le régiment Quiroga assurait notre protection.

Nous avons d'abord attaqué leurs avant-postes que nous avons pourchassés jusqu'à San Juanico. L'infanterie qui se trouvait sur les lieux a tenté de résister, mais nous ne leur avons pas laissé le temps de former leurs rangs. À mon cri : «*Viva il Emperador !*» mes Cazadores se ruèrent vers eux, baïonnettes au clair. Alors que je guidais mes hommes, une balle atteignit mon étalon à la tête. La blessure ne devait être que superficielle puisque la pauvre bête, après être tombée à genoux, se releva aussitôt pour reprendre son allure. Je parvins à rester en selle et continuai à mener mes soldats.

L'ennemi, effrayé par notre charge, s'enfuit vers une grande hacienda, à l'autre extrémité du village, où se trouvaient les quartiers généraux du commandant libéral. Le régiment Quiroga contourna San Juanico et arriva à l'hacienda avant mes troupes. Il chargea les rebelles qui ne montrèrent pas beaucoup de résistance et se retirèrent dans les boisés, au-delà du village.

Dans l'hacienda, nous nous sommes emparés des papiers du commandant libéral dont, entre autres, un compte rendu des positions de l'armée autour de Querétaro. Mais, à notre grand regret, l'artillerie et une grande part des provisions avaient déjà été distribuées parmi les soldats libéraux. Nous n'avons mis la main que sur vingt-quatre chariots contenant du maïs et des armes, ainsi que sur des bœufs, des vaches, des chèvres et des moutons. Pendant que nous rassemblions notre butin, ma batterie ouvrit le feu sur les huit mille hommes de la cavalerie ennemie, les tenant à distance le temps nécessaire.

J'ordonnai alors la retraite, tout en demeurant à l'arrière avec mes Cazadores pour protéger les autres troupes qui retournaient à Querétaro. Je fus le dernier à repasser les limites de la ville.

L'empereur est venu nous féliciter.

23 mars 1867

Le conseil de guerre a résolu que le général Marquez et le général Vidaurri allaient se rendre à Mexico pour y quérir toutes les troupes qu'ils pourront rassembler. En chemin, ils ne doivent tenter aucun coup de main ou expédition contre les libéraux, mais plutôt tâcher de revenir le plus rapidement possible. Devant les généraux, Marquez a donné sa parole d'honneur qu'il serait de retour à Querétaro avant quinze jours, «coûte que coûte». Ils seront escortés par le régiment Quiroga et le 5e Bataillon, en tout près de mille cavaliers.

Leur départ, survenu un peu après minuit, a produit beaucoup de remous parmi les soldats ennemis. Ils croient que l'empereur a quitté la ville. Selon un espion, ils songeraient à passer à l'attaque demain matin, à la première heure, et de profiter ainsi de la diminution de nos troupes. De plus, les libéraux ont été considérablement renforcés par l'arrivée de quelques bataillons. Ils doivent être à présent plus de quarante mille hommes supportés par soixante-dix à quatre-vingts canons. De notre côté, nous ne pouvons réunir que six mille cinq cents soldats et une quarantaine de canons. Il nous faut tenir jusqu'au retour de Marquez.

24 mars 1867

Tôt ce matin, la sentinelle en poste sur la tour du couvent de Santa Cruz rapporta des mouvements de troupes chez l'ennemi. Leur infanterie, leur cavalerie et leur artillerie avaient pris position sur les hauteurs de Cuesta China et de El Cimatario. Ma brigade reçut l'ordre de prendre position dans les tranchées faisant face à ces collines.

Vers dix heures, une colonne d'environ six mille soldats s'avança vers nous. Dans leurs uniformes d'un blanc éclatant, ils semblaient sûrs d'eux et résolus à nous tailler en pièces. Le général Miramon nous envoya, moi et ma brigade, au-devant d'eux. Je plaçai mes hommes en ligne de l'autre côté d'un ruisseau. Je permis aux libéraux d'approcher jusqu'à cent cinquante pas de nous. À ce moment, nous les avons accueillis avec un tir nourri de mitraille et de boulets qui les surprit à tel point qu'ils firent volte-face !

Au même moment, le régiment de l'Impératrice se rua vers eux et parvint à faire plusieurs centaines de prisonniers. Les survivants réussirent à se mettre à l'abri au sommet de la colline El Cimatario d'où ils étaient protégés par un autre de leurs bataillons. La plaine devant nous était couverte de blessés et de morts, ceux en habit blanc formant un saisissant contraste sur le sol sombre.

Je reçus peu après l'ordre d'aller couper la route à une troupe d'infanterie qui se déplaçait vers une ferme, jouxtant la guérite Pueblito à l'ouest de la ville. Je plaçai deux bataillons près de la grange et autour de la maison de ferme, tandis que ma batterie se tenait à la guérite. Je gardai un bataillon en réserve. Mes Cazadores demeurèrent dans les tranchées. Devant nous s'étalait un vaste espace couvert de cactus.

De part et d'autre, nos artilleries respectives engagèrent le combat. Puis les fantassins libéraux, dans leurs habits immaculés, se précipitèrent vers nous, en hurlant et en tirant. Nos canons répondaient à leur attaque par des tirs précis et meurtriers. Ils avançaient pourtant, par vagues successives, semblant parfois hésiter, mais reprenant leur marche sous l'impulsion de leurs officiers. Ils atteignirent ainsi les abords de la grange.

Je chevauchai jusque-là et ordonnai au colonel Madrigal : « Nous devons tenir l'endroit quel qu'en soit le prix, même s'il faut que nous soyons tous enterrés ici. Si l'ennemi prend la place, la ville sera perdue. » J'ai confiance en la bravoure du colonel, mais je craignais néanmoins que, devant la supériorité numérique de nos opposants, il leur abandonnât la grange. Sa réponse me rassura sur ses intentions : « Nous les forcerons à reculer ou nous mourrons ici. »

Je donnai l'ordre à mes réserves de venir soutenir le bataillon du colonel Madrigal. Les libéraux continuaient néanmoins d'avancer en terrain découvert. Nous devions réagir rapidement. De la grange, je fis alors tirer du canon. À si courte distance, les projectiles produisirent une grande frayeur dans les rangs adverses. En même temps, j'envoyai un détachement de cavalerie attaquer leur flanc gauche. J'obtins ainsi l'effet désiré. Les libéraux s'enfuirent, pris de panique. Les hommes de Madrigal sortirent de la position qu'ils défendaient et se ruèrent sur eux, les massacrant à coups de baïonnette et de crosse de fusil jusqu'à ce que leur cavalerie vînt les protéger.

Nous avons capturé plusieurs centaines de prisonniers. Plus de mille cinq cents morts et blessés recouvraient le champ de bataille. Nos pertes ont été relativement faibles en comparaison des leurs. Les troupes débordaient d'enthousiasme lorsque l'empereur Maximilien est venu les féliciter sur le terrain. Quand il m'a serré la main, j'étais profondément ému.

Avec mes hommes, je dois garder notre position, c'est-à-dire la guérite de Pueblito et les bâtiments de la ferme tout à côté. De là, nous pouvons entendre les plaintes et les cris des blessés rebelles, abandonnés par leurs compagnons d'armes sur le champ de bataille. J'ai tenté de porter secours à plusieurs d'entre eux, mais mal m'en prit. Je suis parvenu à faire transporter dans nos hôpitaux ceux qui se trouvaient le plus près de nous, mais lorsque je me suis aventuré un peu trop loin, j'ai failli me faire capturer par une dizaine de cavaliers. De ma vie, je n'ai couru aussi vite. Sans me soucier des aiguilles de cactus sur lesquelles je me piquais au passage, je me suis précipité vers les tranchées où je me suis écroulé, complètement exténué. Dommage pour ces pauvres hommes, mais je ne peux que les laisser mourir sur place puisque leurs compatriotes ne se donnent pas la peine de les secourir.

1er avril 1867

Hier matin, deux déserteurs libéraux se sont rendus à nous. Cela se produit plus ou moins régulièrement, car beaucoup de Mexicains et d'Indiens sont enrôlés de force par le camp adverse. Pourtant, cette fois, leur cas est différent. Il s'agit d'Alsaciens qui ont déjà servi dans la Légion étrangère française. Lorsque les troupes françaises ont quitté le Mexique, ils sont restés ici avec l'espoir de s'enrichir en servant Juárez. Ils se sont vite aperçus que la fortune promise avait été troquée contre la brutalité et le manque de considération. Mécontents, ils souhaitent maintenant se mettre sous nos ordres.

Le plus grand des deux, qui répond au surnom de Muth, s'est offert pour retourner dans le camp libéral afin d'y glaner des informations qui pourraient se révéler très utiles. L'empereur ne semblait pas enclin à accepter cette proposition, mais je lui ai fait voir qu'après tout le pire que nous risquions était que l'homme ne revienne pas. Ce Muth ne pourrait pas apprendre grand-chose à l'ennemi que celui-ci ne connût déjà grâce à ses espions dans la cité.

L'empereur a finalement consenti à le laisser aller. J'ai donné à Muth cinq piastres et je lui ai dit qu'en contre-partie je retenais son compagnon en otage et que je le ferais exécuter s'il ne revenait pas avant minuit. Je ne sais pas si cet homme m'a cru, mais l'empereur était bien cons-cient qu'il s'agissait d'une feinte de ma part. J'ai ensuite conduit Muth jusqu'au pont, au nord de la ville, et j'ai ordonné aux sentinelles de ne pas tirer sur lui lorsqu'il reviendrait, que ce soit de jour ou de nuit.

Il est bel et bien revenu, aux environs de neuf heures, hier soir. Il n'a pas pu couvrir toute la colline de San Gregorio, car ses déplacements commençaient à paraître suspects. Il a toutefois eu le temps de repérer deux batte-ries, protégées par de solides fortifications en pierres, un important rassemblement de fantassins et deux canons de montagne placés près de la chapelle San Trinidad. Muth s'est offert pour me guider à travers les jardins de San Luis jusqu'à la colline San Gregorio.

En entendant ces informations, l'empereur a décidé de tenter une attaque durant la nuit, au moins pour prendre les deux canons. Avec le général Miramon, il a préparé le plan de la bataille. À deux heures ce matin, on m'a ordonné de préparer mes Cazadores et d'attendre avec eux dans la rue menant au pont. Vers trois heures nous avions pris position. Mais nous avons dû attendre jusqu'à quatre heures que le général Miramon se présente et m'explique son plan. Avec mes hommes, je devais me rendre devant l'église San Sebastian, occupée par les libéraux. Sans me soucier de la réaction de l'ennemi, j'avais ordre d'avancer jusqu'à la chapelle San Trinidad et de m'en emparer avec les canons qui s'y trouvaient. Par la suite, je devais m'attaquer aux batteries sur la colline San Gregorio. Miramon promit de me suivre avec une brigade et de protéger mes arrières, et d'envoyer une seconde brigade pour chasser l'ennemi de San Luis.

Je me mis aussitôt en route. Comme le trajet s'effectuait à travers des jardins, tous les officiers laissèrent leur monture à des serviteurs qui nous suivaient de loin, jusqu'à ce que nous en ayons besoin. Sans causer d'alarme, nous parvînmes jusqu'à l'église San Sebastian où, le plus silencieusement possible, je plaçai mes hommes en formation d'attaque. Deux troupes m'accompagnaient, mes Cazadores et la garde municipale. Nous fûmes découverts au moment où nous terminions de former les rangs. Sans répondre au tir que nous recevions du côté de l'église, nous nous précipitâmes vers la colline.

À notre vue, les libéraux installés près de la chapelle San Trinidad s'enfuirent dans le plus grand désordre, sans prendre le temps d'utiliser contre nous les deux canons qu'ils avaient ordre de garder. Je fis main basse sur les canons, les munitions, les chevaux et tout l'équipement qui se trouvait là. J'envoyai la totalité de mes prises à l'arrière-garde. Je permis alors à mes hommes de se reposer quelques minutes, car ils étaient trop essoufflés par leur course pour monter à l'assaut de la chapelle.

Pendant que nous reprenions la formation, j'aperçus deux de mes Cazadores qui traînaient une femme sans tenir compte de ses cris de peur et de protestation. Je sortis mon sabre et renvoyai ces mécréants à leur rang. La pauvre femme me remercia avec reconnaissance avant de s'enfuir rapidement.

Après cet incident, nous donnâmes l'assaut à la colline San Gregorio, mais en atteignant le sommet, nous fûmes arrêtés dans notre élan par un tir de mitraille lancé par deux bataillons qui nous attendaient. Pendant un certain temps, nous avons reculé et avancé de nouveau sans succès. Il faisait à présent plein jour et la réserve que Miramon m'avait promise pour me soutenir ne nous suivait pas. Néanmoins, j'essayai de prendre possession de la colline selon le plan d'attaque prévu. Malheureusement, l'ennemi était plus nombreux que nous et en bien meilleure position. Sous son tir meurtrier, nous fûmes refoulés jusqu'au bas de la pente. Sans notre réserve, entourés par l'ennemi qui pouvait constater à la lumière du jour notre faiblesse numérique, nous n'avions d'autre choix que de battre en retraite avant que ce ne fût plus possible.

Je dirigeai mes hommes vers l'ouest à la recherche d'un passage qui nous mènerait au pont. Sur notre flanc gauche, en provenance des maisons de la banlieue, nous soutenions un feu nourri. Nous devions néanmoins poursuivre notre course pour éviter le tir de ceux qui nous poursuivaient. Lorsque nous nous sommes engouffrés dans la seule rue allant vers le pont, des rafales intenses se mirent à nous frapper de plein front. Impossible de reculer ou de rester sur place sans y laisser notre peau. Nous n'avions pas d'autre choix que de traverser cette rue le plus rapidement possible. Enjambant les obstacles et les barricades, nous courions dans une odeur de poudre et de sang mêlés. Un de mes hommes, en pointant la main devant moi pour m'indiquer un passage, reçut dans le bras une balle qui, autrement, me serait entrée dans la poitrine. J'échappai ainsi à une mort certaine.

Lorsque j'atteignis le pont, j'aperçus enfin Miramon avec ses hommes et les deux canons que j'avais capturés. Il s'est contenté de sourire sans se donner la peine de m'expliquer pourquoi il m'avait laissé dans l'embarras. De part et d'autre du Río Blanca, le tir incessant se prolongea jusqu'à la fin de la soirée.

Nous avons gagné deux canons, mais à quel prix ! Nous avons abandonné derrière nous nos morts et nos blessés. Ces pauvres derniers ont été achevés par l'ennemi. Si Miramon m'avait suivi comme prévu, nous aurions pu prendre San Gregorio, mais… tant pis !

J'ai tout de même pu ramener la majorité de mes hommes. Il ne fait aucun doute que, si nous étions restés dix minutes de plus dans cette rue d'enfer, nous serions tous morts.

5 avril 1867

Le général Marquez devait revenir aujourd'hui, mais nous n'avons reçu aucune nouvelle sur son compte depuis deux semaines. L'empereur commence à douter de sa loyauté. Toutefois, des rumeurs circulent dans la ville qu'il aurait été battu pendant un combat. Ne pouvant vérifier la source de cette rumeur, je suppose qu'il s'agit d'une invention visant à miner notre assurance.

Un conseil de guerre a été tenu le 2 avril. Plusieurs propositions ont été mises sur la table. L'une d'elles suggérait de sortir de la ville avec toute l'armée. Une autre, soutenue par tous les généraux, sauf Miramon, conseillait à l'empereur de sortir seul avec sa cavalerie, et de se rendre à Sierra Gorda, où il serait plus en sécurité. Mais Maximilien a déclaré qu'il serait déshonorant pour lui de quitter son armée et qu'il préférerait plutôt mourir. Miramon a ajouté que l'on pouvait tenir Querétaro encore longtemps et qu'il vaudrait mieux attendre le retour de Marquez. L'empereur a abondé dans son sens. Il a même affirmé que Marquez *doit* revenir bientôt. En conséquence, il nous faudrait attaquer la guérite de Mexico et l'occuper pour être en mesure de supporter Marquez à son retour.

Pour régler nos problèmes d'approvisionnement en munitions, les cloches des églises et la toiture en plomb du théâtre ont été transformées en balles et en boulets. Mais un problème demeure. Je m'inquiète des disputes fréquentes entre les généraux Miramon et Mendez. Ce dernier prétend que Miramon ne désire pas le bien de l'empereur et qu'il ne travaille que pour réaliser ses propres ambitions. Miramon n'a-t-il pas récemment remplacé plusieurs officiers entièrement dévoués à Maximilien par des hommes de son propre parti ? Je ne dois pourtant pas tomber dans le piège créé par l'angoisse d'être enfermé et la crainte d'être à tout instant trahi par nos propres officiers. Mendez déteste Miramon, mais cela n'en fait pas un traître.

J'admets que Mendez n'a pas tort de pousser l'empereur à essayer de se sortir au plus vite de cette souricière. Querétaro est la ville la plus mal défendable que je connaisse. Entourée de six collines du haut desquelles l'ennemi observe chacun de nos mouvements et peut nous canarder à sa guise, la cité n'offre aucune porte de sortie ou d'accès avec l'extérieur.

Les vivres diminuent. Combien de temps pourrons-nous encore tenir ?

11 avril 1867

Cette nuit quand j'ai reçu l'ordre de préparer mes Cazadores pour trois heures du matin en vue de l'attaque de la guérite de Mexico, Mendez m'a dit avec un sourire en coin : « Pourquoi *toujours* vous et les Cazadores ? » Je ne pouvais m'empêcher, moi aussi, de me poser la question. Miramon serait peut-être bien heureux de se débarrasser de moi. Je suis le seul officier haut gradé qui ne soit pas mexicain. Pire encore, en tant que prince prussien, j'ai avec l'empereur des liens d'amitié qui remontent à mes ancêtres. Miramon me voit-il comme une menace au contrôle qu'il veut exercer sur l'empereur ?

Même mes Cazadores ont montré des signes de rébellion. Ils m'ont laissé entendre qu'ils avaient toujours fait leur devoir et qu'ils le feraient encore avec dévouement, mais qu'ils trouvaient injuste d'être régulièrement utilisés comme de la chair à canon ! Je leur ai répondu que je ferais part de leurs doléances à l'empereur, mais que pour l'instant nous allions accomplir notre devoir avec toute l'énergie et tout le courage dont nous pouvions faire montre.

À trois heures ce matin, je me tenais avec mes hommes devant le couvent de Santa Cruz. Miramon, en présence de l'empereur, me donna mes ordres. Avec mes Cazadores en avant-garde, je devais quitter la place Santa Cruz et emprunter la route qui passe sous l'aqueduc jusqu'à la guérite. Au passage, il fallait nous emparer d'une maison occupée par trois bataillons ennemis, tout près de l'aqueduc. Notre flanc droit serait protégé par le régiment de l'Impératrice et une troupe de hussards qui marcheraient sur une route secondaire longeant celle que nous prendrions.

Ce plan m'apparaissait terriblement risqué et je pris la liberté de le faire remarquer à Miramon. Il répliqua que je devais suivre les instructions telles qu'il me les avait données. Il me recommanda aussi d'attendre son signal avant d'avancer. Après un très long délai, l'ordre de passer à l'action arriva enfin. L'empereur en personne vint me souhaiter bonne chance. J'en avais grandement besoin. Nous avions tellement tardé à sortir de la ville que l'on pouvait entendre dans le camp opposé le grondement de leur batterie. Nous ne pouvions plus espérer les prendre par surprise.

Mes Cazadores atteignirent la maison près de l'aqueduc où un tir intense les accueillit. Mes braves soldats réussirent néanmoins à s'en emparer. Il nous fallait maintenant passer sous l'aqueduc, un magnifique monument datant du temps de la Conquête espagnole. D'une longueur d'environ cinq cents mètres, il est formé de plusieurs arches de quarante-cinq mètres de large chacune. En passant sous l'une d'entre elles, des coups de feu retentirent à notre gauche. Une hacienda, protégée par un mur de pierres dans lequel des trous étaient aménagés, servait de cachette à des soldats libéraux. Nous ne pouvions avancer sur la route sans risquer de tomber sous les balles. Aussi pour nous protéger, nous nous sommes collés contre le mur entourant la ferme et une étrange bataille s'engagea. Un de mes Cazadores se fit voler son arme lorsqu'il la passa à travers un des trous pour tirer sur l'ennemi. De notre côté du mur, les libéraux en perdirent deux de la même manière, mais à notre profit. Muth, mon espion alsacien, eut l'idée de piquer de la baïonnette dans ces trous, blessant de la sorte plusieurs adversaires.

Soudain, nous fûmes bombardés sans pouvoir déterminer d'où provenait le tir. Mes hommes furent tellement surpris et apeurés qu'ils se contentaient de se presser contre le mur. Le feu que nous recevions était si sévère que je ne parvenais pas à les forcer à se déplacer. Avec le colonel Cevallos et le major Pitner, je me précipitai au-devant d'eux pour les encourager à poursuivre leur avance. Seule une quinzaine de mes hommes me suivit.

Avec ce petit groupe, nous nous rendîmes à une tourelle au coin de l'hacienda. À cet instant, le major Pitner est tombé à mes côtés, répandant son sang sur mes bottes. Quoique touché à la tête, il n'était pas atteint mortellement. Deux de mes hommes le ramenèrent en arrière. Pendant que je discutais avec le colonel Cevallos, adossé à la tourelle, un soldat rebelle passa son fusil à travers un trou du mur juste derrière moi. Sans me douter de rien, j'avais la tête à quelques pouces de la gueule du canon. Heureusement pour moi, mon aide de camp s'en aperçut et, m'attrapant par le collet, me jeta par terre au moment où le coup partit. Grâce au jeune Montecon, je suis encore en vie.

Il nous était impossible de poursuivre notre avance contre un ennemi supérieur en force et protégé par un mur de pierre. Aussi ai-je résolu, à contrecœur, d'ordonner la retraite. Nous avons pu ramener avec nous tous nos blessés, mais avons abandonné nos morts sur place.

À mon retour, je suis allé voir l'empereur pour lui exprimer mon regret que la mission n'eût pas été un succès. Il me répondit simplement qu'il était heureux que j'aie pu revenir vivant. Il m'emmena alors avec lui dans son bureau où il me demanda de lui dire ouvertement ce que je pensais de Miramon. Je lui ai expliqué les erreurs de tactique de cette mission. Je lui appris aussi le manque total de support de Miramon pendant l'attaque de San Gregorio, le 1er avril. Il me répondit qu'il lui fallait attendre le moment favorable pour régler cette situation. Attendre… L'attente me sied mal.

17 avril 1867

Je savais depuis deux jours que l'on me confierait cette mission. À vingt-trois heures trente, je me suis présenté au Cerro de la Campaña où m'attendaient le régiment de l'Impératrice et la 4e Cavalerie. Avec le général Moret, un ami personnel de Miramon, j'avais reçu l'ordre de sortir de la ville, de me rendre à Mexico et de remettre au général Marquez des lettres signées de la main de l'empereur. Marquez devait me suivre et revenir à Querétaro, sinon j'avais les pleins pouvoirs pour le démettre de ses fonctions et agir à sa place. Les paroles de l'empereur résonnaient encore à mes oreilles : « Salm, je vous confie beaucoup, mais je me sens parfaitement serein dans ma conviction d'avoir placé ma destinée entre bonnes mains. » Malgré cet encouragement, je n'aimais pas l'idée d'abandonner l'empereur entouré de toutes sortes de dangers, mais cette mission lui promettait le salut. J'avais l'obligation de répondre à ses espérances.

La lune brillait fortement lors de notre départ. Le général Moret et ses Mexicains ouvraient la marche, je suivais derrière avec la cavalerie. Il nous fallut d'abord traverser le Río Blanca. À cet endroit, l'eau est profonde et les berges escarpées. Les hommes traversèrent un à la fois, ce qui nous fit perdre des minutes précieuses. Durant ce temps, je remarquai dans le camp adverse des fusées signalant la direction de notre marche. Sur la rive opposée, autant à notre droite qu'à notre gauche, des tirs d'infanterie nous surprirent. De toute évidence, l'ennemi était au courant de nos plans. Quelqu'un nous avait trahis !

Néanmoins, nous continuions d'avancer mais lentement, alors que nous aurions dû galoper. Les libéraux nous couvraient de balles. L'une d'elles m'effleura la jambe au moment où notre colonne cessa sa marche. Furieux, j'envoyai un homme voir pourquoi le général Moret nous faisait arrêter. Je lui fis dire qu'il nous fallait poursuivre notre

chemin par tous les moyens possibles et ne pas se préoccuper de ceux qui tombaient. Mon homme revint me dire
que Moret voulait me voir à ses côtés au plus vite.

En arrivant auprès de Moret, il m'informa qu'une
soixantaine de ses hommes avaient traversé un fossé mais
qu'il était impossible de les suivre, car un grand nombre de
fantassins rebelles occupaient à présent le fossé. Ils étaient
si nombreux que nous n'avions d'autre choix que de
rebrousser chemin. Je regrette de ne pas être resté avec
l'avant-garde. J'aurais pu faire partie de ces soixante
hommes qui ont pu passer. En ce moment, j'aurais atteint
Sierra Gorda. Mexico serait à ma portée !

Jamais de ma vie, je n'ai été aussi furieux et humilié que
pendant cette retraite ! Tout cela à cause de la décision du
général Moret de marcher en tête à ma place ! Mais surtout
à cause de la folie de Miramon de m'avoir imposé la
présence de cet homme dont le manque de capacité pour
une telle expédition lui était très bien connu. La négligence
et l'étourderie de Miramon sont impardonnables ! Je vais
proposer à l'empereur de tenter une nouvelle sortie, mais
à ma manière.

21 avril 1867

L'empereur refuse de me laisser partir. Il doute de plusieurs
de ses hommes. Avec raison, il faut bien l'admettre. Avant-
hier, quinze officiers ont remis une lettre au général Mejia
dans laquelle ils émettaient l'opinion qu'il ne restait plus
d'autre option que de se rendre ! Trois d'entre eux ont été
arrêtés le jour même. Si on ne peut se fier à leur courage
et les empêcher de nous trahir, mieux vaut qu'ils ne nous
nuisent pas.

Maximilien est de plus en plus conscient de la difficulté
de sa position, mais il croit toujours que le général Marquez
reviendra à Querétaro. Miramon n'aide en rien la situation, en déclarant haut et fort que l'on peut tenir le siège
pendant des mois. Sont-ils tous inconscients ou aveugles ?

La nourriture se raréfie, les munitions sont rationnées, la promiscuité et l'incertitude dans lesquelles nous vivons continuellement, le harcèlement incessant de l'ennemi qui nous mitraille à qui mieux mieux, tout cela est invivable ! Espérer tenir des mois dans de telles conditions s'avère pure folie !

Néanmoins, j'ai tout de même réussi à convaincre l'empereur d'envoyer un messager au général Marquez. Un homme seul, brave et discret, peut quitter la ville. J'ai proposé Muth, mon fidèle Alsacien. Je lui ai promis deux mille pesos pour accomplir cette mission. La lettre est cachée dans la semelle de sa chaussure. Il doit nous ramener une réponse de Marquez ou des nouvelles à son sujet. Il est parti cette nuit. Que Dieu veille sur lui !

Aujourd'hui, j'ai été nommé premier aide de camp de l'empereur. Je sais que cela ne plaît pas à certains officiers mexicains. Ils ne veulent aucun étranger dans l'entourage de l'empereur. Cela les dérange quand Maximilien et moi parlons dans notre langue natale. Il est dans leur nature d'imaginer que tout le monde complote. Moi comme n'importe quel autre ! J'ai pourtant l'habitude de dire ouvertement, et peut-être même un peu trop directement, ce que je pense. Tant pis, s'ils n'ont pas confiance en moi. Cela ne me détournera pas de mon affection pour l'empereur. Advienne que pourra, je lui demeure tout dévoué.

22 avril 1867

La nuit fut agitée. L'empereur m'a fait réveiller et demander dans ses appartements. Je l'ai trouvé habillé et marchant de long en large. Quelqu'un, qu'il n'a pas nommé, l'a prévenu que Miramon avait l'intention de l'arrêter durant la nuit. Même si l'empereur ne voulait pas accréditer cette hypothèse, il croyait qu'il convenait néanmoins de prendre les mesures requises pour empêcher cette éventualité. Je suppose que cette information lui a été rapportée par le général Mendez. Il ne peut supporter son compatriote, pire, il se méfie de lui.

J'ai ordonné à mes hussards de se tenir prêts. J'ai moi-même passé la nuit avec l'empereur à surveiller les va-et-vient autour de lui sans qu'aucun incident ne se produise. Ce matin, Maximilien s'est entretenu avec Miramon pendant plus de deux heures. Je ne sais exactement ce qui est ressorti de cette conversation, mais l'empereur a conclu : « Je crois, Salm, que le jeune général est fidèle, après tout. »

25 avril 1867

Muth est revenu. Les nouvelles ne sont pas ce que l'empereur attendait. En quittant Querétaro, mon Alsacien rampait entre les cactus lorsqu'il a été entouré par les soldats de l'avant-poste ennemi qui pointaient leur fusil sur lui. Ne voyant aucune échappée possible, il agita un mouchoir blanc et se rapporta comme déserteur. Ils le menèrent à leur quartier général où il fut questionné par un aide de camp allemand. Ensuite, il fut attaché à un bataillon qui occupe la guérite de Mexico. Là, il tenta de récolter toutes les informations qui pourraient nous être utiles.

Il est bien connu dans le camp adverse que le général Marquez a été battu à San Lorenzo, le 8 avril. Marquez y a perdu son artillerie et n'a réussi à s'échapper qu'avec quelques hussards. Il est maintenant assiégé dans Mexico. De plus, la ville de Puebla est tombée aux mains des libéraux qui y ont exécuté trois généraux et cinquante officiers impériaux.

Muth a ajouté qu'ils n'ont pas l'intention de faire une attaque générale, mais qu'ils sont confiants de s'emparer bientôt de la ville, en affamant toute la garnison. Toutes ces mauvaises nouvelles encouragent l'empereur à quitter la ville avec son armée. Il a chargé le général Castillo de concevoir le plan d'évacuation. Les préparatifs doivent s'effectuer dans le plus grand secret. Seuls l'empereur, Castillo, Miramon et moi-même sommes au courant. J'ai rempli des petites valises de papiers importants et d'archives que les hussards transporteront sur leur selle. Je suis heureux que nous soyons arrivés à cette décision. Il est temps que nous partions avant que l'irréparable ne se produise.

27 avril 1867

Je ne connais pas les dispositions exactes qui furent prises pour notre expédition, mais tout porte à croire que Miramon s'intéressait davantage à infliger une sévère déconvenue à l'adversaire plutôt que de remplir la mission que l'empereur lui avait confiée. Entre cinq et six heures, ce matin, Castillo et Miramon se sont avancés, chacun de leur côté. Castillo devait feindre d'attaquer la guérite de Mexico tandis que Miramon s'en prendrait à l'ennemi posté au pied de la colline El Cimatario. Pendant ce temps, l'empereur attendait dans le couvent de Santa Cruz avec mes hussards, la garde impériale et le régiment de l'Impératrice. Tout était prêt pour notre départ.

Miramon se battit on ne peut mieux. Il avait sous ses ordres la division de Mendez, les braves Cazadores en tête, comme d'habitude, le bataillon de la garde municipale de Mexico et une cavalerie pour couvrir son flanc droit. Son attaque fut si impétueuse que la panique se saisit des libéraux qui s'enfuirent sans grande résistance. Il s'est emparé de quinze canons, de cinq cents prisonniers dont une ving-taine d'officiers, d'une grande quantité de munitions et d'armes, de bagages d'officiers et de provisions.

De son côté, Castillo pouvait aussi se réjouir de son succès. Il avait mis la main sur une batterie de six canons. Nos pertes étant minimes et le but de notre attaque étant accompli de manière glorieuse, rien ne nous empêchait de quitter la ville. Les rebelles auraient besoin de plusieurs heures pour rassembler de nouvelles troupes en prove-nance de l'autre côté de la ville. Nous n'avions plus rien à craindre de celles que nous avions déjà battues. Les pau-vres citoyens jubilaient. À la vue de notre succès, ils se pré-cipitaient sur les lignes ennemies et s'emparaient de toutes les victuailles qu'ils pouvaient trouver.

Quand l'empereur a constaté la victoire de son armée, il a donné l'ordre à ses hommes de l'attendre et il s'est rendu sur le champ de bataille. L'accueil des soldats fut délirant. Les cloches sonnaient partout dans Querétaro. En arrivant sur les lieux, j'ai aperçu, à mon plus grand étonnement, les bataillons de Miramon retirés devant la guérite de Pueblito, alors qu'aucune troupe libérale ne se trouvait devant eux. Rien ne l'empêchait de s'emparer des collines El Cimatario et Cuesta China et, de là, tirer sur la guérite de Mexico !

L'empereur chevaucha seul avec Miramon et eut avec lui une longue conversation. Je suppose que le général a réussi à le persuader de renoncer à son projet de départ. Le foudroyant succès que ce jeune officier venait d'obtenir incitait Maximilien à tenter d'annihiler le reste de l'armée rebelle par une deuxième attaque au nord de la ville. Pour qu'une telle opération puisse se réaliser, il aurait fallu passer à l'action immédiatement. Comme toujours, les heures se sont écoulées à tergiverser et à se congratuler. Pendant ce temps, les libéraux reprirent leurs esprits et des troupes furent envoyées à la rescousse pour réparer les dégâts.

Au moment où nos propres soldats commencèrent l'ascension de la colline El Cimatario, l'ennemi était presque rendu au sommet, en passant par le versant arrière. À cause de la négligence de Miramon, qui n'avait placé aucune surveillance sur les hauteurs de la colline, il venait de perdre l'avantage de cette position. Je parle bien de négligence de la part de celui qui envoya dans ce combat les Cazadores avec seulement deux ou trois cartouches dans leur giberne ! L'empereur, enflammé par la victoire et croyant de plus en plus au génie de Miramon, avançait avec le général.

Quand nos brigades eurent monté environ les deux tiers de la pente, elles furent accueillies par un tir furieux venant du sommet où nos adversaires avaient pris position. Au même instant, leur cavalerie contourna notre flanc gauche et nous attaqua violemment. Nos troupes cessèrent d'avancer. La griserie de la victoire venait de les quitter. L'empereur, en voyant ses hommes hésiter, sortit son sabre, se plaça devant les lignes et leur lança des cris d'encouragement. Miramon se tenait à sa droite et moi à sa gauche. Mais le feu nourri des hauteurs se révéla plus éloquent que la bravoure et l'exemple de l'empereur. Les soldats firent demi-tour tandis que les libéraux fonçaient sur nous. Maximilien était hors de lui. Il refusait de partir et demeurait une cible idéale pour l'ennemi. Plus celui-ci avançait, plus le danger augmentait. Malgré mes exhortations et celles de Miramon, l'empereur s'obstinait à rester là. Finalement, je lui dis : «J'implore Votre Majesté de ne pas s'exposer d'une manière si inutile. Votre devoir envers votre armée vous oblige à ne pas gaspiller ainsi votre vie.» J'obtins enfin l'effet requis. Il a lentement tourné sa monture et a marché jusqu'à la guérite de Pueblito.

Le pied de la colline offrait alors un spectacle qui me fendait le cœur. Les soldats en fuite abandonnaient les blessés que les libéraux achevaient sans pitié. Cette deuxième attaque nous a fait perdre des centaines d'hommes, ainsi que les positions que nous avions gagnées tôt ce matin. Lorsque je fus seul avec Miramon sur la terrasse de la guérite de Pueblito, je lui demandai quelles mesures il avait prises pour la défense de Santa Cruz. Il me répondit, bêtement : «Aucune, jusqu'à présent.» Il avait totalement oublié de protéger notre quartier général ! Son étourderie laissait la place libre.

Heureusement pour nous, le régiment de l'Impératrice se trouvait sur les lieux et le général Mejia qui le commandait veillait au grain. L'empereur eut une conversation privée avec Miramon qui dura plus d'une heure. Pendant ce temps, je me suis entretenu avec Castillo. Nous pensions tous deux que, malgré le revirement de situation, il n'était pas trop tard pour mener à bien notre mission originale. Une échappée avec toute notre armée était encore possible à n'importe quel point de la ligne ennemie, mais plus particulièrement en direction de la Sierra Gorda, là où un détachement de soldats ennemis avait été retiré pour reprendre la colline El Cimatario. Demain, les troupes libérales que nous avions battues ce matin seraient remises de leur panique et de nouveau à leur poste, et il serait trop tard pour quitter la ville.

Tout était encore empaqueté et prêt pour le départ. Je n'avais pas reçu de contre-ordre, mais cette conversation qui s'éternisait entre Maximilien et Miramon n'augurait rien de bon. Je feignis un travail quelconque dans la pièce où l'entretien avait lieu et j'en profitai pour demander à l'empereur, en allemand, la faveur de quelques mots avant qu'il ne renvoyât le général. Il m'ordonna de retourner dans la chambre de Castillo, qu'il allait m'y rejoindre. Dès que nous fûmes seuls, je lui demandai la permission de m'exprimer plus ouvertement que je ne l'aurais osé dans des circonstances moins précaires. Je l'implorai alors de quitter la cité à l'instant même, sinon il courrait à la mort. Je développai les raisons et les arguments dont j'avais déjà discuté avec Castillo. Mais en vain ! L'empereur était entièrement sous l'emprise de Miramon. Il me cita son honneur militaire qui ne pouvait lui permettre d'abandonner la ville et son armement lourd. « Et puis, s'est-il exclamé, qu'adviendra-t-il de cette malheureuse cité qui m'a été si fidèle, et de nos pauvres blessés que nous laisserions derrière nous ? »

Même si ces scrupules honorent le cœur de l'empereur, je ne les trouvais pas convaincants. Abandonner une forteresse et ses armes peuvent jeter l'opprobre sur un commandant ou un officier, mais ces motifs n'ont pas à être pris en considération par un souverain qui doit être guidé par autre chose que le seul honneur militaire. Néanmoins, l'empereur s'est obstiné. Il nous a même annoncé que, dès demain, nous allions attaquer San Gregorio.

« Alors dans ce cas, ai-je déclaré, si Votre Majesté insiste pour rester et attaquer San Gregorio, je vous implore de ne pas retarder cette attaque, mais de la faire au plus tôt, d'ici une heure.»

Castillo était du même avis que moi, mais Miramon préférait attendre à demain. Ainsi donc, j'ai ordonné aux hussards et à la garde de l'empereur de se retirer dans leurs quartiers.

Je ne peux m'empêcher de penser que nous venons de laisser s'échapper notre dernière chance de salut. Tout s'était si bien déroulé ce matin. Pourquoi Miramon s'entête-t-il à demeurer dans cette souricière? Je ne le comprends pas. Je comprends encore moins la confiance obstinée de Maximilien pour ce jeune général qui accumule bévues sur bévues. Présentement, nous pourrions être loin d'ici, en sécurité. Mais existe-t-il un seul endroit au Mexique où la venue de l'empereur est désirée? Nous mourrons tous à Querétaro, j'en ai maintenant la certitude. La famine nous guette et nous n'avons même plus assez d'hommes pour garder toutes les tranchées. Miramon est un rêveur invétéré qui refuse de voir la réalité.

1er mai 1867

L'attaque de San Gregorio n'a pas eu lieu. Par contre, aujourd'hui, nous avons tenté de prendre la guérite de Mexico. Nous avons d'abord bombardé une hacienda occupée par l'ennemi, avec tant de succès que la place a été rapidement évacuée. Les Cazadores et le bataillon de la garde municipale se sont empressés de prendre possession des lieux d'où ils tiraient sur la guérite. Du panthéon de Santa Cruz, nous nous sommes mis à bombarder dans la même direction. C'est alors que nos troupes ont quitté l'hacienda pour passer à l'attaque. De la terrasse où j'étais posté avec l'empereur, je pouvais voir les soldats libéraux se sauver par la porte arrière. Notre succès semblait assuré jusqu'à ce que survînt un important revirement. Le colonel qui menait nos hommes se tenait en tête de la troupe et fut atteint de deux balles. Mort, il s'écroula au pied de son cheval.

Toute la garde municipale s'arrêta. Dans la confusion, les hommes décidèrent de battre en retraite. Les défenseurs de la guérite reprirent courage et les poursuivirent jusqu'à l'hacienda où les Cazadores les repoussèrent. Cependant, il fut jugé plus approprié d'abandonner l'hacienda et de se replier vers la chapelle San Francisquito. Nous sommes revenus au même point qu'hier.

3 mai 1867

Nous avons attaqué San Gregorio. À cinq heures ce matin, les hommes étaient prêts. Il fallut pourtant attendre jusqu'à sept heures. L'empereur se sentit tellement ennuyé par tout ce délai qu'il fût sur le point de contremander l'expédition. Finalement, deux colonnes s'avancèrent sur l'ennemi et réussirent à repousser leur première ligne. Mais, comme toujours, aucune réserve ne vint supporter leur travail et le maigre avantage que nous avions gagné ne servait à rien.

À Santa Cruz, je me tenais à la disposition de l'empereur dans le but de l'aider à quitter la ville, si l'attaque tournait mal. De la coupole du panthéon, j'observais le mouvement des troupes quand un boulet passa à un cheveu de la tête de Maximilien. Croyant qu'il avait été atteint, je me précipitai pour le prendre dans mes bras. Heureusement, il était sain et sauf.

L'empereur voulut envoyer un officier au général Miramon pour lui ordonner de tenir la ligne qu'il avait conquise jusqu'à ce qu'on lui envoyât du renfort. Malheureusement, l'ordre arriva trop tard, la ligne avait été reprise par nos adversaires.

Le général Mendez se montre de plus en plus insatisfait. Selon lui, toutes nos dernières batailles ont été superflues et n'ont eu pour résultat que la perte d'un grand nombre d'hommes sans nous procurer le moindre gain. Il espère que l'empereur s'affranchira au plus tôt de la néfaste influence de Miramon. Je dois lui donner raison, car Maximilien est aveuglé par les vains espoirs de détruire l'ennemi et de mettre fin au siège que le petit général fait luire devant ses yeux. Toutefois, quel que soit le résultat de cette terrible situation, je demeurerai aux côtés de l'empereur ! Seules les générations futures seront en mesure de juger du bien-fondé de nos actions.

11 mai 1867

Les provisions diminuent à vue d'œil. On ne nourrit plus les mules ni les chevaux, sauf ceux du régiment de l'Impératrice et de la garde personnelle de l'empereur. Heureusement, nous ne resterons plus très longtemps dans cette souricière.

Ce midi, le conseil de guerre s'est tenu dans les quartiers du général Castillo. Je suis demeuré dans la chambre de l'empereur, juste à côté. Maximilien venait régulièrement me mettre au courant de ce que les généraux discutaient et me demandait mon opinion. Il a été résolu de quitter la ville avec toute l'armée. S'il est vrai que l'ennemi nous entoure de toutes parts, ses soldats sont néanmoins dispersés sur cette ligne de cercle. En attaquant de front à un seul point, nous pourrons passer.

Pour distraire les libéraux et leur cacher notre intention le plus longtemps possible, nous allons armer trois mille Indiens qui vivent dans Querétaro. Ils occuperont nos tranchées pendant notre évacuation. Ils tireront pour attirer l'attention sur eux, jusque vers la fin de l'avant-midi ; ils abandonneront alors leur poste et retourneront tranquillement dans leur demeure.

Le général Mendez est de nouveau heureux. Depuis longtemps, il souhaitait notre départ, surtout que, dernièrement, les libéraux ne nous ont laissé aucun répit. Ils nous bombardent et nous mitraillent de jour comme de nuit. Le moral de l'empereur était au plus bas, à tel point que je craignais qu'il ne cherchât volontairement la mort. Il avait pris l'habitude de se promener autour de la ville en faisant fi des tirs d'escarmouche. Je l'ai toujours accompagné dans ses marches et les projectiles s'écrasaient un peu trop près de nous à mon goût.

Il est probable que nous perdrons la moitié de notre infanterie par simple désertion. Selon une bonne habitude mexicaine, ces soldats seront aussitôt intégrés dans l'armée adverse. Mais je plains les officiers qui tomberont entre leurs mains, car ils seront fusillés, sans aucun doute.

14 mai 1867

Ce soir, tout est prêt pour notre départ. Des rations de maïs ont été distribuées parmi les régiments pour les soutenir par un repas plus nourrissant. Il est vraiment temps que nous quittions les lieux avant que nos hommes ne crèvent de faim !

Le trésor de l'empereur a été divisé entre Pradillo, le docteur Basch, Campos, Blasio, Lopez et moi-même. Des sacs gonflés de pièces d'or sont cachés sous ma chemise autour de ma taille. Lorsque Lopez s'est présenté pour prendre la somme qui lui était confiée, il s'est montré très indigné, car il ne restait plus que des pièces d'argent, son tour venu. Il y a vu un manque de confiance en lui, ce qui est absolument faux. Mais ces Mexicains sont tellement soupçonneux et envieux les uns des autres que l'empereur doit constamment ménager leur susceptibilité. Maximilien m'a nommé général et pourtant il ne l'a encore annoncé à personne. Il préfère attendre que nous soyons de retour à Mexico, de crainte que la jalousie de certains de ses officiers supérieurs ne fasse rater notre évacuation. Il s'inquiète surtout de la réaction de Miramon qui aimerait bien voir plusieurs de ses amis accéder à ce poste avant moi. L'empereur s'entête à refuser d'accorder cette faveur au jeune général, car il juge sévèrement la valeur militaire desdits amis.

À dix heures ce soir, le conseil s'est de nouveau réuni. Les généraux ont décidé que mille deux cents mousquets et quatre canons ne suffiraient pas à tenir l'ennemi en respect et que l'attaque devait être reportée de vingt-quatre heures. Miramon a même ajouté qu'un délai plus long rendrait nos adversaires moins soupçonneux et moins prudents à notre égard. L'empereur a accepté d'attendre une journée, mais pas davantage. Plus tard, il est venu en parler avec moi. Il m'a dit : «Je sais, Salm, que vous n'êtes pas satisfait de ce délai. » À quoi j'ai répondu : «Votre Majesté, je suis aussi peu satisfait de ce délai que des raisons mises de l'avant par les généraux. Je pense que mille deux cents mousquets et quatre canons suffisent largement pour masquer notre départ! Ce qui importe, c'est de foncer. » Il a hoché la tête et a finalement conclu notre discussion en affirmant : «Bien, un jour de plus ou de moins importe peu. Assurez-vous que les montures de mes hussards et de ma garde personnelle restent sellées. »

J'ai ensuite inspecté la maison et n'ai rien constaté d'anormal. Pour calmer ma mauvaise humeur, j'ai bu quelques verres de vin. Cette nuit, je coucherai tout habillé, mon sabre à mes côtés et mon revolver sous l'oreiller.

15 mai 1867

Journée d'enfer ! Journée à marquer d'une croix noire !

À mon réveil, vers cinq heures du matin, le soleil n'était pas encore levé. Je n'ai pas porté attention au bruit provenant de l'extérieur, car les rues au Mexique sont rarement silencieuses. Tout me semblait calme quand soudain le colonel Lopez a fait irruption dans ma chambre en criant : «Vite ! Sauvez la vie de l'empereur, les libéraux sont déjà sur la place Santa Cruz. » Il disparut aussi rapidement qu'il était venu, sans me donner plus d'explications. Le temps de boucler la ceinture de mon sabre et d'y glisser dessous mon revolver, le docteur Basch entra à son tour et me demanda ce qui se passait.

«Nous sommes surpris par l'ennemi. Je cours chez l'empereur. Dépêchez-vous de prévenir les hussards de monter en selle et de se tenir prêts devant le couvent.»

En arrivant chez l'empereur, je le trouvai habillé et parfaitement calme. Il me dit: «Salm, nous avons été trahis! Faites sortir les hussards et ma garde personnelle. Je vous rejoins tout de suite en bas. Nous verrons ce que nous pourrons faire.»

Je courus vers la place Santa Cruz. J'étais étonné de ne rencontrer aucun soldat, même la garde devant la porte de l'empereur avait disparu. La compagnie qui devait surveiller l'entrée de la place ne se trouvait pas à son poste, pas plus d'ailleurs que le régiment de l'Impératrice qui aurait dû se tenir là. Je rencontrai finalement le capitaine Fuerstenwaerther et lui ordonnai d'aller chercher les hussards dans leur quartier, juste de l'autre côté de la place, dans le Mesón de la Cruz, et de ramener aussi la garde impériale.

En revenant sur mes pas, je vis, dans la pâle lueur de l'aube, qu'un de nos canons pointait dans notre direction. J'aperçus aussi sept ou huit soldats se glisser précautionneusement à travers une ouverture pour pénétrer dans la place. Je me précipitai vers le couvent où je rencontrai l'empereur dans l'escalier. Il était armé d'un sabre et de deux revolvers. Le général Castillo le suivait de près. Je m'écriai: «Votre Majesté, c'est notre dernière chance. L'ennemi est ici!»

En traversant la place pour se rendre aux quartiers des hussards, nous fûmes interceptés par des soldats rebelles. Je m'apprêtais à tirer, mais l'empereur arrêta mon geste. Au même instant, Lopez et Gallardo, un colonel libéral, sortirent des rangs. Gallardo reconnut l'empereur, mais, cependant, il se tourna vers ses hommes et leur dit en espagnol : « Laissez passer, ce sont des citoyens ! » Les soldats se sont rangés et nous avons pu continuer notre route, l'empereur, Castillo et moi-même, malgré nos uniformes d'officiers.

De toute évidence, ils ne souhaitaient pas capturer l'empereur, mais lui laisser le temps de s'échapper. Était-ce pour mieux lui tirer dans le dos et ainsi éviter les longueurs d'un procès et le blâme international d'une exécution ? Néanmoins, l'empereur me chuchota : « Vous voyez, le bien que nous faisons nous est toujours rendu. La mère de l'officier qui vient de nous laisser passer côtoyait fréquemment ma femme. Ma chère Charlotte a beaucoup aidé cette dame. Le fils vient de payer sa dette morale. »

La lumière du soleil éclairait maintenant les rues. En arrivant au Mesón de la Cruz, nous constatâmes que les hussards n'étaient pas prêts. Durant la nuit, à mon insu, quelqu'un leur avait donné l'ordre de desseller les chevaux et d'aller se reposer. Plutôt que de les attendre, l'empereur décida de se rendre à la place de l'Independencia où les hussards reçurent l'ordre de nous rejoindre. L'empereur envoya un homme à Miramon et un autre à Mejia pour les enjoindre de rassembler leurs troupes au Cerro de la Campaña.

Peu après, Lopez arriva, armé et à cheval. Il proposa à l'empereur de se rendre dans la maison du banquier Rubio où il serait en sécurité. Mais Maximilien lui répondit : « Je ne me cache pas ! » Lopez fit demi-tour et disparut.

Nous avons attendu en vain l'arrivée des hussards. À leur place, un bataillon ennemi tourna le coin de la rue, avec Lopez chevauchant parmi les officiers qui guidaient les soldats. Quand ces officiers reconnurent l'empereur, ils ralentirent le pas, nous permettant ainsi de quitter la place. En passant par les rues de la banlieue ouest, nous atteignîmes le Cerro de la Campaña. Pendant que nous escaladions la colline, les cloches de Santa Cruz se mirent à sonner, annonçant ainsi que les rebelles contrôlaient les lieux.

Aussitôt, les batteries de San Gregorio et de Casa Blanca ouvrirent le feu sur la ville. Quand leur infanterie s'avança, plusieurs de nos soldats désertèrent et se joignirent aux libéraux.

Plusieurs officiers et une partie de la garde impériale vinrent nous rejoindre à cheval. L'empereur fit chercher Miramon. Malheureusement, le jeune général avait été attaqué par surprise. Touché au visage, il avait été transporté chez le docteur Licea, un ami à lui, qui ne tarda pas à le trahir et à le remettre aux mains de nos adversaires.

Le niveau d'anxiété dans lequel nous nous trouvions est incommensurable. Nous espérions voir arriver quelques-unes de nos troupes à tout moment. En lieu et place, nous ne recevions que des nouvelles de nombreux bataillons ayant déserté. Nous apprîmes ainsi la défaite de nos hussards. Ils avaient été arrêtés par le bataillon que nous avions rencontré sur la place de l'Independencia. Lopez les avait sommés de se rendre. Ils furent forcés de mettre pied à terre et furent désarmés. Les plus âgés d'entre eux, furieux, refusèrent de leur remettre leur monture. Soit qu'ils les tuèrent, soit qu'ils les chassèrent au loin. Les pauvres bêtes galopèrent directement vers leur écurie. En approchant de Santa Cruz, les soldats libéraux, alarmés par ce galop furieux, se crurent attaqués et tirèrent sur les chevaux, en tuant quelques-uns.

Il semblait à présent inutile de chercher à s'enfuir et notre position sur cette colline devenait de plus en plus intenable. Une troisième batterie faisait feu en notre direction à partir de la plaine, plus à l'ouest. La sévérité des bombardements forçait nos hommes à chercher refuge dans les moindres trous à leur portée. Dans la ville, des tirs de mousquets se faisaient entendre deçà, delà. Des colonnes compactes d'infanterie et des régiments de cavalerie marchaient sur nous, tandis que leurs trois batteries redoublaient d'efforts. L'empereur me chuchota à l'oreille : «Salm, c'est le moment pour la balle de la dernière chance.»

Mais cette balle ne vint pas. Nous étions encerclés de toute part, sans espoir de nous en sortir.

Se soumettant à la cruelle obligation de capituler, l'empereur envoya le lieutenant-colonel Pradillo, avec un drapeau blanc, négocier sa reddition avec le général libéral Escobedo. Pendant ce temps, Maximilien sortit une liasse de papiers de sa poche et s'empressa de les brûler. Dès que le drapeau blanc fut hissé, nos hommes cessèrent de tirer, tandis que les soldats ennemis poursuivirent leur attaque pendant plus de dix minutes.

Finalement, un détachement s'approcha de nous avec à sa tête le général Echegaray qui, seul, s'avança prudemment jusqu'à l'empereur. Maximilien avait enlevé son manteau pour laisser voir son uniforme et ses décorations. Il se tenait appuyé sur son sabre. Mejia et Castillo étaient à sa droite, moi, à sa gauche, et les autres officiers, derrière nous.

Echegaray enleva son chapeau et informa poliment l'empereur: «Votre Majesté, vous êtes maintenant mon prisonnier.» Maximilien hocha la tête, puis émit le désir d'être conduit au général Escobedo. Le cheval de l'empereur fut amené, ainsi que ceux de Mejia et de Castillo. Mes chevaux étant tombés aux mains de l'ennemi, je me mis à chercher une monture disponible. Mon fidèle aide de camp, Montecon, m'offrit alors le sien et je m'empressai de revenir aux côtés de l'empereur.

Chemin faisant, nous croisâmes deux Mexicains se querellant pour un butin quelconque jusqu'à ce que l'un d'eux tirât l'autre à bout portant. Plus loin, des officiers s'agitèrent autour de nous en criant et en nous pointant avec leurs armes. L'un d'entre eux eut l'audace de braquer son revolver sous le nez de Maximilien et de l'insulter. N'eût été l'ordre du général Escobedo de tuer sur-le-champ celui qui oserait abattre l'empereur, ce dernier ne se serait jamais rendu au quartier général du chef mexicain.

Escobedo nous attendait, le sourire aux lèvres. Je ne pus m'empêcher de trouver qu'il affichait une expression perfide. Je ne lui faisais pas confiance. Néanmoins, c'est à lui que l'empereur remit son sabre. Je donnai toutes les armes que je portais sur moi à un autre général. Escobedo invita l'empereur à entrer sous sa tente, et je les suivis avec empressement. L'empereur et Escobedo se jaugèrent en silence jusqu'à ce que Maximilien prononça avec noblesse : « Si plus de sang doit être répandu, prenez seulement le mien. » Il sollicita, premièrement, que l'on épargnât son armée, et deuxièmement, que toutes les personnes appartenant à sa maison et qui le désireraient fussent conduites vers la côte pour s'embarquer pour l'Europe.

Escobedo répondit qu'il devait rapporter ces demandes à son gouvernement, mais que l'empereur et tous ses hommes seraient traités comme des prisonniers de guerre. Il nous a remis entre les mains du général Riva Palacios qui nous escorta jusqu'au couvent de Santa Cruz. Durant le trajet, un des officiers chargés de nous surveiller, un Américain d'origine allemande, m'informa que ma femme s'était présentée devant Querétaro quinze jours auparavant et qu'on lui avait refusé la permission d'entrer dans la ville. Devant ce refus, elle s'était rendue à San Luis Potosí pour obtenir cette permission directement de Juárez. Il est probable que, dans les circonstances présentes, elle l'obtiendra et qu'elle viendra bientôt me rejoindre.

En arrivant à Santa Cruz, nous avons trouvé là nos braves Cazadores, prisonniers. À la vue de l'empereur, ils le saluèrent et se découvrirent. Certains se mirent même à pleurer. Maximilien fut conduit à son ancienne chambre. Il n'y restait plus que son lit de camp, dont le matelas avait été éventré à la recherche d'argent qui aurait pu s'y trouver caché, une table et une chaise. J'ai appris qu'une grande partie des effets personnels qui ont été volés à l'empereur appartiennent maintenant à Lopez ! Un des officiers qui nous gardent m'a dit, à propos de la trahison de Lopez, que les types comme lui étaient utilisés avant d'être chassés à coups de pied. Je l'espère bien pour ce traître !

Blasio, le fidèle serviteur de l'empereur, le docteur Basch et moi-même sommes confinés dans une autre chambre qui donne sur un toit plat, une sorte de terrasse, par où nous pouvons communiquer avec l'empereur. Mejia et Castillo ont été installés avec Maximilien. Il était environ dix heures ce matin, lorsque nous sommes revenus ici. Un général mexicain est venu interroger l'empereur qui lui répondait selon sa manière franche, habituelle. Craignant qu'il ne dévoile ce que l'ennemi n'avait pas besoin de savoir, je me suis placé derrière le Mexicain et j'ai mis un doigt sur mes lèvres. Maximilien a compris et a aussitôt mis fin à la conversation.

Les autres officiers, environ quatre cents, sont gardés dans la chapelle de Santa Cruz. Il n'y a plus rien à faire que d'attendre le bon vouloir de nos geôliers. Mais notre avenir s'annonce peu reluisant. Je crains fort que le peloton d'exécution ne nous attende tous.

Karlsruhe, en calèche

— Pardonnez mon ignorance et mon manque d'entendement à propos de la stratégie militaire, mais… pourquoi ? demanda Louisa Runkel d'une voix où perçait une certaine gêne mêlée d'incompréhension.

La princesse Salm-Salm se tourna vers elle, les sourcils relevés en forme d'accent circonflexe. Louisa reprit :

— Pourquoi le pauvre empereur Maximilien s'est-il enfermé dans cette ville impossible à défendre ? Pourquoi n'est-il pas resté à Mexico où était établi le siège de son gouvernement ? Et surtout, pourquoi s'est-il embarqué dans cette aventure extravagante du Mexique ? Comment a-t-il pu espérer devenir l'empereur d'un peuple qu'il ne connaissait pas et avec lequel il ne possédait aucun lien ? Tout cela m'apparaît si incongru, si… illogique.

Agnes hocha la tête. Quelle magnifique journée pour une promenade ! Le soleil brillait, lui apportant sa chaleur bienfaisante. Comme en cet horrible jour du 15 mai 1867, où Maximilien avait dû capituler. Elle se rappelait clairement le ciel, d'un bleu aveuglant, qui irradiait sur la terre sèche du Mexique.

Lentement, bercée par le roulis de la calèche de style victoria qui circulait au petit trot dans les allées du Schlossgarten, elle rassembla ses souvenirs.

— Toutes ces questions, et bien d'autres, je me les suis longtemps posées. J'en suis venue à la conclusion que soit Maximilien se portait candidat pour le suicide, soit, malgré son intelligence, ses dons artistiques, sa grande culture, son côté philanthrope et ses connaissances en sciences, Maximilien était l'être le plus naïf qui puisse exister sur terre.

— Oh, princesse ! Voilà qui n'est guère charitable de votre part !

— Mais qui concorde cruellement avec la réalité ! Maximilien fut le jouet d'un épouvantable concours de circonstance. Il fut un pantin entre les mains d'hommes davantage préoccupés par leurs ambitions et leurs propres intérêts que par le bien-être d'une nation. Il ne fut pas dif- ficile de le berner, il ne demandait que cela. Maximilien, le mal-aimé de sa famille, celui qui se sentait rejeté par son frère, l'empereur d'Autriche François-Joseph, poursuivait le rêve d'être adulé par tout un peuple. On lui en offrit un sur un plateau d'argent. Il n'a eu qu'à dire oui.

— Il est difficile de croire qu'un homme si brillant n'a pas deviné ou pressenti qu'il courait à l'échec.

— Croyez-le, mon amie. Je suis bien placée pour le savoir. Sans en avoir l'air, j'ai effectué ma petite enquête sur cette affaire au Mexique. Au fil des conversations que j'ai eues avec différentes personnes bien placées, j'ai appris des choses étonnantes. Je vous les confie, mais n'en parlez à personne. Je n'ai malheureusement aucune preuve tangible à fournir pour étayer mes conclusions.

— Ma discrétion et ma loyauté vous sont tout acquises, n'en doutez point.

— Je le sais, chère Louisa, je le sais.

La princesse fit une pause et plongea ensuite résolument dans le passé.

— Pour bien comprendre la situation au moment où Maximilien a accepté de traverser l'Atlantique, il faut d'abord se pencher un peu sur l'histoire du Mexique. Ce pauvre pays a été longtemps sous le joug colonialiste des Espagnols qui y commirent les pires atrocités. Au début du dix-neuvième siècle, les Mexicains réussirent à obtenir leur indépendance, mais les horreurs ne cessèrent pas pour autant. On m'a affirmé qu'en quarante ans près de deux cent cinquante gouvernements différents se sont succédé! Deux cent cinquante! Imaginez le nombre de coups d'État, de petits dictateurs, de soulèvements ou de *pronunciamientos*, comme ils disent chez eux. Les Mexicains ont même eu droit à un autre empereur, Iturbide, qui n'a pas fait long feu, d'ailleurs!

— Quelle misère pour un peuple de ne jamais pouvoir vivre dans un État stable! On n'y bâtit rien de solide, les lendemains sont toujours incertains, la population ne peut se fier à ses chefs qui changent au gré du vent politique!

— Tout à fait! C'est un climat de perpétuelle incertitude qui règne, surtout si l'on songe que ceux qui prennent le pouvoir ne le font que pour se remplir les poches. Et avec quel argent? Celui que l'on emprunte sans vergogne au nom d'hypothétiques réformes mirifiques. Lorsque Juárez a pris le pouvoir, le pays traînait une dette énorme sur ses frêles épaules. On dira ce que l'on voudra au sujet de cet homme, mais j'ai du respect pour les réalisations qu'il a accomplies avant sa mort. D'accord, il détestait l'Église et l'a chassée d'un coup de pied bien placé en faisant dissoudre l'ordre des Jésuites et en s'appropriant les biens du clergé, mais

il était le premier à penser au peuple. Il a instauré un système scolaire universel et une certaine démocratie. Il a
aussi supprimé les tribunaux militaires et ecclésiastiques. Mais
on n'applique pas de telles réformes sans se faire d'ennemis. Dans son cas, ce furent des ennemis haut placés :
d'anciens généraux (à l'époque on en comptait un au mètre
carré sur le territoire mexicain), de riches industriels, de la
petite noblesse ayant de la parenté en Europe et la sainte
Église au complet. De plus, il avait décidé de ne pas payer
la dette entretenue et accrue par l'avarice insatiable de ses
prédécesseurs.

— Il aimait vivre dangereusement, ce monsieur Juárez !
S'attirer les foudres de tant de gens, banquiers en tête, ne
pouvait que lui créer d'énormes problèmes.

— En parlant de banquiers, c'est justement un de ces
cerbères de fortune qui a déclenché les hostilités contre
Juárez. Ce banquier suisse s'appelait… attendez… Jecker !
oui, c'est cela. Eh bien, ce Jecker avait prêté plus d'une
dizaine de millions de pesos au Mexique. Il réussit par un
tour de passe-passe financier, que je ne saurais expliquer,
à faire endosser sa créance par le gouvernement français,
dirigé à l'époque par Napoléon III. Ce dernier, évidemment, se mit à échafauder des plans pour récupérer cet
argent. L'empereur français rêvait d'un empire latin
en Amérique, un empire qui damerait le pion aux États-
Unis.

— C'est connu, Napoléon III avait la folie des grandeurs.

La princesse émit un petit rire.

— Cela me rappelle ce qu'un ministre britannique a
déjà dit de lui : «La tête de l'empereur Napoléon ressemble
à une garenne ; les idées s'y reproduisent continuellement,
comme des lapins…» Un de ses anciens ministres a même
osé émettre cette opinion : «L'empereur a des désirs
immenses et des facultés bornées ; il veut faire des choses
extraordinaires et il n'en fait que d'extravagantes.»

— Extravagante, voilà bien le terme qui convient dans le cas présent ! Quel homme étrange que ce Napoléon-là !

— Absolument, mais je dois dire, pour sa défense, que son épouse, l'impératrice Eugénie, y fut pour beaucoup dans l'idée loufoque du Mexique. Voilà le détail de l'affaire. À cette époque plusieurs hauts personnages mexicains avaient cherché refuge en Europe. Un jour que Napoléon et Eugénie passaient quelques semaines de repos à Biarritz, l'impératrice rencontre, par hasard, un vague cousin à elle, José Hidalgo. Ils bavardent de choses et d'autres, et surtout du malheur qui s'abat sur le Mexique, en la personne de Juárez. À la fin de cette conversation, Eugénie est convaincue que la France doit intervenir, fonder un merveilleux Empire chrétien sous l'égide des Français et rétablir l'ordre, c'est-à-dire permettre aux riches de le demeurer sur le dos des plus démunis ! Persuader son impérial époux ressembla à un jeu d'enfant pour elle.

— Avec ce plan, Napoléon pouvait espérer récupérer l'argent prêté. Et du coup, ils ont pensé à Maximilien comme allié dans cette transaction à la fois financière et politique.

— Pas du tout ! Le petit frère de l'empereur autrichien n'était pas dans la course. Le clan de Napoléon et celui des exilés mexicains se mirent à chercher à gauche et à droite le candidat idéal. On hésitait entre le duc de Modène, le duc de Parme, don Juan de Bourbon, le duc de Montpensier, le duc d'Aumale et quelques autres têtes nobles non couronnées.

— Alors, comment expliquer la présence de Maximilien dans cette histoire ?

— Par un mauvais coup du destin ! La comtesse de Lutzoff, qui était une des dames d'honneur de Charlotte, l'épouse de Maximilien, avait un gendre, José Gutierrez d'Estrada. Un émigré mexicain qui ne rêvait que d'instaurer un empire au Mexique ! Cette brave dame, bien intentionnée, suggéra le nom de son maître à son gendre. Elle lui dépeignit les nombreuses qualités de Charlotte et de Maximilien avec tant d'emphase qu'elle réussit à convaincre d'Estrada. Celui-ci s'empressa de rapporter ces propos à ses amis. Et c'est ainsi que Maximilien et Charlotte, sans avoir à lever le petit doigt, se sont retrouvés en tête de liste des candidats potentiels. Maximilien faisait preuve d'intelligence, de souplesse et d'un bon sens tactique dans les situations difficiles. Charlotte était la fille du roi Léopold Ier de Belgique qui, lui, exerçait une influence positive à la cour de Londres. Avec ce charmant couple, la France s'assurait le support de l'Autriche, de la Belgique et de l'Angleterre, ce qui n'était pas à négliger. Et pour l'instant, pensait-on, on n'avait rien à craindre de la réaction des États-Unis, qui avaient déjà largement de quoi s'occuper avec la guerre de Sécession.

— Mais le Mexique, en tant que voisin direct, devait pourtant préoccuper les Américains?

— Voilà une des principales pierres d'achoppement du bel échafaudage de Napoléon! Il avait grandement sous-estimé les intérêts et la réaction des États-Unis. Jamais ceux-ci n'auraient accepté la présence d'un empereur d'origine européenne en terre américaine. Tôt ou tard, ils interviendraient. Leur guerre civile ne durerait pas éternellement. Mais Napoléon préféra croire que, lorsque Maximilien serait bien installé sur le trône, les Américains se plieraient devant cet état de fait. De toute façon, Napoléon avait d'autres chats à fouetter pour l'instant. Il lui fallait avant tout convaincre l'empereur d'Autriche d'accorder sa bénédiction à cette affaire. Sans l'approbation de son frère aîné, Maximilien ne quitterait pas l'Europe.

— L'empereur d'Autriche y voyait-il des difficultés d'ordre politique?

La princesse fronça les sourcils et répondit d'une voix lente, en pesant ses mots:

— La difficulté qui se présentait relevait plutôt du domaine du privé, voire de l'intimité. Un panier de crabes comme il en existe dans plusieurs familles de sang bleu !

— Oh ! je vois. Les relations entre les deux frères se déroulaient sous de fâcheux auspices.

— Pire encore que vous ne sauriez l'imaginer. Les mauvaises langues prétendent qu'entre Maximilien et sa belle-sœur, la splendide Sissi, l'affection qu'ils se portaient mutuellement dépassait les usages couramment acceptables par la bienséance.

La dame de compagnie ouvrit grands les yeux et, scandalisée, chuchota :

— Maximilien et Sissi auraient-ils laissé libre cours à des… à leurs…

La princesse sourit et secoua doucement la tête.

— Ne prenez pas cet air offusqué ! Les têtes couronnées sont aussi, sinon davantage, enclines à se permettre certains écarts de conduite, mais elles le paient beaucoup plus cher que le commun des mortels. La vengeance des rois s'abat parfois avec une rage meurtrière. L'empereur François-Joseph ne s'opposa pas au départ de son frère puisqu'il était prêt à le précipiter en enfer. Tout pour l'éloigner de sa femme. Tout pour signifier à l'insolent cadet qu'il n'aurait pas dû jouer dans ses plates-bandes. Il accorda à Maximilien le droit de fonder un empire en Amérique, il lui promit même des soldats et une grosse somme d'argent pour le soutenir dans cette aventure, mais il garda dans ses mains une dernière carte qu'il ne lui montra qu'avant le départ. Départ qui se fit attendre d'ailleurs ! Près de trois ans s'écoulèrent entre le moment où un émissaire de Napoléon III vint leur annoncer que l'on songeait à eux pour cette grande œuvre et l'arrivée de Maximilien et de Charlotte au Mexique.

— Il leur fallut trois ans de négociations pour s'entendre et accepter cette couronne. N'est-ce pas un peu long ?

— Eh, que voulez-vous, il fallait surtout s'assurer que le Mexique accepterait Maximilien ! Et cette opération fut menée rondement par les soldats de Napoléon. On envahit le territoire, on poursuivit ceux qui faisaient opposition et on chassa Juárez de Mexico, mais on ne parvint pas à éliminer tous les révolutionnaires du Mexique. Durant tout ce temps, Maximilien hésitait, Charlotte évaluait la situation, Napoléon échafaudait des plans et Eugénie écrivait lettres sur lettres à Charlotte pour mieux la séduire et la convaincre. De leur côté, les impérialistes mexicains redoublaient d'efforts et de flatteries aux dépens du couple visé. Et les États-Unis frappaient du poing sur la table. Ils ont usé de toutes leurs relations diplomatiques pour contrer la chose. Napoléon y perdit ses appuis politiques étrangers et se retrouva seul à y engager de l'argent et des promesses de support militaire. Pendant ces trois années, on joua à avancer et à reculer. Certains affirmaient haut et clair que c'était pure folie, d'autres n'osaient dire franchement à Maximilien de se retirer du projet, mais tous sentaient que le pauvre couple courait à sa perte. François-Joseph fit pencher la balance. Il envoya à son frère un document à signer, un acte de renonciation pour lui et ses descendants à leurs droits sur la couronne d'Autriche et à leur part de la fortune familiale. Autrement dit, Maximilien pouvait devenir empereur du Mexique, s'il le désirait, mais il devait abdiquer de son titre d'archiduc d'Autriche. Il perdrait tout ce qui lui revenait de droit auparavant.

— Si Maximilien avait refusé de signer que serait-il arrivé ?

— Son frère ne lui aurait pas accordé son consentement. Maximilien n'aurait pas pu quitter l'Autriche et aucune troupe autrichienne ne l'aurait accompagné au Mexique s'il avait décidé de passer outre à l'autorisation de son frère. Se faire ravir ainsi tout droit à sa famille blessa durement l'orgueil de Maximilien. Napoléon et les Mexicains en profitèrent pour s'activer autour du jeune homme rejeté par les siens et finirent par le convaincre de partir au plus tôt. La mort dans l'âme, il signa et s'embarqua précipitamment pour le Mexique avec son épouse. Deux ans plus tard, Charlotte revenait en Europe, emportant dans ses bagages une étrange maladie dont elle ne s'est pas encore remise aujourd'hui. Maximilien y laissa son cœur, ses derniers espoirs et sa vie.

— Quelle triste fin !

Les deux femmes demeurèrent silencieuses, chacune perdue dans ses pensées, la douce Louisa Runkel plaignant le malheureux couple impérial, Agnes de Salm-Salm les jugeant plus sévèrement. Selon elle, Maximilien avait toujours possédé ce don néfaste d'accorder sa confiance aux mauvaises personnes et d'opter pour des choix désastreux, le tout doublé d'un sens de l'honneur hypertrophié l'empêchant de revenir sur ses décisions, même les plus erronées. Cette attitude bouffie d'orgueil mal placé l'avait conduit au peloton d'exécution. Il n'était pas étonnant que sa tendre épouse, à l'esprit plus rationnel, plus méthodique, fût devenue folle à force de calcul pour les sortir des guêpiers dans lesquels son mari avait l'art de les précipiter. Lorsqu'elle était venue se plaindre auprès du pape que quelqu'un cherchait à l'empoisonner, elle n'avait pas tout à fait tort. Maximilien, entouré de ses conseillers irresponsables ou fourbes, lui empoisonnait assurément la vie !

— Quel dommage ! murmura Agnes. Une femme si intelligente méritait un meilleur sort. Sombrer dans la folie, se croire continuellement menacée, n'imaginer que des ennemis autour de soi, depuis toutes ces années… Pauvre Charlotte !

— Vous la connaissiez bien ?

— Non, en réalité, je n'ai jamais eu l'honneur de lui être présentée. À mon arrivée au Mexique, en août 1866, elle était déjà partie depuis un mois. Elle avait pour mission de persuader Napoléon III de ne pas retirer ses troupes comme il menaçait de le faire. Les États-Unis faisaient des pressions énormes sur la France pour qu'elle abandonnât le Mexique. La guerre de Sécession étant terminée, les Américains se préoccupaient maintenant de leur voisin du Sud. Ils refusaient catégoriquement d'y laisser régner un empereur. Ils entreprirent même des démarches pour aider Juárez à reprendre le pouvoir. Craignant de perdre trop de plumes dans cette histoire, Napoléon avait annoncé qu'il cédait la place.

— Lui qui avait tout entrepris pour instaurer cet empire et couronner Maximilien, voilà qu'il l'abandonnait dans une aussi fâcheuse posture ! Maximilien allait se retrouver sans alliés dans cette contrée lointaine, sans possibilité non plus de revenir dans son pays d'origine d'où son frère l'avait, en quelque sorte, chassé !

— Il y avait bien là de quoi faire perdre la tête à n'importe qui. L'impératrice Charlotte se démenait toute seule en Europe, cherchant des appuis, tentant de forcer Napoléon à tenir parole. La folie la guettait. Elle n'est jamais revenue au Mexique, son étrange maladie lui a embrouillé l'esprit à tel point qu'il a fallu l'enfermer pour sa propre sécurité. Lorsque Maximilien apprit l'état de santé de sa femme, il a failli quitter le Mexique à son tour. Les Français auraient considéré cela comme une abdication, ce qui les aurait bien arrangés. D'un autre côté, les impérialistes mexicains ne souhaitaient pas son départ, au contraire. Le général Miramon et le général Marquez usèrent de tous les discours possibles pour le dissuader de partir. Ce fut pourtant le père Fischer qui réussit à le faire revenir sur sa décision. Ah ! Le père Fischer ! Quel joyeux luron ! Quel horrible filou, surtout ! Un Allemand dont nous ne pouvons pas être fiers. Bien sûr, il était cultivé, il affichait une certaine élégance, du savoir-vivre, mais il était sournois, cruel et vicieux. Il a laissé derrière lui une ribambelle de pauvres bâtards. Pour un jésuite, sa conduite ne mérite pas d'être citée en exemple. Cela n'empêcha pas Maximilien de lui accorder sa confiance et de croire ce qu'il lui murmurait à l'oreille.

« Laissez partir les Français, les Mexicains les détestent. La paix ne s'obtiendra qu'à ce prix. Pensez à votre peuple. Ne l'abandonnez pas entre les mains de Juárez, qui ne pense qu'à son profit personnel. » Fischer organisa même un conseil des ministres qui vota pour le maintien de l'empire. Maximilien se plia à cette décision et resta au Mexique.

— Mais, après le départ des troupes françaises, qu'est-ce qui poussa l'empereur Maximilien à s'enfermer à Querétaro ? Pourquoi n'est-il pas resté à Mexico ?

— Encore une idée tordue du père Fischer et des généraux mexicains ! Le sud du Mexique étant tombé aux mains de Porfirio Díaz, un homme de Juárez, ils suggérèrent alors de regrouper les forces loyalistes plus au nord, à Querétaro. Maximilien ne trouva rien à redire et dirigea ses troupes vers le lieu de son exécution, la tête haute, le cœur triste, mais l'honneur sauf !

La princesse se tut ; les yeux levés vers le ciel, elle observait un vol de passereaux. Sa dame de compagnie attendit un long moment avant de lui poser la question qui l'intriguait :

— J'ai ouï dire que votre rôle dans cette triste aventure au Mexique ne s'est pas limité à celui d'une simple observatrice. Vous avez participé grandement au dénouement.

Agnes soupira et baissa la tête.

— Si peu, si peu, murmura-t-elle, que cela ne vaut pas la peine de le mentionner.

Se décidant brusquement, elle ordonna :

— Cocher ! Demi-tour ! Nous retournons à la maison.

Elles gardèrent le silence tandis que la victoria les ramenait chez elles. Agnes ressentait l'urgence de s'épancher sur papier, de mettre de l'ordre dans ses souvenirs et de se libérer du poids qui pesait sur son âme.

Mémoires de la princesse Salm-Salm

Avec le recul, je n'éprouve aucune fierté du piètre rôle que j'ai joué au Mexique. Je ne rougis pas de honte, mais une cuisante déception me ravage le cœur. Je regrette tant de n'avoir pu sauver l'empereur.

Une femme seule pouvait-elle sérieusement espérer contrecarrer les projets des hommes d'État ? J'y ai pourtant cru, à tel point que je n'ai cessé de m'activer jusqu'à la fin, jusqu'à l'exécution.

À mon arrivée à Mexico, mon destin m'apparaissait, à ce moment-là, tellement mirobolant que je croyais rêver. Le baron Magnus m'avait entretenue, confidentiellement, d'un sujet de la plus haute importance. On me proposait de me rendre à Washington, en mission auprès du président Johnson, des ministres et des sénateurs américains. On me demandait ni plus ni moins que de faire pencher la balance en faveur de l'empereur Maximilien. Cette prestigieuse démarche à entreprendre m'a plu énormément. Je me suis sentie l'âme d'une diplomate, voire d'une missionnaire, prête à tout pour gagner de nouveaux adeptes à sa cause. J'avais déjà rencontré le président américain et plusieurs personnages influents qui gravitaient dans son entourage. Je connaissais aussi les meilleurs moyens d'agir sur les rouages administratifs ; ma longue expérience lors de la guerre de Sécession pour obtenir des grades et des troupes à mon mari allait me servir, encore une fois. L'importance de ma mission et la confiance que l'on plaçait en moi me flattaient, je l'avoue.

J'avais accepté avec enthousiasme, persuadée du succès de mon entreprise. Mes talents de comédienne, mon art consommé de la conversation, ma connaissance du milieu étaient mes principaux atouts dont je n'hésiterais pas à me servir. Les deux millions de dollars en or qu'on me remettrait m'aideraient aussi considérablement à m'ouvrir des portes. Tous les arrangements étaient faits, il ne restait qu'à partir. La nouvelle de la maladie de l'impératrice Charlotte stoppa tout. L'empereur, désespéré, ne songeait qu'à aller la rejoindre. Rien d'autre n'importait pour lui.

La mission fut étouffée dans l'œuf. Plus jamais Maximilien n'en reparla, même si ses conseillers parvinrent à le convaincre de ne pas abdiquer. Nul d'entre eux ne voyait l'importance de s'assurer le soutien des Américains.

Deux semaines plus tard, le prince Salm-Salm obtint la permission de se joindre à une expédition menée par le régiment belge, sous la direction du colonel Van der Smissen. Son inaction lui pesait. Sous des dehors doux et aimables, mon époux dissimulait les instincts agressifs d'un coq. La guerre était son élément. Rien ne pouvait le guérir de cette tendance à courir au combat. Ni le fait que, tout jeune homme, il ait été abandonné avec sept autres blessés sur un champ de bataille ni même une grave blessure au bras, reçue au cours d'un duel. Si quelqu'un s'avisait de le regarder de travers ou de me montrer trop d'attention, ses yeux pétillaient de rage mal contenue, ses joues se teintaient de rouge. Bref, son sang bouillait constamment, le poussant à agir.

Comme je n'avais pas l'intention de rester derrière, je décidai de l'accompagner. Après une dure négociation de six heures, Felix dut baisser pavillon et accepter ma présence, ainsi que celle de mon chien Jimmy. Après quelques jours de marche, nous atteignîmes Tulancingo, le but de notre mission, où nous devions prendre la relève d'une troupe autrichienne. À peine deux heures après le départ des Autrichiens, environ six mille soldats ennemis apparurent aux alentours de la ville. Le colonel Van der Smissen envoya un messager au colonel autrichien pour qu'il revînt et que, ensemble, nous pussions repousser l'adversaire. Ce galant Autrichien refusa de nous accorder son aide. Trop faible en nombre pour entreprendre une action envers nos assiégeants, nos hommes s'occupèrent plutôt de fortifier la place. Certaines rumeurs laissaient croire que, parmi nos officiers mexicains, un ou des traîtres étaient en liaison avec l'ennemi. Mais sans preuve, que faire, sinon garder l'œil ouvert?

Un jour, Felix reçut un message du colonel libéral Picazo qui demandait à le rencontrer, seul et non armé, dans une hacienda des environs. Après avoir consulté le colonel Van der Smissen, Felix décida de se rendre à cet étrange rendez-vous. Armé d'un petit revolver caché dans une de ses poches, il se présenta à l'hacienda. Des gardes le laissèrent passer, en le saluant respectueusement, et il fut reçu par le colonel Picazo, un gentleman très cultivé qui parlait couramment plusieurs langues et qui avait les manières d'un homme du monde. Il offrit au prince un cigare et un verre de brandy. Tout en discutant aimablement, il assura mon époux que la cause de l'empereur était perdue et lui dépeignit les affaires de l'État sous une vision déplorable, mais malheureusement réaliste. Il tenta aussi de l'encourager à persuader le colonel Van der Smissen d'abandonner la ville, en retour de quoi Salm recevrait vingt mille piastres !

Une telle offre n'était pas rare au Mexique et ne constituait pas une offense aux yeux de ceux qui la proposaient. Sans s'offusquer, le prince se contenta de la décliner. Le colonel lui affirma que, d'ici cinq jours, nous serions attaqués. Salm lui répondit que nous leur préparerions une chaude réception. Le tout se termina par une poignée de main.

Le mois de décembre s'écoula sans autre incident, Picazo ayant probablement reporté aux calendes grecques ses sombres desseins. Peu de temps après Noël, le maréchal Bazaine, chef de toutes les troupes françaises, nous envoya l'ordre de remettre la ville de Tulancingo à l'ennemi. Il nous fallait capituler sans combattre ! Le 28 décembre, je vis dans les mains du colonel libéral, qui vint prendre les arrangements pour notre départ, un ordre similaire à celui que Bazaine nous avait envoyé. Le maréchal s'était déjà entendu avec les révolutionnaires pour qu'ils nous laissent partir sans encombre. Pire encore, les soldats belges avaient reçu leur congédiement et une directive circulait parmi eux pour les prévenir de ne pas s'engager sous les ordres de Maximilien. Notre cavalerie mexicaine en profita pour rejoindre les rangs de nos adversaires. Amèrement déçus, nous quittâmes Tulancingo. Le régiment se rendit à Vera Cruz et s'embarqua pour l'Europe. Au moment de nous dire au revoir, le colonel Van der Smissen nous avoua qu'il regrettait de voir l'empereur rester pratiquement seul à la merci des Mexicains.

Au début de février 1867, toutes les troupes européennes avaient quitté le sol mexicain. Les soldats étrangers qui y résidaient encore étaient considérés comme des déserteurs dans leur pays d'origine. Le maréchal Bazaine avait, selon ses dires, fait détruire toutes les armes qu'il ne ramenait pas avec lui. Napoléon, plutôt que de nous les laisser, avait donné cet ordre dans le but implicite de décourager Maximilien et de le pousser à abdiquer.

Comment expliquer, sinon par la traîtrise, que ces mêmes armes se retrouvèrent plus tard entre les mains des libéraux ? Bazaine était-il allé au-delà des vœux de son empereur ou avait-il reçu l'ordre secret d'aider Juárez en lui octroyant des armes et des munitions ? Six canons et quatre mille obus avaient été enfouis pour que l'ennemi pût les déterrer en temps voulu. Toutes les villes que Bazaine leur céda avant son départ tendent à me faire croire qu'il s'efforça jusqu'au déshonneur à complaire aux libéraux. Il offrit même la ville de Mexico à Porfirio Díaz qui la refusa en prétextant qu'il préférait s'en emparer lui-même par la force.

Le 13 février 1867, l'empereur quitta Mexico pour se rendre à Querétaro. Lorsque le prince Salm-Salm lui demanda la permission de l'accompagner, Maximilien ne lui accorda pas cette requête. Nul étranger ne devait l'accompagner, il ne voulait compter que sur le support de ses sujets mexicains. Le général Marquez, craignant l'influence des Allemands sur l'empereur, l'avait persuadé de s'en remettre uniquement à son peuple. Mais il en fallait davantage pour repousser un prince prussien. Felix trouva le moyen de contourner cette injonction en se plaçant sous les ordres du général Vidaurri qui devait rejoindre l'empereur à mi-chemin.

Comme d'habitude, je croyais que je partirais avec Felix, mais, cette fois, il s'y opposa avec tant de fermeté que je ne parvins pas à le faire revenir sur sa décision. J'étais folle de rage. Je dois confesser que mes cris de fureur s'entendaient à deux coins de rue de là. Même mon chien Jimmy m'apportait son support en hurlant et en jappant. Felix se déroba à nos vociférations en s'enfuyant loin de nous. Pardonne-moi, mon amour, car à ce moment précis, je te détestai, je t'en voulus cruellement ! En même temps, j'étais persuadée que tu courrais au désastre, fermement convaincue que tu n'avais jamais eu de chance sans moi. L'amour et la haine se chevauchent parfois bizarrement.

En y repensant aujourd'hui, Felix avait raison. De plus, il avait pris soin de me protéger en organisant mon séjour dans la famille de l'ancien consul-général de Hambourg au Mexique, M. Fred Hube. Ce respectable gentleman s'était enrichi en investissant dans l'industrie manufacturière. Il se montrait aussi un fervent partisan des libéraux. Commerce oblige ! Sa femme, la plus charmante des *ladies*, m'accueillit non pas comme une étrangère, mais comme si j'avais été son enfant. Ils avaient d'ailleurs une fille de mon âge, avec laquelle je devins très liée. Le seul défaut de cette pauvre Helena Hube était de mesurer près d'un mètre quatre-vingts. Sa taille de géant faisait fuir ses prétendants potentiels.

Pendant plusieurs semaines, je n'entendis aucune information sur la situation des troupes impériales à Querétaro, sauf de vagues rapports contradictoires et peu fiables. Au mois de mars, j'appris que le général Marquez était de retour à Mexico, avec une troupe de près de trois mille soldats. Anxieuse d'obtenir enfin des nouvelles de mon époux, je me rendis aussitôt à son bureau. Nommé depuis peu lieutenant général de l'empire, il se comportait comme s'il avait été le principal personnage du Mexique et comme si l'empereur n'avait été que son pupille. Il me traita de façon condescendante. Néanmoins, il parla de mon mari en des termes élogieux, précisant qu'il s'était distingué récemment en s'emparant, avec une poignée d'hommes, de six canons libéraux.

Puis j'allai visiter le général Vidaurri qui était revenu avec le général Marquez. Il confirma ce que ce dernier m'avait appris sur l'état de la ville assiégée. Ce valeureux vieux général me dit le plus grand bien de mon époux, allant jusqu'à affirmer qu'il avait beaucoup d'affection pour lui.

Aucun de ces deux généraux ne semblait craindre pour Querétaro et ses défenseurs. Au contraire, selon eux, tout se déroulait bien là-bas. Ils affirmaient avoir reçu l'ordre de se diriger vers Puebla pour attaquer Porfirio Díaz, le bras droit de Juárez. Marquez quitta Mexico, ne laissant derrière lui qu'une garnison réduite qui aurait à peine suffi à défendre la ville contre des guérilleros. Son armée fut battue à plate couture devant San Lorenzo et Marquez revint honteux et effrayé. Il s'enferma dans Mexico avec ses hommes et n'osa plus en sortir pour un long moment.

Je demeurais en banlieue de Mexico, à Tacubaya. Pour se rendre à Mexico, et assiéger la ville, l'armée libérale passa devant ma porte, non sans quelques combats avec les forces impériales. Je ne pouvais m'empêcher de les épier par la fenêtre ou, pire encore, de me cacher dans le jardin pour mieux observer le jeu meurtrier des tireurs embusqués contre les soldats courant se mettre à l'abri, au tournant de la rue.

Tacubaya fut occupée sans grande résistance de la part des impériaux et le siège de Mexico commença. Durant les nuits suivantes, je rêvais fréquemment de mon mari agonisant. L'empereur se penchait sur lui, lui tenait la main et lui disait avec émotion : « Mon cher ami, vous devez me laisser seul maintenant ! » J'entendais Felix qui m'appelait. Des batailles se déroulaient autour de lui et je ne voyais que du sang et les horreurs de la guerre. De sombres nuages roulaient dans le ciel accompagnés d'éclairs aveuglants et de coups de tonnerre assourdissants. Ce même rêve se répétait chaque nuit, me troublant profondément. Je décidai d'aller à Mexico demander au baron Magnus de m'aider à sauver l'empereur et mon mari. Je croyais fermement qu'ils couraient un grave danger.

Lorsque je fis part de ma décision à M. Hube, il refusa catégoriquement de me laisser aller. Se sentant responsable de moi, il ne me permettait pas de traverser les lignes ennemies pour entrer dans la capitale. Mais comment aurais-je pu résister à l'impulsion de mon cœur qui m'exhortait à porter secours à mon époux ? Je feignis d'être convaincue par les arguments de M. Hube et de rester sagement chez lui. Néanmoins, je savais que j'irais à Mexico, quels que soient les risques à encourir.

La barrière entourant la maison de M. Hube étant fermée à clé pour la nuit, je devais attendre à six heures du matin, au moment où les serviteurs arrivaient pour leur travail, pour sortir. À l'heure dite, je m'empressai de quitter ma chambre avec mon fidèle compagnon, Jimmy. Mon hôte me vit partir et me rattrapa à quelques rues de là. Il me questionna et je lui répondis franchement que je me rendais à Mexico. Il tenta de nouveau de me faire changer d'idée, me représenta les dangers d'une telle équipée, le risque d'être tuée ou de compromettre ma réputation parmi ces soldats sans honneur ni savoir-vivre. Pendant deux heures, il épuisa en vain tous ses sages arguments. J'avais pris une décision et rien ne pourrait m'en détourner. Je le remerciai pour sa gentillesse et je m'excusai pour les inquiétudes que je lui causais, mais je déclarai que je devais accomplir ma mission. Pâle, déçu et torturé, il ne dit plus rien pour me retenir.

À pied, je traversai Tacubaya et me rendis à Chapultepec où je devais demander à un colonel libéral la permission de passer les lignes et d'entrer à Mexico. Je lui expliquai que je désirais avoir des nouvelles de mon époux qui accompagnait l'empereur à Querétaro. Le colonel m'assura que Querétaro ne tiendrait plus longtemps, car la garnison commençait à être affamée. Il me permit tout de même de passer en échange de ma promesse de revenir bientôt et de transmettre aux officiers étrangers qui se trouvaient à Mexico l'offre de les laisser quitter librement le Mexique s'ils se rendaient.

Le colonel m'accompagna jusqu'aux avant-postes, puis je marchai seule, à découvert, pour être bien vue des sentinelles défendant la guérite. Certains officiers me reconnurent et m'aidèrent à passer par-dessus le fossé et le rempart. Je me rendis directement à la maison du baron Magnus et lui fis part des propositions du colonel libéral. Pour le baron, c'était une chance inespérée de se tirer du mauvais pas que représentait la guerre du Mexique. Il s'offrit aussitôt non seulement pour m'aider, mais aussi pour diriger les opérations. Il me conduisit dans les quartiers des colonels autrichiens. Ceux-ci me promirent d'en parler avec leurs officiers et de me donner une réponse le lendemain matin.

Certains des officiers se montrèrent favorables à l'idée de se rendre, car s'ils étaient prêts à mourir pour l'empereur, il n'en allait pas de même pour le général Marquez qu'ils n'appréciaient pas beaucoup. D'autres, par contre, ne voulaient rien entreprendre sans avoir de plus amples nouvelles de Querétaro et sans connaître les volontés de l'empereur. Par ailleurs, il était hors de question qu'aucun officier ne sorte de Mexico, Marquez ayant donné l'ordre d'abattre tout homme tentant d'entrer en contact avec l'ennemi.

Ils m'enjoignirent de me rendre chez Porfirio Díaz et de lui transmettre deux propositions de leur part. *Primo,* que Porfirio Díaz me permette de me rendre à Querétaro pour informer l'empereur de la situation de Mexico et m'enquérir de ses ordres, ce qui devait être possible grâce à une trêve de sept jours. *Secundo,* si le général Díaz ne consentait pas à cette demande, je devais offrir la reddition des troupes étrangères en poste à Mexico à la condition que Díaz signe, en son âme et conscience, un document garantissant que la vie de l'empereur et de tous les soldats étrangers serait sauvegardée, s'ils étaient faits prisonniers.

Cependant, ni le baron Magnus ni aucun officier ne voulurent mettre ces propositions sur papier. Je devais ainsi me présenter sans preuve devant le général Díaz. Cette procédure me semblait trop risquée et, par le fait même, inacceptable. Pour prouver que je disais vrai, il fut décidé que Mme Baz, l'épouse d'un général libéral sous les ordres de Díaz, m'accompagnerait. Il était de notoriété publique que cette femme jouait le rôle d'espionne au profit des rebelles. Au dernier moment, Mme Baz se désista, pré-textant qu'elle attendait des nouvelles de son mari et ne pou-vait quitter sa demeure. Mais elle fit parvenir un message à Porfirio Díaz, lui annonçant ma visite et l'informant de mes rapports avec les Prussiens et les Autrichiens.

Sous escorte libérale, je chevauchai jusqu'à San Guadalup où se trouvait le quartier général de Porfirio Díaz. Une cinquantaine de personnes attendaient pour le rencontrer. Je présentai ma carte de visite, ce qui me permit d'être admise immédiatement. Il me reçut très poliment. Il avait reçu la lettre de Mme Baz et désirait que je lui explique en détail les propositions des officiers étrangers. Il refusa la pre-mière d'entre elles, convaincu que je ne me rendais à Querétaro que pour y apporter des messages de la garnison de Mexico et que cela se retournerait contre les libéraux. D'un autre côté, il me dit qu'il ne pouvait rien me promettre au sujet de l'empereur et de ses troupes dans Querétaro. Il ne commandait que la moitié de l'armée et ne pouvait traiter que pour Mexico. Par contre, si les soldats étrangers postés dans la capitale acceptaient de se rendre, il leur lais-serait la vie et la liberté et les conduirait à un port pour qu'ils s'embarquassent pour l'Europe. Néanmoins, si j'étais déterminée à me rendre à Querétaro, il me donnerait un laissez-passer et une lettre pour le général Escobado, lui laissant le privilège de déterminer si je pouvais ou non entrer dans la ville.

Je retournai à Mexico, informer les officiers de la réponse de Díaz. L'escorte libérale m'accompagna aussi loin qu'elle le put sans danger. Seule, je chevauchai le reste du chemin, un mouchoir blanc noué à ma cravache. En arrivant près d'une guérite, une sentinelle tira un coup de feu que je pris pour un ordre de m'arrêter. Je m'attendais à ce qu'un officier vînt m'interroger. En lieu et place, on m'envoya une volée de balles dont une effleura mes cheveux, tandis que les autres atterrirent dans le sol autour de ma monture. J'étais plus en colère qu'effrayée, jugeant stupide de tirer sur une femme seule, comme si je représentais une menace pour leur batterie ! J'eus d'abord envie de me ruer sur ces trouillards et de caresser leurs longues oreilles de couards de ma cravache, mais quand j'entendis derrière moi le bruit des sabots de mon escorte qui revenait me porter secours et que je vis les sentinelles réarmer leurs fusils, je n'eus d'autre choix que de battre en retraite pour éviter une bataille inutile. Couchée sur l'encolure de mon cheval, je détalai donc. J'entendais les tirs dans mon dos, mais, heureusement, je ne fus pas blessée. J'appris par la suite que cette guérite était surveillée par des Indiens qui ignoraient la signification du drapeau blanc !

Je décidai alors d'entrer à Mexico par une autre guérite, celle placée sous les ordres du colonel Campos que je connaissais bien. Cette fois-ci, aucun ennui ne se présenta et je me rendis chez le baron Magnus et de là chez les colonels que je mis au courant de la réponse de Porfirio Díaz. Ils jugèrent inacceptable de se rendre sans connaître d'abord les volontés de l'empereur. Je proposai alors d'aller personnellement à Querétaro, mais le baron s'y opposa, craignant pour ma vie. Il refusait même que je quitte Mexico, préférant que j'y demeure quelque temps dans l'attente de nouvelles rassurantes de Querétaro. Mais j'avais promis à Porfirio

Díaz de retourner lui faire part de la réponse des officiers étrangers. Néanmoins, je ne quittai la ville que quelques jours plus tard pour éviter d'éveiller les soupçons du général Marquez qui m'aurait accusée de trahison et m'aurait arrêtée sur-le-champ.

De plus, je désirais collecter un peu d'argent pour le donner aux prisonniers étrangers qui étaient tombés aux mains des libéraux. Ces pauvres hommes se trouvaient dépourvus de nourriture et même de vêtements et vivaient dans des conditions misérables. Je réussis à me procurer une somme de cent dollars, ainsi que quelques chemises et pantalons. Le matin du 24 avril, le baron me prêta sa voiture et je me rendis à Casa Colorada où étaient détenus les prisonniers. Je remis à chacun de ces hommes une somme de cinq dollars, ce qui était bien peu, je le conçois. Les vêtements furent accueillis avec joie et remplacèrent rapidement les haillons souillés de sang et de terre qu'ils portaient.

Je poursuivis mon chemin jusqu'à Tacubaya où Mme Hube me reçut en fondant en larmes. J'avais quitté sa demeure depuis si longtemps qu'elle me croyait morte. Pour étayer cette supposition, cette chère dame se rapportait à l'édit nouvellement en vigueur qui ordonnait de fusiller toute personne qui se proposait de quitter Mexico sous le prétexte de négocier. Connaissant mes intentions, Mme Hube me voyait déjà dans mon cercueil !

Je décidai aussitôt d'aller chez le général pour clarifier ma position, mais Mme Hube refusa de me laisser partir. Sur ces entrefaites, une calèche s'arrêta devant la porte et un officier vint nous informer qu'il avait ordre de m'emmener directement au quartier général de Porfirio Díaz. Malgré les lamentations de Mme Hube, je me devais d'obéir. Je rassemblai quelques effets personnels et montai dans la calèche avec mon fidèle Jimmy.

Rendue sur les lieux, un adjudant du général m'informa que je devais quitter la république du Mexique sur-le-champ.

Il me donna un passeport et me demanda dans quel port je désirais être conduite. Cet arrangement ne me convenait nullement et je n'avais aucunement l'intention de m'y soumettre. J'exigeai de rencontrer le général Porfirio Díaz pour m'expliquer avec lui. Le général refusa de me voir et son adjudant réitéra ses ordres. Je déclarai haut et fort que je ne partirais pas de ma propre volonté. Ils pouvaient me passer par les armes ou me jeter aux fers, mais ils ne parviendraient pas à m'obliger à quitter le pays.

Ma résolution les embarrassa au plus haut point et l'adjudant ne savait que faire de moi. Je restai plus de six heures au quartier général à discuter et à attendre que Díaz changeât d'idée et acceptât de me recevoir. Vers minuit, ils m'envoyèrent loger dans la maison d'une famille mexicaine, une sentinelle placée devant ma porte. Au matin, un officier vint pour me chercher, avec l'ordre de me faire quitter le pays. À la place, j'envoyai mes compliments au général Díaz, accompagnés de la requête de me rendre à Querétaro. Il refusa et je m'obstinai à demeurer résolument où je me trouvais.

Dans l'après-midi, Mme Hube et le général Baz, l'officier libéral dont l'épouse servait d'espionne dans Mexico, me rendirent visite. Je réussis à convaincre ce général d'aller s'informer auprès de Porfirio Díaz des motifs de sa sévérité envers moi. Il revint plus tard m'informer que Díaz était convaincu que je n'avais pas tenu parole. On me soupçonnait d'avoir essayé de soudoyer ses officiers avec de l'argent et des belles paroles, ce qui était un crime. Il croyait que j'étais une personne trop dangereuse pour demeurer au Mexique. Le général Baz prit ma défense et lui prouva que je n'avais pas agi d'une manière aussi retorse. Le général Díaz m'accorda enfin la permission d'aller rencontrer le général Escobado à Querétaro, mais je n'eus pas droit à une escorte. Escobedo ferait de moi ce que bon lui semblerait.

Je ne remercierai jamais assez le général Baz pour l'aide et le support qu'il m'apporta en cette occasion. D'une gentillesse extrême, il fit tout en son pouvoir pour me faciliter mon voyage vers Querétaro. Il me donna trente-sept lettres de recommandation adressées à de riches propriétaires terriens, à des hôteliers, à des maîtres de poste et à des officiers pour qu'ils m'accueillissent et m'accordassent leur soutien. Il me permit aussi d'obtenir quatre excellentes mules, un cocher et un fiacre jaune doré, dans lequel je ne pouvais passer inaperçue. J'eus la chance d'être présentée à un gentleman appartenant au parti libéral qui, devant effectuer un voyage jusqu'à Querétaro, se porta volontaire pour m'escorter. Les routes étant infestées de voleurs, j'acceptai avec joie sa compagnie, surtout qu'il voyageait avec des serviteurs armés jusqu'aux dents. À part Jimmy, je ne possédais qu'un petit revolver à sept coups pour assurer ma défense. Fort heureusement, je n'eus pas à m'en servir pendant les quatre jours que dura notre voyage.

Querétaro, quel endroit malavisé pour en faire la clé d'une guerre! Encerclée de collines d'où l'on a une vue imprenable sur chaque rue et sur chaque maison, la ville n'offrait aucune cachette possible. Je ne parvenais pas à croire que l'empereur Maximilien avait été assez imprudent pour s'y enfermer de son plein gré. Ses généraux se révélaient les pires tacticiens dont j'aie entendu parler.

De leur côté, les libéraux profitaient de la situation. Ils avaient installé des batteries au sommet de chacune des collines et bombardaient régulièrement la ville, en plus de couper l'entrée des vivres et des munitions. De toute évidence, l'empereur ne pourrait tenir longtemps.

Dès mon arrivée, j'allai rencontrer le général Escobado qui me reçut gracieusement. Je lui dis que je croyais que mon mari était blessé et que je désirais me rendre à son chevet. Il me répondit qu'il n'avait pas lieu de penser que la santé de mon époux était menacée et, donc, qu'il ne pouvait m'accorder cette requête. Il complimenta Felix, ayant observé son extrême courage et ses actions d'éclat qui avaient causé de grands dommages aux troupes libérales. Il me promit de le traiter avec les plus grands égards s'il venait à tomber entre ses mains. Il ajouta que si jamais le prince était blessé, j'obtiendrais la permission d'aller le soigner. Il me laissa le choix entre repartir pour Mexico ou me rendre à San Luis Potosí pour y rencontrer Juárez, qui était le seul à pouvoir me donner l'autorisation d'entrer à Querétaro.

J'optai pour San Luis Potosí. Trois jours plus tard, je rencontrais le président Juárez dans son palais. Je fus subjuguée par ses yeux perçants. Son visage reflétait le plus grand sérieux et donnait l'impression d'un homme qui délibérait longuement avant de prendre une décision. Je résolus de lui conter toute ma mésaventure, sans rien lui cacher. Je lui avouai mon désir de mettre un terme aux combats meurtriers qui se déroulaient à Querétaro. N'ayant pas été informé de mes agissements à Mexico, il supposa que j'avais dû commettre un acte hautement répréhensible pour que Díaz m'ordonnât de quitter le pays aussi soudainement. Il ne pouvait me donner la permission d'entrer à Querétaro tant qu'il ne serait pas mieux informé. Il me suggéra de demeurer à San Luis Potosí jusqu'à ce qu'il obtînt plus de renseignements sur ma conduite antérieure. Il me salua galamment pour mettre fin à ma visite.

Je restai donc. Le 10 mai, toutes les cloches des églises annoncèrent la chute de Querétaro. Le lendemain, je rencontrai un homme qui m'avertit que la défaite était due à la trahison de Lopez. Selon lui, l'empereur était prisonnier et mon mari, blessé. Cruellement affligée, je courus chez le président pour obtenir la permission d'aller à Querétaro, mais il assistait à un dîner célébrant leur victoire et ne pouvait me recevoir. Sans plus attendre, je partis et j'arrivai sans incident à Querétaro, le 19 mai, quatre jours après la reddition. Ainsi donc, dès le 10 mai, les libéraux connaissaient déjà le nom du traître qui allait leur offrir la ville sur un plateau, le 15 au matin, et s'en réjouissaient à l'avance !

Le général Escobado m'accorda la permission de visiter mon époux en prison. Comment pourrais-je décrire l'horreur de la vie des prisonniers de guerre après une défaite aussi complète ? L'escalier sale et malodorant du couvent San Teresita, le bruit incessant pour empêcher les prisonniers de se reposer, les petites chambres où une dizaine d'officiers s'entassaient, certains couchant directement sur le sol crasseux, rendaient l'endroit repoussant et démoralisant. Mon mari, comme ses camarades, ne s'était pas rasé depuis plusieurs jours, il portait des vêtements tachés de sang, de boue et de sueur. On les aurait dit sortis tout droit d'une boîte à ordures. Je ne pus retenir mes larmes lorsqu'il me pressa sur son cœur. Oh, comme j'aurais souhaité que nous ne soyons plus jamais séparés !

Après ces retrouvailles teintées d'inquiétude et mouillées de pleurs, Felix m'emmena voir l'empereur qui, souffrant de dysenterie, devait garder le lit. Je ne pourrai jamais oublier cette entrevue avec Maximilien. Couché dans cette chambre misérable, pâle et malade, il me reçut avec la plus grande gentillesse, baisa ma main et la garda dans les siennes. Il me dit à quel point il était heureux de ma visite. Il me questionna sur le général Marquez et sur la situation à Mexico. Il s'indigna du comportement de ce dernier qui s'était usurpé des droits qu'il ne possédait pas, comme distribuer des décorations et des titres à la place de l'empereur. Je lui mentionnai aussi mes visites à Porfirio Díaz et mon entrevue avec le président Juárez, ce qui l'intéressa vivement.

En regardant autour de moi et en considérant la santé chancelante de l'empereur, je ne doutais pas du rôle que j'aurais à jouer dans les jours qui suivraient. J'étais anxieuse de venir en aide à ce prince déchu, ne serait-ce qu'en lui procurant plus de confort. Déjà, sans en parler à quiconque, je songeais à une tentative d'évasion. Mais je devais d'abord m'occuper de convaincre Escobedo de transférer les prisonniers dans des quartiers plus salubres. Le général accepta, mais s'en remit entièrement à un de ses subordonnés, Refugio Gonzales, qui eut l'idée, horrible, de faire loger l'empereur au couvent des Capucins, plus précisément dans le caveau servant de sépulture pour les morts. Ce Gonzales eut même l'audace d'ajouter ce commentaire : « L'empereur doit dormir ici pour qu'il garde à l'esprit que la vie file entre ses mains. » De permettre autant de cruauté envers un prisonnier couvre d'une honte éternelle le gouvernement mexicain. Indignée, je me précipitai chez le général Escobedo qui attendit au lendemain pour attribuer à l'empereur une autre chambre d'où il pouvait accéder à une petite cour.

Trois jours plus tard, les procédures judiciaires contre l'empereur débutèrent et il fut confiné à l'isolement. Rien ne pouvait plus le sauver, sauf une évasion. Pour y arriver, il nous fallait d'abord gagner du temps. Je suggérai à l'empereur d'écrire à Juárez pour lui demander deux semaines qui lui serviraient à préparer sa défense lors du procès. Je courus ensuite chercher une autorisation de quitter la ville, ce que le général Escobado m'accorda gracieusement. Je trouvai des mules, une voiture et un cocher, et partis au milieu de la nuit. Après deux jours de route, l'esprit torturé par la vision de l'empereur malade et mélancolique, craignant pour sa vie, je me précipitai à la résidence du président Juárez sans prendre le temps de rectifier ma toilette.

Le président était retenu par une réunion de son cabinet et ne pouvait me recevoir. Il demanda que je laisse la lettre de l'empereur pour qu'il en prenne connaissance plus tard. Je refusai, prétextant que je devais la lui remettre en main propre. Il me fit dire de revenir le lendemain, à neuf heures du matin. À l'heure dite, je me présentai devant lui. Il lut la lettre et déclara que la loi n'accordait que trois jours pour préparer les procédures judiciaires et qu'il regrettait de ne pouvoir octroyer le délai sollicité. Je me mis alors à plaider la cause de l'empereur de mon mieux. J'affirmai qu'il était barbare d'exécuter un prisonnier sans lui laisser le temps de préparer sa défense et qu'il était injuste de le traiter comme un traître alors qu'il avait cru, en toute honnêteté, que le peuple mexicain souhaitait sa présence. Que valaient quelques jours de plus pour le gouvernement? N'était-il pas préférable, au contraire, de faire preuve de prudence et de ne pas montrer une hâte malséante qui passerait pour un acte de simple vengeance? Quelle serait la réaction de l'Europe et des États-Unis devant un tel acte de cruauté? Je le priai de réfléchir jusqu'à la fin de l'après-midi. Si, à ce moment, il n'était pas revenu sur sa décision, je retournerais à Querétaro, la mort dans l'âme.

Vers la fin de la journée, on me fit remettre l'ordre retardant le procès de deux semaines. Je débordais de joie, à tel point que j'aurais embrassé le messager! Mon voyage de retour ne fut pas de tout repos. Il pleuvait à verse. La route inondée et crevassée en plusieurs endroits m'obligea à descendre de voiture et à marcher sur de longues distances. J'y laissai une paire de bottes, tailladées par des roches tranchantes.

Morte de fatigue, les pieds douloureux, les cheveux en désordre, les vêtements humides, le visage et les mains sales, je m'empressai de me rendre chez l'empereur malgré mon allure d'épouvantail. Mais j'étais heureuse et fière de ma réussite auprès de Juárez. Tremblant nerveusement, je tombai dans les bras de Felix avant d'annoncer la bonne nouvelle. «Que Dieu vous bénisse, madame! me dit alors l'empereur. Vous avez montré une grande bonté envers quelqu'un qui craint de ne jamais pouvoir vous le remettre.»

Le délai était accordé, mais quel usage allions-nous maintenant en faire? Felix projetait de soudoyer des officiers qui avaient déserté l'armée française pour se mettre au service des Mexicains. Il espérait que ceux-ci l'aideraient à permettre à l'empereur de s'enfuir. Ce plan me semblait excellent, sauf que je n'avais aucune confiance en ces officiers. Ils n'avaient ni le pouvoir ni le cran nécessaire à la réalisation d'un tel projet. Ils me donnaient l'impression de chercher à exploiter la situation en leur faveur pour extorquer de l'argent à l'empereur. M'opposant à ce plan, j'incitai l'empereur à se méfier. De plus, je lui suggérai de m'envoyer à Mexico dans le but de recruter des avocats et d'obtenir du baron Magnus l'argent nécessaire pour acheter des volontaires à notre cause. Tout se paie, surtout la trahison !

L'empereur signa quelques lettres que je devais remettre au général Marquez, au baron Magnus et au père Fischer pour qu'ils me soutinssent dans ma démarche et pour débloquer les fonds nécessaires à la réalisation du projet d'évasion. Je jugeai aussi préférable de me munir d'une recommandation du général Escobedo pour éviter tout problème avec le général Díaz qui m'avait traitée si indélicatement à Mexico. En possession de tous ces documents, j'étais prête à partir quand mon mari s'y opposa. Nous n'étions qu'à quelques jours du 2 juin, la date prévue pour l'évasion de l'empereur. Felix semblait si confiant du succès de l'opération qu'il estimait mon départ inutile. En cas d'échec, s'ils étaient repris ou blessés, ma présence serait plus essentielle à leurs côtés. Après une longue discussion plutôt corsée, je cédai à son souhait de remettre à plus tard mon départ.

Pour éviter d'éveiller les soupçons d'Escobedo, je devais trouver une excuse acceptable pour expliquer que je demeurasse à Querétaro. Je feignis donc d'être trop effrayée de Porfirio Díaz pour oser retourner à Mexico. Je priai Escobado de me procurer une permission officielle signée par Juárez. Cela me permettait de gagner du temps et de demeurer sur place sans être inquiétée. Je me préoccupais plutôt du bon déroulement de notre projet. Je ne parvenais pas à me convaincre que nous n'avions pas bâti un plan sur des chimères. Je croyais fermement que nous courrions au-devant de nouvelles difficultés et que de grands dangers nous guettaient.

Le 2 juin, l'empereur reçut un télégramme de Mexico l'informant que le baron Magnus et deux avocats allaient

bientôt arriver à Querétaro. Ainsi, mon départ n'était plus
nécessaire. De plus, ce télégramme porta un coup de Jarnac
à la tentative d'évasion. L'empereur qui répugnait à s'enfuir et refusait de passer pour un lâche incapable d'affronter
son destin sauta sur ce prétexte pour reporter le projet. Il
est possible que l'arrivée imminente du baron et des avocats
ait ravivé son espoir d'un procès équitable et d'une décision en sa faveur. Il se mit à nous laisser entendre que nos
craintes pour sa vie étaient largement exagérées. Felix
s'agitait avec désespoir. Il implora l'empereur de profiter
d'une occasion qui ne se représenterait probablement plus.
En vain tenta-t-il de le faire changer d'avis. L'empereur
s'obstina à rejeter toute idée d'évasion tant qu'il n'aurait
pas parlé au baron et à ses avocats.

En apprenant que nous reportions la fuite de l'empereur à plus tard, l'un des officiers français qui devaient nous
aider quitta précipitamment la ville avec la somme de deux
mille dollars que nous lui avions confiée. Un autre officier
eut l'outrecuidance d'exiger cinq mille dollars supplémen-
taires. Il crut m'effrayer avec des menaces. Je lui répondis
que je n'avais pas cette somme en ma possession et que,
même si je l'avais eue, je ne la lui aurais pas remise sans
l'approbation de l'empereur. Je ne sais s'il mit à exécution
ses menaces de nous dénoncer, mais, le lendemain, tous
les étrangers reçurent l'ordre de quitter Querétaro.

Le 5 juin, le baron Magnus et les deux avocats de Mexico
arrivèrent. Le lendemain, des représentants autrichiens,
belges et italiens les suivirent. La présence massive de tous
ces gens ne produisit pas un effet positif sur les affaires de
l'empereur. Tous ces gentilshommes, malgré leurs bonnes
manières et les pouvoirs qui leur étaient conférés par leur
gouvernement respectif, oubliaient le plus important. Ils
n'étaient pas accrédités par les libéraux et étaient considérés comme les complices d'un usurpateur qu'on allait
juger pour haute trahison. Ils oubliaient aussi que Juárez
tenait pour peu de chose les instances politiques

européennes, puisqu'il bénéficiait de l'appui des Américains. Tous ces hauts personnages ne semblaient pas se rendre compte que l'empereur risquait d'être fusillé. Imbus de leur propre importance, ils négligeaient le fait que les Mexicains républicains connaissaient à peine les grands États de la Prusse, de l'Autriche, de l'Italie et de la Belgique, situés au loin, par-delà la grande mer. Ces ambassadeurs éprouvaient la conviction que le gouvernement mexicain ne commettrait pas un acte aussi répréhensible que l'exécution d'un prince de sang, au risque d'une vengeance de la part des grandes puissances européennes. De mon côté, je savais pertinemment que Juárez et son cabinet se moquaient totalement de ces mêmes puissances et que, la mort de l'empereur étant décidée, seule une évasion pourrait le sauver.

Influencé par la trop grande confiance affichée par les représentants étrangers, et plus particulièrement par l'attitude désinvolte du baron Magnus, Maximilien refusait d'entendre parler de toute tentative de fuite. J'en ai toujours gardé rancune au baron qui riait de mes craintes en les qualifiant de phobies féminines et qui parvint à faire croire à l'empereur que sa position n'était nullement désespérée. Néanmoins, ne doutant pas de ma sincérité ni de ma bonne volonté, celui-ci ne rejeta pas complètement mes suggestions. Il me laissa acquérir quelques chevaux que je cachai dans l'écurie d'un homme d'affaires américain. Inlassablement, je répétai à l'empereur que, sans argent, il ne parviendrait jamais à assurer sa fuite dans l'hypothèse où les négociations échoueraient. Je lui proposai de placer cent mille dollars en or à la banque de M. Rubio qui, selon les circonstances, nous remettrait cette somme en argent liquide. Si nous voulions procéder à des arrangements avec les Américains, cet argent constituait la base de toutes tractations.

L'empereur rétorquait que l'argent ne présentait aucune difficulté, puisque le baron Magnus l'avait assuré qu'il pouvait disposer de n'importe quelle somme, selon son désir. Mon sang bout à cette seule pensée ! À la fin de chaque mot de ce gentleman pendait un écu d'or, mais je n'ai jamais aperçu un misérable sou au bout de ses doigts ! Cette méprisable mesquinerie causa la mort de l'empereur. Ce dernier ne disposa jamais de l'argent nécessaire pour organiser son évasion. Le baron ne délia jamais les cordons de sa bourse.

Le jour du procès arriva. Dans un théâtre que l'on avait décoré comme pour un carnaval, l'empereur, faible et malade, devait être exhibé à la vue du peuple. Il refusa de leur accorder ce plaisir, laissant à ses avocats la tâche de le représenter. Ce matin-là, je me rendis au chevet de Maximilien et lui remis une lettre de mon mari l'implorant de ne pas perdre de temps à s'abandonner à des espoirs trompeurs, mais de se préparer immédiatement à s'enfuir. J'étais en contact avec le colonel Villanueva, un officier libéral qui acceptait de guider l'empereur hors de la prison et de lui procurer une escorte d'une centaine d'hommes qui l'accompagneraient jusqu'à l'océan. Craignant d'être trahi et assassiné durant le voyage, Maximilien me fit promettre de le suivre, persuadé que la présence d'une femme empêcherait un tel acte odieux. Pour réussir ce plan, il nous fallait de l'argent. Comprenant enfin la véritable situation dans laquelle il se trouvait, l'empereur regrettait le temps perdu à tergiverser. Il regrettait surtout le peu de moyens financiers dont il disposait. Il signa deux chèques de cent mille dollars, l'un pour le colonel Villanueva et le second pour acheter le silence de l'officier responsable de garder les lieux où il était retenu prisonnier.

Il m'incomba de convaincre cet homme de fermer les yeux au moment de l'évasion. La réussite de notre plan reposait sur mon habileté à émouvoir ce valeureux officier, le colonel Palacios. D'origine indienne, pratiquement analphabète, il était un brave soldat qui s'était distingué durant les combats et avait gagné la confiance de ses supérieurs. Je devais lui demander de trahir ses chefs, sinon Maximilien serait irrémédiablement condamné à être exécuté. Quelle tâche ingrate! La honte, l'espoir et la peur s'entremêlaient dans mon âme.

Cependant, j'avais accepté la mission et j'entendais la mener à terme dans la pleine mesure de mes moyens. Ce soir-là, je reçus le colonel Palacios dans le petit salon de la villa où je logeais. J'orientai d'abord la conversation sur l'empereur, cherchant à découvrir les sentiments du colonel à son égard. Il avoua avec franchise avoir été un grand ennemi de l'empereur, mais que, depuis qu'il était son gardien, il avait appris à l'apprécier. Il était impressionné par sa noblesse, sa bonté et sa patience malgré son infortune. Il ressentait une grande sympathie et de l'admiration pour son prisonnier. Après cette entrée en matière, le cœur palpitant, pesant chacun de mes mots, je lui fis comprendre que j'avais une communication de la plus haute importance à lui transmettre. Je lui demandai sa parole d'honneur d'officier et de gentilhomme, et de jurer sur la tête de sa femme et de son fils, de ne divulguer à personne ce que j'allais lui confier, qu'il acceptât ou rejetât ma proposition. Il jura solennellement.

Alors, seulement, j'entrepris de l'amener à agir en faveur de Maximilien. Je lui affirmai que je savais avec certitude que l'empereur allait être condamné et exécuté à moins qu'il ne s'enfuît. J'expliquai que j'avais organisé l'évasion et qu'elle aurait lieu cette nuit, s'il acceptait de fermer les yeux pour une dizaine de minutes. Sans cela, rien ne pourrait être tenté pour sauver l'empereur. La vie de l'empereur reposait entre ses mains. L'urgence de la situation m'obligeait à lui parler aussi ouvertement. Je savais qu'il était pauvre, marié et père d'un garçon qu'il aimait plus que tout. Je lui offrais la possibilité d'assurer la sécurité et l'avenir de sa famille. Je lui offris le chèque que l'empereur avait signé à son nom, lui expliquant que cela représentait cent mille dollars en or. J'attirai son attention sur le fait que l'exécution de l'empereur créerait une riposte armée de la part des grandes nations européennes et que son pays aurait à en souffrir durant les prochaines années.

Je parlai longtemps et il m'écoutait attentivement. Je pouvais sentir en lui le lourd combat que je lui imposais. Il me répondit enfin. Une main sur son cœur, il protesta de la grande sympathie qu'il éprouvait pour Maximilien, qu'il croyait sincèrement qu'on ne devrait pas l'exécuter et qu'il valait probablement mieux qu'il s'enfuie, mais il avait besoin d'un peu de temps pour prendre une décision. Il examina le chèque, le retourna entre ses mains, comprenant mal que ce bout de papier puisse valoir autant d'argent. Un sac rempli d'argent sonnant aurait eu plus de valeur à ses yeux. Il me rendit le chèque qu'il ne pouvait accepter maintenant. Il voulait réfléchir jusqu'au lendemain. Confus, il parlait de son honneur, de sa femme et de son fils. Avant qu'il ne me quittât, je l'exhortai à se souvenir qu'il m'avait donné sa parole d'honneur de ne rien révéler de ce que nous avions discuté.

Le colonel Palacios prit la nuit pour réfléchir. Au petit matin, il courut chez le général Escobedo et lui dévoila toute l'affaire.

Je dormais encore quand un garde fut placé devant ma maison. Ceux qui désiraient entrer pouvaient passer librement, mais ils étaient arrêtés dès qu'ils sortaient de chez moi. On se saisit ainsi du docteur Basch, le médecin personnel de l'empereur. Consciente que je risquais d'être arrêtée, je décidai néanmoins de quitter ma demeure pour me rendre chez Maximilien. Dès que je passai le seuil, un officier libéral, sourire grimaçant aux lèvres, me dit que le général Escobedo souhaitait me voir immédiatement. Du tac au tac, je répliquai que j'allais justement lui rendre visite. En arrivant aux quartiers généraux, on me conduisit dans une large salle de réception où m'attendaient plusieurs officiers. Certains semblaient amusés par ma présence et par l'annonce du spectacle auquel ils allaient assister, d'autres me considéraient avec compassion. L'un d'eux s'approcha de moi et chuchota : « Tout est perdu. »

Je dus attendre un long moment en présence de tous ces messieurs avant qu'Escobedo ne daignât s'occuper de moi. Son humeur semblait aussi noire qu'un ciel d'orage. Sur un ton poli, mais sarcastique, il me fit observer :

— L'atmosphère de Querétaro ne vous convient pas, mais pas du tout !

— Au contraire, je ne me suis jamais sentie aussi bien de ma vie.

— J'insiste. Vous n'avez pas l'air d'aller bien. Un petit changement vous serait profitable. J'ai fait préparer à votre intention une voiture et une escorte pour vous emmener à San Luis Potosí où vous vous sentirez beaucoup mieux.

— Je ne souhaite nullement me rendre là-bas, mais je vous remercie pour votre délicate attention.

N'y tenant plus, il perdit le contrôle qu'il s'imposait à lui-même et laissa exploser sa colère. Il m'accusa d'avoir agi contre tout sens de l'honneur et d'avoir montré bien peu de gratitude envers lui, qui m'avait traitée avec tant de gentillesse, en tentant de soudoyer ses officiers et en le plaçant dans une situation aussi embarrassante. Je ripostai aussitôt :

— Je n'ai rien fait, général, dont je puisse avoir honte, rien que vous n'auriez pas tenté vous-même si vous aviez été dans ma position.

— Je ne vais pas argumenter là-dessus, madame, mais je désire maintenant que vous quittiez Querétaro.

— Général, étant découverte, vous savez que je suis réduite à l'impuissance et que l'empereur est perdu. Mais mon époux est ici, il sera bientôt jugé, et je vous prie de me laisser demeurer ici. Vous pouvez me confiner en prison ou dans ma chambre et placer un garde à mes côtés, si vous y tenez. Je me tiendrai tranquille.

Aveuglé par la colère, il refusait de m'entendre. Il allait même jusqu'à prétendre que j'aurais été prête à assassiner ses officiers s'il m'en laissait l'opportunité ! Indignée par une telle accusation, je rétorquai qu'il n'avait aucun droit de penser une telle ignominie de moi, même si je souhaitais sauver l'empereur et mon mari.

— Vous pouvez aller plaider leurs vies aux pieds du président Juárez, mais pas devant moi. Vous n'êtes pas la seule à avoir reçu l'ordre de quitter les lieux. Tous les représentants étrangers partiront sur l'heure.

— Mais, général, je vous assure que ces gentilshommes n'ont rien à voir avec mon plan. Ils n'auraient jamais accepté de tenter de faire évader l'empereur.

— Je sais ! Ils sont tous beaucoup trop poltrons pour agir ainsi !

— Général, en chassant tous les représentants étrangers, vous condamnez l'empereur à se défendre seul et à ne pouvoir compter sur personnes pour ses derniers arrangements.

— Mais que pourraient donc faire de bon, ces trouillards, pour l'empereur ? Joli monde que ces ambassadeurs étrangers ! Deux d'entre eux se sont déjà enfuis sans attendre leurs bagages.

Ce n'était que trop vrai. M. Hooricks et le baron Lago avait pris la poudre d'escampette au grand amusement des officiers libéraux. Dans son départ précipité, le baron Lago avait même amené avec lui le codicille non signé du testament de l'empereur.

Devant l'obstination du général Escobedo, je quittai le quartier général. À la vue de la voiture qui m'attendait devant ma porte, j'imaginai les plus sinistres augures. Je me dirigeai néanmoins vers ma demeure, espérant qu'on m'accorderait le temps de préparer mes affaires. Je m'approchai de la porte entrebâillée quand le capitaine qui m'escortait la ferma d'un mouvement brusque et fit mine de me tirer par le bras vers la voiture. Ce geste m'exaspéra et je me révoltai soudainement. Les yeux furieux, les joues en feu, je tirai de sous mes jupes mon petit revolver que je cachais là en cas de besoin et je le pointai sur la poitrine du capitaine.

— Si vous osez lever la main sur moi, vous êtes un homme mort !

Horrifié à cette idée, il protesta qu'il n'avait nulle intention de me bousculer, mais que le général Escobedo le tenait personnellement responsable de mes faits et gestes. Il avait reçu l'ordre de ne jamais me quitter des yeux. Je lui dis alors qu'il pouvait m'accompagner et assister à mes préparatifs de départ. J'ajoutai aussi que j'étais dans une humeur massacrante et qu'il pouvait bien aller où il le désirait mais que ça ne m'empêcherait pas d'agir à ma guise. Je montai à ma chambre, revolver à la main, le capitaine derrière moi, à une distance respectable.

Je cherchais par tous les moyens à gagner du temps dans le vain espoir que le général change d'idée. Malheureusement, il envoya, en renfort, une escorte de six hommes qui avaient ordre de m'emmener à Santa Rosa pour que j'y prenne la diligence en direction de San Luis Potosí. Sur ces entrefaites, un serviteur de l'empereur apporta un message qui me demandait de me présenter devant Maximilien. Le serviteur fut chassé et on ne me donna pas la permission de répondre au mot de l'empereur. Je priai alors le capitaine de demander à Escobedo la permission d'aller dire au revoir à mon époux. Le capitaine refusa. Il m'accorda néanmoins la possibilité de lui écrire quelques lignes qu'il me dicta. Mon pauvre Felix ne comprit rien à mon message, ignorant que l'on me chassait de la ville, et exigea en vain que je vienne le voir immédiatement.

Quand je fus prête, je m'installai dans la voiture avec mon brave Jimmy et une petite malle. J'entendis le capitaine donner l'ordre au cocher de m'emmener aux quartiers généraux. Je sautai vivement hors de la voiture et déclarai que je n'avais aucune intention de me rendre à cet endroit. Je ne souhaitais pas rencontrer Escobedo ni être exposée aux moqueries de ses officiers. Si le général désirait me voir, il n'avait qu'à se déplacer jusque chez moi. Le petit capitaine me serina le même refrain à propos de ses instructions et de sa responsabilité envers moi. Je m'entêtai à demeurer hors de la voiture et à répéter que je n'irais pas chez le général. Le capitaine finit par envoyer un de ses hommes informer le général de mon attitude. Ce dernier se montra amusé par ma colère bleue et déclara qu'il préférerait affronter un bataillon impérial plutôt que le courroux de la princesse Salm. Il ne tenait plus à discuter avec moi et me laissait partir pour Santa Rosa. Je n'offris plus de résistance et je montai de nouveau dans la voiture. De Santa Rosa, un officier, habillé en civil, m'accompagna jusqu'à San Luis Potosí. Jamais il ne m'adressa la parole, se contentant de me garder à vue. Il disparut dès que j'arrivai à destination.

Après avoir trouvé refuge chez un ami, j'émis le désir de rencontrer le président Juárez, le jour même. Trop occupé pour me recevoir, j'eus toutefois une longue conversation avec M. Iglesia, son secrétaire personnel. Je lui racontai la suite d'événements qui avait mené à mon exil à San Luis Potosí. M. Iglesia ne montra aucune surprise, sachant pertinemment qu'il y aurait toujours des misérables gredins prêts à se vendre pour n'importe quelle cause. Il affirma même croire que, si j'avais eu en ma possession suffisamment d'or, mes plans auraient connu le succès. Il alla jusqu'à me laisser entendre, au hasard de la conversation, qu'il n'aurait pas été mécontent que mes plans d'évasion réussissent.

Je ne lui cachai pas mon angoisse à propos du sort réservé à mon mari et je lui demandai s'il était possible que je retourne à Querétaro pour demeurer à ses côtés. Il me suggéra d'attendre après l'exécution de l'empereur pour solliciter cette requête auprès du président. J'insistai néanmoins pour rencontrer Juárez et il me fixa un rendez-vous pour le lendemain.

Malgré mes agissements en vue d'aider l'empereur à s'enfuir, le président me reçut aimablement, ce qui m'encouragea à lui expliquer avec franchise le plan d'évasion que j'avais concocté. Il me coupa la parole, me laissant entendre qu'il savait tout. Sa façon de m'entretenir de la chose me laisse croire, encore aujourd'hui, qu'il aurait préféré que je parvienne à mes fins et qu'il n'aurait pas tenté grand-chose pour reprendre l'empereur. Mais j'avais échoué ! Et l'empereur allait mourir.

Le président me promit cependant de faire tout en son pouvoir pour épargner la vie du prince Salm. Pour le moment, je ne pouvais rien accomplir de plus. Je devais rester à San Luis Potosí, sous surveillance.

La sentence de mort de l'empereur avait été prononcée pendant que je voyageais et il devait être fusillé six jours plus tard. Je ne parvenais pas à accepter cette funeste éventualité. Jour et nuit, je ne pensais qu'à ourdir des intrigues plus complexes les unes que les autres dans le but avoué d'obtenir le pardon de Maximilien. Je télégraphiai au président des États-Unis pour qu'il proteste énergiquement contre l'exécution du prince autrichien. Je multipliai mes visites au président Juárez pour qu'il accorde sa grâce. Je contactai des hommes d'affaires étrangers pour amasser l'argent nécessaire à une nouvelle tentative d'évasion. Rien n'y fit. Le triste jour marqué d'une croix noire arriva. Même si je gardais peu d'espoir, je risquai une dernière tentative de fléchir Juárez en ma faveur. Le président était pâle et souffrant. D'une voix tremblante, je plaidai, encore une fois, qu'il épargne la vie de Maximilien. Le président me dit qu'il ne pouvait m'accorder cette requête et que l'agonie de son prisonnier se terminerait aujourd'hui. En entendant ces cruelles paroles, je tombai à genoux et, mêlant sanglots et prières, je l'implorai de revenir sur sa décision. Il m'aida à me relever et prononça ces mots que je ne saurais oublier :

— Croyez, madame, que je suis affligé de vous voir à genoux devant moi, mais même si tous les rois et les reines de l'Europe étaient à votre place, je ne pourrais épargner sa vie. Ce n'est pas moi qui la prends, c'est le peuple et la loi. Si je ne respectais pas la volonté du peuple, il la prendrait tout de même et la mienne aussi.

Le cœur plein de rage, je m'exclamai qu'il pouvait prendre ma vie s'il désirait à ce point du sang. Je n'étais qu'une femme inutile, mais il se devait d'épargner celle d'un homme qui pouvait accomplir encore de grandes choses en ce monde. Mes récriminations demeurèrent sans écho. Le président répéta qu'il veillerait à ce que mon époux ne soit pas exécuté, mais que c'était tout ce qu'il pouvait faire. Qu'aurais-je pu dire de plus pour le convaincre? Je le remerciai et partis.

Je me réfugiai dans une église pour prier.

Quelques jours plus tard, j'obtins la permission de retourner à Querétaro, auprès de mon mari, en échange de ma parole d'honneur que je ne tenterais aucune entreprise pour assister l'évasion du prince Salm ou d'un autre prisonnier. Le premier juillet, j'arrivai à Querétaro. Je trouvai Felix pâle et maigre, impatient et irritable. Ayant frais à la mémoire l'exécution de l'empereur, il ne pouvait croire aux promesses de Juárez. Il ne pensait qu'à s'évader. Il se montrait rude et franchement antipathique envers ses gardiens, n'espérant aucune gentillesse de leur part. Ces derniers inventaient régulièrement des difficultés de toutes sortes pour m'empêcher de le visiter. De plus, les officiers libéraux prenaient plaisir à laisser courir des rumeurs alarmantes pour tourmenter les prisonniers. Mon pauvre Felix prêtait foi à ces folles rumeurs plutôt qu'à mes paroles réconfortantes, et je finis par perdre mon assurance et devenir angoissée.

Le 12 juillet, à l'approche du procès de Felix, il fut décidé que je me rendisse à Mexico plaider encore une fois sa cause aux pieds du président Juárez, qui avait déménagé son cabinet dans la capitale. Dans cette ville, on ne parlait que des exécutions à venir. Je faisais partie du cortège de femmes éplorées, de sœurs inquiètes et d'enfants effrayés qui demandaient audience au président. Celui-ci, refusant tout contact avec les familles des détenus, avait délégué son secrétaire, M. Iglesia, pour nous informer qu'un délai de deux semaines était accordé. Ce brave homme me répéta que je n'avais pas à craindre pour la vie de mon mari, que plus un seul officier impérialiste ne serait fusillé même s'il était reconnu coupable lors des procès. Il me suggéra de rester tranquillement à Mexico en attendant qu'une décision fût prise sur le futur lieu de détention des condamnés. Ensuite, il m'assisterait pour faire venir mon époux à Mexico.

Les journées passaient et aucune décision ne se prenait. Les fonctionnaires examinaient encore et encore les papiers des différents prisonniers, délibérant interminablement sur chaque cas. Finalement, en septembre, on ordonna qu'ils demeureraient à Querétaro où je retournai aussitôt. Mon mari et tous les autres généraux emprisonnés avec lui avaient été condamnés à être fusillés en juillet. Leur exécution avait été retardée de cinq jours, puis *sine die*. Cependant, Felix ne parvenait pas à croire à cette amnistie. Malgré mes protestations, il avait pris des arrangements pour l'embaumement de son corps.

J'avais en main une permission spéciale signée par le secrétaire de la Guerre m'accordant le privilège de visiter mon époux à ma guise. Je me rendis vite compte que ce bout de papier n'empêchait pas les autorités locales d'opposer toutes sortes de difficultés à mes visites. J'eus droit aux fouilles, aux rebuffades, aux grossièretés, à l'imposition de longues attentes et quoi d'autre encore ! J'endurais tout, je gardais mon calme et ma dignité, la tête haute, implacablement résolue à faire valoir mon droit de visite. Par contre, les citoyens de Querétaro se comportaient avec la plus grande bienveillance envers les prisonniers, leur procurant des repas, des vêtements ou divers produits nécessaires à leur confort.

C'est durant cette période que je fus envoyée en émissaire pour effectuer une singulière transaction. Mon mari
avait entendu dire que le médecin qui avait embaumé l'empereur avait réalisé un plâtre de Paris de son visage. Désireux
de l'obtenir, il me chargea d'entrer en contact avec cet
homme. Le docteur Licca me reçut avec toute l'obséquiosité
d'un vendeur du temple. Il me montra les vêtements que
portait l'empereur au moment de son exécution, la barbe
et les cheveux de Maximilien et différents organes internes
qu'il était disposé à découper en petits morceaux et à
vendre à titre de reliques. Il me remit même une parcelle
du cœur de l'empereur et une balle extraite de son corps.
Je lui demandai alors de me mettre par écrit la liste et le
prix de ce qu'il désirait vendre. J'envoyai cette liste au
président Juárez qui, courroucé par ce marchandage éhonté,
le fit poursuivre et condamner par la cour.

En octobre, les autorités jugèrent préférable de transférer les prisonniers vers d'autres lieux de détention. On
les mena d'abord tous à Mexico, où je les suivis. De là,
certains partirent pour différentes villes. Felix fut envoyé
à Vera Cruz, dans les tourelles du fort San Juan d'Ulloa,
situé sur une île près de la ville. Je demeurai à Mexico, travaillant à obtenir la libération de mon mari. Mes meilleurs
appuis vinrent du côté américain. Les États-Unis ne pouvaient permettre que l'un de leurs anciens officiers, médaillé
au champ d'honneur, croupît en prison. Le président
Johnson en personne écrivit à Juárez pour exiger sa libération.

Le 13 novembre, le prince fut remis en liberté, mais avec
l'obligation de se rapporter immédiatement au commandant de la ville. Il m'envoya un télégramme m'informant
que nous partirions pour l'Europe sur un steamer britannique le 3 décembre. Je lui répondis que je serais près de
lui dans quatre jours. Malheureusement, lorsque Felix se
présenta au commandant de Vera Cruz, il l'obligea à partir
sur le prochain navire pour l'Europe, le 15 novembre.

Le 16, en arrivant dans la ville, j'étais désespérée de l'avoir manqué de si peu.

Je ne devais revoir mon cher époux que deux mois plus tard, à Paris, le 9 janvier 1868.

GRAVELOTTE, FRANCE

18 AOÛT 1870

La dernière bataille

Depuis fort longtemps, les Français et les Prussiens se cherchaient noise. Le prétexte importait peu, du moment que l'on en venait aux armes, que l'on prouvait sa supériorité et que l'on remettait l'adversaire à sa place. L'occasion se présenta avec le choix du successeur au trône d'Espagne. On pressentit le prince Léopold de Hohenzollern, un parent du roi de Prusse. Napoléon III s'y opposa vivement, y voyant la résurrection de l'empire de Charles Quint et la domination des Prussiens sur cette partie de l'Europe. Que le roi de Prusse, Guillaume Ier, rejeta cet honneur pour un des membres de sa famille ne suffisait pas à rassurer l'orgueil démesuré de l'empereur français. Il exigeait davantage : une renonciation définitive de la Prusse sur le royaume d'Espagne.

Napoléon cherchait à humilier. Guillaume haussa les épaules et envoya paître l'ambassadeur français venu exprès pour le pousser à signer les garanties demandées. Le chancelier Bismark se saisit de l'incident, l'amplifia, le transforma, le rendit public et fit enrager Napoléon. Ce dernier déclara la guerre et deux armées s'affrontèrent pour une question d'honneur.

Cependant, dans l'esprit de Bismark, ce conflit allait permettre d'unifier les principautés allemandes contre un ennemi commun. Son rêve se concrétisa au-delà de ses espérances. Après cette guerre éclair, le roi de Prusse, Guillaume Ier devint empereur d'Allemagne et fut couronné dans le palais de Versailles, depuis peu conquis.

Le 15 juillet 1870, Napoléon III avait déclaré les hostilités ouvertes. Le 2 septembre suivant, il était fait prisonnier et devait capituler. La Défense nationale française avait tenté de résister encore un peu, mais avait dû se résoudre à signer l'armistice le 28 janvier 1871.

Ce n'était qu'une petite guerre de rien du tout, un clin d'œil dans l'histoire de ces deux peuples. Mais quel chambardement dans la politique intérieure de ces mêmes pays! La France perdit son empereur, tandis que l'Allemagne en gagna un.

Combien de sang versé pour parvenir à ce résultat! Combien de braves soldats s'éteignirent durant ce conflit? Malgré tous les blessés que j'ai soignés, malgré tous les membres que j'ai aidé les médecins à amputer, malgré toutes les fosses communes que j'ai vues creusées tout à côté des lieux des combats, j'ignore l'ampleur des pertes encourues. Je n'ai été saisie que par ma seule perte. Le 18 août, Felix tomba et ne se releva jamais.

Dans l'après-midi de cette belle journée d'été, la deuxième division de la Garde prussienne entra dans la bataille. Les soldats avaient ordre de renverser les fortifications entourant Saint-Privat-la-Montagne et Sainte-Marie-aux-Chênes, en Alsace-Lorraine. Campé sur son étalon, à la tête de sa compagnie, le prince Felix zu Salm-Salm menait ses hommes au combat, le sabre au clair. Quelle cible parfaite pour l'adversaire! Cependant, il n'aurait jamais pensé et encore moins accepté de se mettre à couvert. Telle une figure de proue, il piquait vers l'ennemi, s'apprêtant à y effectuer une brèche, si minime soit-elle, permettant de le miner, de le gruger par l'intérieur.

Une balle abattit sa monture. Le prince l'abandonna et poursuivit à pied, toujours en première ligne. Près de lui, son neveu, le prince Florentine, fut touché mortellement. Une balle s'était logée dans son crâne, lui fracassant la mâchoire au passage. Il s'éteignit sans même s'en rendre compte. Felix poursuivit son attaque, réservant ses larmes pour plus tard. Dans le feu de l'action, on ne compte pas ceux qui tombent, on court, on crie, on tire et on recommence.

Une demi-heure plus tard, une douleur aiguë lui broya le bras droit. Le sang gicla. Sa main s'engourdit et laissa tomber son sabre. Il le ramassa avec son autre main, hurla un encouragement à ses soldats et se rua de nouveau sur l'ennemi. Il savait déjà que ce serait sa dernière bataille. Son honneur de prince et d'officier lui imposait de donner le meilleur de lui-même. Il offrit sa vie sur un plateau d'argent. La guerre la prit sans remords. Pendant quarante-cinq minutes, le bras ankylosé, le cœur battant la chamade, le cerveau obnubilé par une seule pensée – vaincre à n'importe quel prix –, il aiguillonna l'ennemi. Soudain, une balle lui traversa la poitrine. En tombant au sol, une autre balle se logea dans sa jambe. Celle-là, il ne la sentit pas. Pourtant, il vivait toujours. À peine. Un faible souffle de vie le parcourait encore. De soubresauts en soubresauts. Son agonie dura plus de cinq heures. Avant de rendre l'âme, il reçut les derniers sacrements et la nouvelle de leur victoire.

Seule, un soir d'été 1911

La vieille dame soupira en secouant la tête. Comment avait-elle pu passer à travers cette épreuve sans perdre la raison ? En apprenant l'horrible nouvelle, elle était tombée à genoux, serrant les bras autour de sa taille comme un étau pour étouffer ses gémissements. Assommée par la douleur insupportable de la disparition de l'être qu'elle chérissait le plus au monde, elle n'avait pas saisi toute l'ampleur de la solitude qui l'attendait. Elle n'avait ressenti que le poignant chagrin qui lui broyait les entrailles, la laissant pantelante, presque inerte. Une culpabilité sans nom s'était abattue sur ses épaules. Coupable de n'avoir pu le sauver. Coupable de ne pas l'avoir accompagné dans la bataille et de n'avoir pas fait un rempart de son propre corps frêle. Coupable de l'aimer trop. Coupable de n'avoir pas réussi à engendrer sa descendance. Il ne lui restait que des souvenirs impalpables.

Refoulant ses larmes, elle était parvenue à se relever pour accomplir la promesse faite à Felix. Où qu'il reposât à l'heure de sa mort, elle devait ramener son corps en Prusse, au château d'Anholt, pour qu'il soit enterré à côté de ses parents. Tous s'étaient opposés à son projet de se rendre sur le champ de bataille. Elle avait passé outre. Elle n'aurait laissé personne se mettre en travers de sa route. Personne ne l'aurait empêchée de se rendre auprès de son bien-aimé. Elle aurait traversé l'Europe à pied, s'il l'avait fallu. On lui avait procuré un cheval. Elle était partie à minuit. Forbach, Rémilly, Ars-sur-Moselle, Jouy-aux-Arches, Sainte-Marie-aux-Chênes. Autant de villes et de villages aux noms enchanteurs qui l'avaient laissée de pierre. Elle avait dormi où elle avait pu. Wagon-ambulance, wagon à bétail, arrière-boutique d'un apothicaire, chambre d'auberge minable, dépendance inutilisée d'un manoir. Quelle importance, du moment qu'elle se rapprochait de son but ?

Finalement, au matin du 28 août, en compagnie de son beau-frère et de quelques cousins de son cher Felix, elle s'était tenue droite, immobile, éplorée, au-dessus de la fosse commune où dormait son amour d'un sommeil éternel. On avait déterré le cercueil en sapin rugueux. Elle avait insisté – à quoi bon se torturer ainsi – pour jeter un dernier regard au visage qu'elle chérissait tant. En lieu et place, elle n'avait trouvé qu'une masse noire, informe, n'ayant plus rien d'humain, déjà en décomposition. Ensuite, elle ne se rappelait plus très bien. L'évanouissement lui avait procuré le seul bien-être de cette horrible journée. Ne plus penser, ne plus voir, ne plus souffrir, l'espace de quelques instants.

Le roi de Prusse avait eu la gentillesse de mettre à sa disposition un train spécial qui l'avait menée, avec son convoi funèbre, à Anholt. Le jour même de l'enterrement, elle avait reçu la dernière carte postale écrite par Felix :

Dans une heure, la grande bataille débutera. Avec l'aide de Dieu, nous serons de nouveau réunis; mais si je devais être tué, ma chérie, mon adorée Agnes, j'implore ton pardon pour tous les problèmes que j'ai pu te causer. Je t'ai toujours aimée, et c'est cet amour seulement que j'emporterai dans ma tombe. Mon frère prendra soin de toi. Garde-moi dans ton doux souvenir. De toute mon âme,

Ton affectueux et fidèle époux,

Felix.

Dans les champs, près de Metz, le 18 août 1870

P.-S.: Ma chérie, que Dieu te garde! Merci pour ton amour et tout le bonheur que tu m'as procuré.

Le visage enfoui dans ses mains, la vieille dame pleura. Brûlantes et amères, les larmes coulèrent d'abord doucement jusqu'à ses lèvres. Ses épaules se mirent à sautiller et un râle s'exhala de sa bouche. La plainte s'amplifia, devint plus intense et plus sonore. Tout son corps trembla, incapable de se contenir davantage. Qui eût été près d'elle en cet instant de rage et de défoulement, eût pu entendre les dures paroles de reproche qu'elle adressait à Dieu.

Janvier 1912

Alitée depuis une semaine, Fräulein Louisa Runkel respirait avec difficulté. La princesse passait presque tout son temps à son chevet. Ses mains n'avaient pas oublié les gestes sûrs et délicats qui servent à soigner. Ils lui venaient tout naturellement. Qu'il s'agisse de poser des ventouses pour apaiser la toux, de bassiner le visage pour baisser la fièvre ou simplement de replacer sa patiente dans une position plus confortable, elle n'y voyait rien d'abaissant. Son titre n'existait plus lorsqu'elle revêtait le rôle d'infirmière.

Dans la pénombre de la chambre aux volets clos, elle scrutait le visage de sa vieille compagne à la recherche du signe annonciateur d'un nouveau spasme de douleur. La pauvre malade avait-elle conscience qu'elle approchait de la fin ? Sentait-elle la vie lui échapper ? À en croire le médecin qui s'était penché sur elle ce matin, Louisa ne serait plus de ce monde d'ici peu. Un mal semblable à un crabe la rongeait de l'intérieur. Agnes aurait voulu rejeter cette incontournable fatalité, mais, à son âge, elle avait déjà vu tant d'amis et de parents passer de l'autre côté de la frontière divine qu'elle ne pouvait que baisser la tête et prier. Malgré son désir de se recueillir, les prières ne venaient pas. Le passé s'imposait. Aussi se livra-t-elle à un soliloque teinté de tristesse :

« Comme c'est étrange, je me souviens parfaitement du jour où nous nous sommes rencontrées. Je me trouvais à Coblentz. Le professeur Busch venait de me remettre un certificat déclarant que j'avais étudié pendant un mois dans sa clinique et que j'avais acquis les aptitudes et les compétences nécessaires au service infirmier. Je ne pensais qu'à courir chez la reine Augusta pour lui annoncer la bonne nouvelle. J'allais pouvoir suivre l'armée et ainsi ne jamais être très éloignée de mon cher Felix. Sa Majesté se réjouit à la vue de mon diplôme. Selon elle, je montrais l'exemple de ce que les femmes pouvaient accomplir dans l'effort de guerre. La guerre… je connaissais très bien, déjà ! Les batailles, la vue des nombreux blessés et les amoncellements de cadavres qui s'ensuivent ne m'effrayaient pas. Dieu m'est témoin que je ne le souhaitais pas, mais nul ne pouvait échapper à l'horreur d'un conflit décidé et organisé dans les hautes sphères du pouvoir.

« Auparavant, je n'avais jamais songé à me faire accompagner d'un chaperon aux abords des champs de bataille, que ce soit au Mexique ou aux États-Unis. Là-bas, on ne faisait que peu de cas de la noblesse. Du moins, en comparaison avec le protocole plus strict qui a cours en Europe. Ici, il me fallait une dame de compagnie pour préserver mon… honorabilité ! Comme si les soldats qui allaient mourir sur les tables d'opération risquaient de mettre en péril mon honneur de princesse !

« J'avoue que je n'étais pas très enthousiaste à l'idée d'un chien de poche qui me suivrait partout pour empêcher que l'on attente à ma respectabilité. J'ai d'abord pensé à refuser cette compagnie importune. Felix a insisté. Il s'opposait à ce que je coure derrière l'armée, sans une gouvernante veillant sur moi. J'ai cédé, tant mon désir était grand de le suivre dans l'action. Je n'aurais pu accepter de rester en arrière, les bras ballants, petit être inutile. Et puis, vous m'étiez hautement recommandée par le docteur Busch. Vos manières à la fois résolues et réservées m'ont plu immédiatement. Vous souhaitiez ardemment vous joindre à l'équipe du docteur. Il avait été désigné chirurgien en chef du bataillon dans lequel servaient vos deux frères. Votre désir de vous rapprocher d'eux s'apparentait à celui d'être auprès de mon Felix. Vous aviez appris à soigner. Je n'avais pas à craindre un évanouissement de votre part à la vue d'une goutte de sang.

« Mais que de paperasses à régler avant notre départ ! Que de complications pour effectuer le moindre trajet ! Une foule de soldats excités et bruyants envahissait les villes. Des réservistes tentaient de rejoindre leur régiment. Trop nombreux pour loger dans les quartiers qui leur étaient destinés, plusieurs d'entre eux bivouaquaient dans les rues ou trouvaient un abri dans les dépendances ou les écuries. Les trains bondés déversaient, plusieurs fois par jour, une horde de militaires désordonnés, et se remplissaient aussi vite.

« Je ne me suis jamais expliquée l'enthousiasme d'une population, en particulier de la gent masculine, quand ces derniers sont appelés sous les drapeaux. À l'annonce de la guerre de Sécession, ce n'étaient que bals, réjouissances et fanfaronnades de toutes sortes, aussi bien dans les rues de Washington que dans celles de Charleston. Les Allemands manifestaient, eux aussi, leur fierté à aller défendre l'honneur de leur roi. On se serait cru à un festival, n'eût été le nombre imposant d'uniformes. Personne ne semblait craindre la défaite. Rares étaient ceux qui envisageaient les pertes.

«Un matin, les étudiants en médecine furent rassemblés dans l'aula de l'université. J'étais la seule femme présente, j'accompagnais le professeur Busch. Plusieurs médecins s'adressèrent aux carabins, leur expliquant ce à quoi la nation s'attendait de leur part pendant le conflit. Il y fut décidé de former une équipe médicale spéciale pour aller soigner les blessés directement sur les champs de bataille. J'aurais aimé me joindre à ce groupe, cela m'aurait procuré la possibilité de soigner mon époux, au moment où il en aurait eu le plus grand besoin.»

La princesse se tut. Elle épongea le front de sa compagne, humecta ses lèvres et récita une prière. Puis elle ferma les yeux et retourna dans ses souvenirs. Son esprit la guida vers une image qu'elle ne parvenait pas à oublier. Dans la petite demeure de Coblentz où elle habitait avant la guerre, tout se trouvait sens dessus dessous. Autant le prince qu'elle-même achevaient leurs préparatifs. Malles et bagages traînaient dans toutes les pièces. Soudain, le prince s'était écrié d'un ton amusé :

— Je n'arrive pas à me décider. Quels cigares me suggères-tu d'emporter? Les meilleurs que j'ai achetés à La Havane ou ceux-ci qui sont de moins bonne qualité?

— Prends les meilleurs! Avec tout ce que la guerre nous réserve, tu auras au moins la satisfaction et le plaisir de fumer ce qu'il y a de mieux.

— Tu as raison. Aussi bien fumer les havanes avant de mourir, car cette fois, j'ai le pressentiment que je vais être tué.

Horrifiée, elle s'était précipitée vers lui, cherchant à le contredire, à repousser cette éventualité.

— Mais pourquoi dis-tu une telle chose? Tu as passé au travers de la guerre américaine sans une blessure. Et les libéraux devant Querétaro n'ont pas réussi à t'atteindre malgré tous les tirs que tu as essuyés. Il n'y a pas de raison de croire qu'il en sera autrement, maintenant.

Il l'avait attirée à lui. Ses bras forts et doux la pressaient contre lui. Usant d'égards, il avait tenté de la préparer à l'inévitable.

— Cette fois, c'est différent. Après tout ce que l'on a rapporté sur mon comportement lors des précédentes guerres auxquelles j'ai participé, les yeux de mes hommes seront braqués sur moi. J'aurai l'obligation de m'exposer davantage, plus que je ne le ferais autrement. Je suis seulement désolé pour le pauvre garçon, mon neveu. Je regrette que sa mère l'ait envoyé à mes côtés. Il est brave et ambitieux, et je suis convaincu qu'il se tiendra toujours près de moi et qu'il sera tué, lui aussi.

La gorge nouée par l'émotion, Agnes n'avait su quoi répondre. Il disait vrai. Elle avait pensé à tout cela depuis longtemps déjà. À ce moment précis, elle avait acquis la certitude qu'elle ne le reverrait jamais vivant. Elle aurait voulu accompagner son mari dans le même régiment, car elle s'était longtemps imaginé que rien ne pouvait lui arriver s'il restait près d'elle. On lui avait accordé la permission de le suivre dans le wagon médical, mais le prince s'y était fermement opposé et elle avait dû oublier cette idée. Il en était probablement mieux ainsi, puisque les opérations militaires en Prusse différaient grandement de celles au Mexique ou aux États-Unis. Elle serait devenue une nuisance pour son époux, qui n'aurait jamais eu l'esprit tranquille en la sachant si près des affrontements.

Elle ne s'était jamais sentie aussi misérable que le matin du départ de Felix. Elle avait pourtant maintes fois fait ses adieux au prince dans des circonstances similaires, mais jamais elle n'avait appréhendé avec autant de force qu'un malheur allait se produire. Une petite voix intérieure lui chuchotait qu'elle ne le reverrait plus. Silencieuse, elle avait marché sur le quai de la gare comme dans un rêve, un mauvais rêve, le cœur ravagé par la crainte, l'esprit embrumé d'un chagrin douloureux. De savoir que toutes les autres femmes étaient aussi malheureuses qu'elle ne lui apportait aucune consolation.

En serrant Felix dans ses bras une dernière fois, elle avait eu l'impression qu'ils se disaient adieu au-dessus de son lit de mort. Il lui avait semblé entendre le grincement des roues d'un cortège funèbre plutôt que le roulement des wagons sur les rails. L'homme qu'elle chérissait le plus au monde la quittait pour un rendez-vous fatidique dont il ne reviendrait jamais. Maintenant encore, Agnes ressentait cruellement l'abandon dans lequel il l'avait laissée ce matin-là.

Après un court instant de prostration, la princesse ouvrit brusquement les yeux. Les sens en alerte, elle commença par chercher le bruit qui l'avait sorti de sa sombre méditation. Pourtant, tout dans la maison semblait silencieux. Trop silencieux. Le silence lui-même l'avait surprise. Louisa ne râlait plus. La respiration ardue, sifflante, qui s'exhalait par à-coups, irrégulièrement, des lèvres exsangues de la malade, s'était tue. L'ange gardien d'Agnes venait de partir pour le royaume éternel. Avec cette amie de longue date, disparaissait la dernière attache de la princesse au temps jadis, à une époque révolue depuis des lunes. Plus que le chagrin et la perte, le poids de ce silence glacé l'affligea. Esseulée, elle baissa la tête et ferma les yeux, incapable de prononcer une seule parole. De toute manière, qui l'entendrait? Qui la consolerait? Qui la ferait se sentir utile?

KARLSRUHE, ALLEMAGNE

NOVEMBRE 1912

Souvenirs de princesse

Le feu crépitait dans l'âtre, chassant l'humidité et le froid. Novembre avait revêtu la ville de ses voiles aux teintes spectrales. Le vent et la pluie avaient eu raison des dernières feuilles accrochées aux arbres. Le regard de la princesse se frappait inéluctablement aux nuages gris qui assombrissaient l'horizon. Son horizon. Elle ne conservait que peu d'espoir sur le temps qu'il lui restait à vivre. Elle vieillissait et en prenait soudain conscience. Jamais auparavant n'avait-elle ressenti aussi cruellement la morsure du temps dans sa chair et dans ses os.

Installée dans une bergère, près du feu, son chien couché à ses pieds, elle se remémorait, une fois encore, ses souvenirs les plus marquants. Sur le guéridon, à portée de sa main droite, elle avait empilé les carnets qui constituaient l'ensemble de son journal intime. Les uns après les autres, elle les relisait, prenant parfois plaisir à replonger dans son passé, s'étonnant d'avoir oublié tel détail ou événement important, s'amusant à redécouvrir une époque révolue. Elle s'était déjà longuement penchée sur son enfance, sur sa vie errante de saltimbanque et d'artiste. Elle s'attardait maintenant à son bonheur de femme mariée. Sur ses dix années de vie commune avec le prince, elle n'avait connu que deux ans et demi sans conflit, sans guerre. Trente mois de bonheur, de lune de miel ! Si peu de jours dont ils avaient profité pleinement. Felix lui avait fait visiter des endroits enchanteurs, de Vienne au lac de Constance, du nord de la Prusse jusqu'en Suisse, en passant par l'Autriche. Il l'avait emmenée dans de nombreux bals et soirées où elle avait dansé au bras des comtes, des princes et même de l'empereur. Elle avait assisté à tant de spectacles dans la loge royale qu'elle s'était finalement crue l'égale des grands de ce monde. Tous ces hauts personnages la recevaient si aimablement, s'informaient de son bien-être avec tant de chaleur et d'empressement qu'elle s'était tout de suite sentie chez elle parmi eux. Non, elle n'avait pas rêvé de ces honneurs. Ils étaient aussi réels que les mots tracés d'une main jeune et assurée sur les pages jaunies.

18 décembre 1868

Je me sentais terriblement nerveuse durant le trajet vers le palais royal. Je ne m'attendais pas à la voir avec sa couronne sur la tête et son sceptre à la main, mais il s'agissait tout de même de la reine de Prusse. Je l'imaginais me recevant assise sur son trône sous un dais écarlate, entourée de ses dames superbement vêtues et déployées autour d'elle, surveillant chacun de mes mouvements d'un œil critique.

J'ai été introduite dans un charmant salon où je n'ai rien trouvé de ce que j'anticipais. En vain, j'y ai cherché un trône et un tapis rouge déroulé aux pieds des visiteurs! Je n'y ai croisé que le regard d'une dame au visage empreint de noblesse, habillée avec élégance et simplicité, que je pris pour une dame de la cour qui allait me conduire à la reine. Je m'arrêtai, irrésolue, attendant la suite des événements. À mes côtés, Felix se courba élégamment et embrassa la main tendue de la dame. Je compris alors que je me tenais devant la reine Augusta en personne. Désappointée par le manque d'apparat, je fis néanmoins ma plus gracieuse révérence, en penchant bien la tête pour cacher la gêne que j'éprouvai à ne pas avoir reconnu la reine.

Cette première rencontre n'avait duré qu'une demi-heure, mais Agnes en avait conservé un excellent souvenir. Par la suite, elle devait régulièrement rencontrer la reine, aussi bien lors des longues promenades que cette dernière aimait effectuer dans les parcs de Coblentz qu'au théâtre à Bonn ou à Berlin. Elles s'étaient liées d'amitié, autant qu'une reine peut se le permettre avec une petite princesse de son entourage. Les démonstrations de cette sympathie s'inscrivaient tout au long de ce cahier, par bribes, ici et là. La vieille dame feuilleta vivement les pages comme si elle ressentait l'obligation de se prouver à elle-même la véracité de ses réminiscences.

7 août 1869

Aujourd'hui, nous avons fait des jaloux. Au cours de notre promenade à cheval à Ems, nous avons rencontré Sa Majesté le roi Guillaume qui est venu nous serrer la main. Il nous a demandé de nous joindre à lui pour aller au théâtre, ce soir. J'ai accepté avec empressement. Ensuite nous avons galopé de concert. Avant de nous quitter, il a flatté mon cheval et m'a complimentée sur ma façon de monter. La manière dont le roi et la reine se comportent avec Felix et moi-même ne plaît pas à tout le monde. Certaines mauvaises langues ont tenté de persuader leurs complaisants auditoires que le roi serait mécontent de me voir chevaucher. Si tel était le cas, pourquoi ces Majestés se montreraient-elles si aimables avec moi, à chacune de nos rencontres? Je crois au contraire que les gentilles attentions de la reine et du roi à mon égard blessent l'orgueil de ces personnes. Tant pis pour elles!

29 janvier 1870

Hier soir, nous avons assisté au grand bal annuel donné par la reine et le roi à l'Opéra Royal. Je n'étais pas préparée à un aussi splendide spectacle. L'immense hall d'entrée avait été transformé en plancher de danse. Des fleurs et des guirlandes rehaussaient le décor habituel des lieux. Plus de deux mille dames et gentilshommes dans leur plus belle toilette s'y étaient donné rendez-vous. Les uniformes aux médailles et aux épaulettes garnies de galons donnaient un attrait particulier à cette foule élégante. Le roi et la reine ouvrirent le bal en dansant une polonaise, suivis par les membres de la famille royale, et finalement par tous les nobles. À cause du trop grand nombre d'invités, il était impossible de danser sans se faire écraser un pied ou se faire déchirer la traîne de sa robe. En contrepartie, les rafraîchissements ne manquaient pas. J'ai peu dansé, mais bien mangé, surtout de cette excellente glace à la fraise dont j'ai peut-être abusé! La reine nous a invités à lui rendre visite dans sa loge, car elle sait que nous devons quitter Berlin aujourd'hui. Felix doit retourner à Coblentz reprendre son poste dans le régiment de la reine. Elle tenait à nous dire au revoir avant notre départ.

12 juillet 1870

J'ai dîné chez la reine. Elle s'est montrée très attentionnée à mon égard. Lorsque je lui ai fait part de mon intention, dans le cas où la guerre éclaterait, de m'engager à suivre l'armée pour soigner les blessés, elle a approuvé mes vues sur la chose. Loin de chercher à me faire oublier cette idée, elle m'encourage au contraire. Le roi, de son côté, m'a simplement dit:

«Alors, vous croyez réellement qu'il y aura une guerre? Eh bien, si elle doit effectivement avoir lieu, je suis certain que vous accomplirez du bon travail. En autant que vous ne coupiez pas trop d'oreilles…»

J'ai bien observé le roi, durant le repas. Je parierais ma plus jolie robe qu'elle aura lieu, cette guerre!

6 mai 1871

La reine m'a rendu visite, ici même à l'hôpital Augusta où j'habite pendant quelque temps. Elle m'a offert le plus précieux des présents: une broche en onyx noire avec un médaillon au verso. Sa photographie y est insérée. Elle me l'a remise en me recommandant de la porter en souvenir d'elle et de l'affection qu'elle me porte. Ce bijou lui servait de talisman dans les périodes sombres de sa vie. Elle souhaite qu'il m'aide à passer à travers mes épreuves. Je suis superstitieuse et je prendrai soin de ce cadeau comme de la prunelle de mes yeux. Il sera mon porte-bonheur.

Son porte-bonheur! Qu'était-il devenu après toutes ces années? La vieille dame ne se souvenait plus très bien du moment ni du lieu où elle l'avait perdu. Elle n'avait découvert sa perte qu'en retirant sa robe en brocart vert pomme, au retour d'une soirée dansante – laquelle déjà? C'était survenu au printemps, assurément, puisqu'elle ne portait cette robe qu'en cette saison. Mais d'où revenait-elle donc? Elle fronça les sourcils, deux rides verticales se creusèrent entre eux.

«Ah! Mémoire, mémoire! Pourquoi nous abandonnes-tu quand nous prenons de l'âge? bougonna-t-elle en feuilletant le carnet sur ses genoux. Pour mieux nous permettre de survivre à toute une vie, probablement...»

Des feuillets détachés s'échappèrent du cahier et s'éparpillèrent à ses pieds. Elle les ramassa d'une main tremblante. Elle était donc là, la réponse qu'elle n'avait jamais envoyée au petit journaliste autrichien. Après le décès de Louisa, elle n'avait pas trouvé le courage de transmettre à un inconnu ces documents qui faisaient vibrer une corde trop sensible de sa vie. Ce qu'elle avait vécu n'avait d'importance que pour elle. Qui se souciait réellement des balivernes d'une vieille femme qui radotait sur la guerre et la paix? Depuis longtemps, elle avait perdu l'espoir que le monde change, qu'il devienne meilleur et qu'il opte pour une trêve définitive.

Cependant, la principale raison de son refus de publier ces notes résidait précisément derrière les mots qu'elle avait elle-même tracés avec tant d'application. Ils dissimulaient tant d'amour pour l'homme qui avait donné sa vie pour sa patrie qu'elle avait craint d'exposer ses profonds sentiments à la risée d'un public indiscret. Elle ne pouvait souffrir l'idée même de voir son amour dénaturé par des remarques inconsidérées du journaliste ou d'un critique quelconque. Elle n'avait cherché qu'à préserver l'unique trésor qui lui restait. Toujours aussi vivace dans son cœur et dans son âme, l'image de son prince charmant avait échappé aux flétrissures du temps et de l'oubli. La seule mission qui lui incombait était de préserver son amour des souillures du jugement d'autrui. Qui pourrait comprendre qu'un prince et une roturière puissent être aussi éperdument épris l'un de l'autre?

D'un geste lent, elle déposa une à une les feuilles au-dessus des flammes du foyer. Souriante, elle les regarda rougir, se tordre et disparaître pour devenir elles-mêmes feu et chaleur intense. La princesse s'en débarrassait avec joie. Elle n'avait pas besoin de ces écrits pour se souvenir de l'homme qu'elle n'avait jamais cessé de chérir.

Chronique nécrologique
Karlsruhe, 21 décembre 1912

Est décédée, aujourd'hui, la princesse Agnes zu Salm-Salm, née le 25 décembre 1840. Épouse de feu le prince Felix zu Salm-Salm, elle laisse dans le deuil ses neveux et nièces. Honorée par la Croix de fer pour services rendus lors de la guerre franco-prussienne, elle avait acquis le respect de l'empereur Guillaume 1er, de l'impératrice Augusta et de l'empereur François-Joseph d'Autriche. Héroïne du siècle dernier, elle fut aussi décorée du Grand Cordon de l'Ordre de San Carlos par l'empereur Maximilien, au Mexique. En 1900, elle a été nommée membre honoraire du Chapitre de New York des Filles de la Révolution américaine. Malgré tous ces titres, elle vécut dans la simplicité.

Qu'elle repose en paix !

Remerciements

J'aimerais remercier ceux et celles qui me sont venus en aide au cours de la réalisation de cet ouvrage.

En premier lieu, M. Robert Prévost qui m'a fait découvrir cette merveilleuse héroïne qu'est Elizabeth Agnes Joy zu Salm-Salm, grâce à son livre «*Québécoises d'hier et d'aujourd'hui*» et en me faisant part de ses sources bibliographiques.

Ma reconnaissance va aussi à M. Leif Dehnits, bibliothécaire à la *Århus Kommunes Biblioteker, Lokalhistorisk Samling*, au Danemark. Il m'a aimablement envoyé des renseignements pertinents, ainsi que des cartes, sur la bataille d'Århus et sur le lieu d'emprisonnement du prince Salm-Salm.

Je remercie aussi Mme France Bertrand qui a guidé mes pas dans les salles des Archives nationales du Québec, me permettant ainsi de gagner du temps et d'acquérir plus d'efficacité lors de mes recherches.

Merci enfin, aux employés, restés dans l'anonymat, des Archives nationales du Québec et de la bibliothèque des Lettres et des Sciences humaines de l'Université de Montréal, qui ont toujours répondu patiemment à toutes mes demandes.

Principales sources bibliographiques :

PRÉVOST, Robert, *Québécoises d'hier et d'aujourd'hui*, éd. Stanké, Montréal, 1985

Princesse SALM-SALM, Agnes, *Ten years of my life*, vol. 1-2, Londres, 1876

Prince SALM-SALM, Felix, *My diary in Mexico*, vol.1-2, Londres, 1868

Who was who in america, vol. VI, Chicago, 1963

Appleton's cyclopedia of American biography, vol. V, New York, 1888

La Sécession, éd. Atlas, Paris, 1985.

CATTON, Bruce, *The Army of the Potomac*, Garden City, N.Y., 1951

FAUCHER DE SAINT-MAURICE, Henri-Edmond, *Notes pour servir à l'histoire de l'empereur Maximilien...*, Québec, 1889

DE GRÈCE, Michel, *L'impératrice des adieux*, éd. Plon, Paris, 1998

Table des matières

AUX ÉDITIONS PIERRE TISSEYRE

DONALD ALARIE
  Les Figurants

YVES E. ARNAU
  Laurence
  La mémoire meurtrie
  Les Olden. La suite

C. BERESFORD-HOWE
  Cours du soir

ANNE BERTHELOT
MARY DUNN HAYMANN
  Alice Parizeau,
  l'épopée d'une œuvre

LUC BERTRAND
  Robert Bourassa, tel que
  je l'ai connu

GÉRARD BESSETTE
  Anthologie d'Albert Laberge
  La bagarre
  Le libraire
  Les pédagogues

ALAIN BORGOGNON
  Le cancer

FRANCIS BOSSUS
  Tant qu'il pleuvra des hommes
  Quand la mort est au bout
  La couleur du rêve
  La tentation du destin
  La Dame blanche

JEAN DE BRABANT
  Rédigez vos contrats

MORLEY CALLAGHAN
  Cet été-là à Paris
  Clair-obscur

EMILY CARR
  Klee Wick
  Les maux de la croissance
  Petite

JEAN-CLAUDE CASTEX
  Les grands dossiers criminels
  du Canada (deux volumes)

JEAN CHAREST
  J'ai choisi le Québec

LAURIER CÔTÉ
  Abominable homme des mots

MARIO CYR
  Ce n'est qu'avec toi que
  je peux être seul

PIERRE DESROCHERS
  Les années inventées

LOUIS GAUTHIER
  Anna
  Les grands légumes célestes
  vous parlent

DIANE GIGUÈRE
  L'abandon

CLAUDE JASMIN
  La corde au cou

DENNIS JONES
  Palais d'hiver

SUSANNE JULIEN
  Mortellement vôtre
  Œil pour œil
  Le ruban pourpre

ANDRÉ LANGEVIN
  Évadé de la nuit
  Poussière sur la ville
  Le temps des hommes
  L'Élan d'Amérique
  Une chaîne dans le parc

FRANÇOISE LORANGER
  Une maison... un jour
  Encore cinq minutes, suivi de
  Un cri qui vient de loin

LOUISE MAHEUX-FORCIER
  Appassionata
  Le piano rouge
  Paroles et musiques

MARIO MASSON
  L'autoroute de l'information